∷ 中華文化促進會主持編纂

∷ 國家"十一五"重點圖書出版規劃項目

∷ 中國社會科學院哲學社會科學創新工程學術出版資助項目

出品人 王石 段先念

今注本二十四史

南史

一

紀〔一〕

唐 李延壽 撰

趙凱 汪福寶 周群 主持校注

中国社会科学出版社

圖書在版編目（CIP）數據

南史：精裝本／（唐）李延壽撰；趙凱，汪福寶，周群主持校注．—北京：中國社會科學出版社，2021.12
（今注本二十四史）
ISBN 978-7-5203-9138-2

Ⅰ．①南… Ⅱ．①李… ②趙… ③汪… ④周… Ⅲ．①中國歷史—南朝時代—紀傳體 ②《南史》—注釋 Ⅳ．①K239.104.2

中國版本圖書館CIP數據核字（2021）第267361號

出版人　趙劍英
項目統籌　王　茵
責任編輯　李凱凱　顧世寶　王沛姬　郝玉明　韓國茹
特約編輯　劉艷强　王思桐　彭　麗　高文川　崔芝妹
　　　　　韓　悦　王仁霞　郭清霞　熊光照　趙　威
責任校對　王仁霞　鮑有情　彭　麗
封面設計　蔡易達
責任印製　王　超

出　　版　中国社会科学出版社
社　　址　北京鼓樓西大街甲158號　郵　　編　100720
網　　址　http://www.csspw.cn
發 行 部　010-84083685　門 市 部　010-84029450
經　　銷　新華書店及其他書店　印刷裝訂　三河弘翰印務有限公司
版　　次　2021年12月第1版　印　　次　2021年12月第1次印刷
開　　本　1/16　成品尺寸　228mm×152mm
印　　張　323.75　字　　數　3937千字
定　　價　2499.00元（精裝全18册）

凡購買中國社會科學出版社圖書，如有質量問題請與本社營銷中心聯繫調換
電話：010-84083683

《今注本二十四史》工作委員會

《今注本二十四史》編纂委員會

《今注本二十四史》編輯部

《今注本二十四史·南史》項目組

主 持 人　趙凱　汪福寶　周群

成　　員（按姓氏筆畫排列）

王思桐　李正君　汪福寶　周　群　高文川　許微微

張　欣　張憲華　靳　寶　趙　凱　劉　凱　劉艷强

《今注本二十四史》出版説明

二十四史，是中國古代二十四部史書的統稱，包括《史記》《漢書》《後漢書》《三國志》《晋書》《宋書》《南齊書》《梁書》《陳書》《南史》《魏書》《北齊書》《周書》《北史》《隋書》《舊唐書》《新唐書》《舊五代史》《新五代史》《宋史》《遼史》《金史》《元史》和《明史》。其成書時間自公元前二世紀下半葉至十八世紀中葉，前後相距約兩千年，總卷帙（不含複卷）達 3213 卷，共 4000 餘萬字。它們采用本紀、列傳、表、志等形式，構成了一個完整地記述清朝以前中國古代社會的著作體系。二十四史上起傳説時代的黄帝，下迄明朝滅亡，包容了我國古代的政治、軍事、經濟、思想、文化、天文、地理、民風、民俗等廣闊的社會内容，形成了一套展現中華民族起源和發展的最重要的核心典籍，被後人稱爲“正史”。世界上没有任何一個國家有如此内容涵蓋宏富、時間接續綿延、體例基本統一的歷史記載。

共同的歷史文化是一個民族賴以整體維繫的基本條件之一。而對歷史著作的不斷整合和續修，顯然有利於促進國家的統一、民族的團結、社會的進步。從《史記》到《明史》，不同地位、不同民族的史家和政治家，以同一體例連續不斷地編纂我們祖國發展演進的歷史，本質上反映了我國人民尋求構建多民族國家共同歷史的强烈願望。歷史上隨時把正史歸爲“三史”“十三史”“十七史”“廿一史”“廿二史”“廿四史”，不僅反映了人們對正史的認同，更重要的是反映了對共同歷史文化的認同，即民族的認同。而對正史進行大規模的整理，在另一個層面上，更有利於妥善保存民族文化遺産，豐富民族文化内涵，陶鑄民族文化精神，從而强化民族的尊嚴與自信心，提升國家的榮譽和國人對國家的歸屬感。

對二十四史進行整理，在此次之前規模較大的有三次。第一次是清朝乾隆年間，其成果是殿本；第二次是二十世紀三十年代張元濟先生組織的整理，其成果是百衲本；第三次即毛澤東同志倡議，由中華書局出面進行的整理，其成果是中華書局標點本。這一次是由張政烺先生等史學家倡議，由中華文化促進會主持編纂的今注，其成果是《今注本二十四史》。應當充分地注意到，這四次整理的發動，都有與其所處時代社會歷史息息相關的背景。乾隆朝的武英殿大量刊刻文化典籍，尤其是對二十四史的選本、校勘都經“欽定”，絶不是僅僅要製造盛世氣象；張元濟先生奔走於國難深重的二十世紀初的中國，“當中華文化存亡絶續之交”，有更深刻的原動力；毛澤東同志指示標點正史，倡議於中華人民共和國成立、百廢待舉之初；而我們如今正在進行的今注，則發軔於改革開放、萬象更新之時。這絶不是歷史的偶然。可以説，每每針對二十四史的重大舉措，都是應社會對具有主體性的統一的歷史文化需求而展開的。

當今世界，文化的融合過程逐漸加快，在共生的基礎上融合，在融合中保持共生，互補互融直至趨一。因此，各種文化都面臨着選擇。面臨選擇，充分展示本民族的歷史文化是學者們義不容辭的職責。而作爲歷史文化直接守護者的歷史學者，有責任爲世界提供對本民族歷史文化文本的正確詮釋，有責任努力爲民衆争取對民族歷史文化解讀的話語權。

《今注本二十四史》1994 年 8 月由中華人民共和國文化部批准立項，2005 年被中華人民共和國新聞出版總署列入“十一五”期間（2006—2010）“國家重點圖書出版規劃”。自 1994 年起，迄今已經進行了二十餘年。

《今注本二十四史》總編纂張政烺先生爲本書做了奠基性的工作。在他學術生命的最後時期，不僅親自審訂了最初的《今注本二十四史編纂總則》，還逐一遴選了各史主編。

《今注本二十四史》編纂委員會主要由各史主編與相關同仁組成。張政烺先生逝世後，根據多位主編的建議，我們陸續邀請了何兹全、林甘泉、伍傑、陳高華、陳祖武、卜憲群、趙劍英七位編委成立領導小組，全面指導編纂出版工作。他們爲本項目的編纂出版，付出了大量心血與智慧，没有他們的支持，本項目難以玉成。

本項目動員了全國三十餘所科研機構和高等學府的中

國古史專家共襄其事。全書設總編纂一人，執行總編纂二人，各史設主編一人或二人；某些特殊的“志（書）”如律曆、天文、五行（靈徵）等歸類單列，各設主編一人。各史主編自選作者，全書作者總計約三百人。多年來，他們薄利求義、任勞任怨、兢兢翼翼，惟敬業畢功是務，繼承和發揚了我國史學家捨身務實的優良傳統，爲本書的完成做出了不可磨滅的貢獻！

本項目啓動之初，老一輩的歷史學家王玉哲、王毓銓、陳可畏、張博泉、萬繩楠、楊志玖、楊翼驤、漆俠、薄樹人、韓國磐等先生不僅從道義上給予全力支援，而且主動承擔各史（志）主編。何兹全、林甘泉先生更是不厭其煩，爲編纂工作提出具體建議，爲項目立項奔走呼籲。執行總編纂賴長揚先生鞠躬盡瘁，承擔了大量繁雜的組織工作。現在，雖然以上先生已經辭世，但他們學術生涯的最後抉擇所表現出的對民族、對國家的崇高責任感，永遠值得我們銘記和學習！

本項目自動議始就得到了中華文化促進會及社會各界的回應與傾力支持。中華文化促進會主席王石先生、副主席段先念先生及前任領導人蕭秧先生在本項目立項、推動、經費籌措等方面辛勤奔走，起到了關鍵作用。

香港企業家黄丕通、劉國平先生在項目前期曾給予慷慨資助。

國家出版基金與中國社會科學院也給予本項目一定的出版資助。

四川省出版集團及巴蜀書社曾在編纂和出版方面起了重要的推動作用，已出版今注本《三國志》《梁書》。

《今注本二十四史》編纂出版工作，自 1994 年立項以來，一波三折、幾經沉浮。2017 年深圳華僑城集團予以鼎力襄助，全面解決了編纂出版經費拮据的問題，編纂出版工作方步入正軌。在此，編委會全體成員向深圳華僑城集團謹表達深深敬意和感謝！

鑒古知今，學史明智。中國社會科學出版社歷來重視歷史學及中國古代典籍的整理與出版工作，爲本項目組織專門團隊，秉持專業、嚴謹、高效的原則，爲項目整體的最終出版提供了重要保障。中國社會科學出版社將與各相關單位通力協作，努力將《今注本二十四史》打造成一部具有思想穿透力與廣泛影響力的精品力作，從而爲講好中國歷史、推動中國歷史研究做出貢獻。

謹以本書紀念爲弘揚中華文化而做出貢獻的歷史學家們！
謹以本書感謝爲傳承中華文化而支援和幫助我們的人們！

《今注本二十四史》編纂委員會
中國社會科學出版社
2020 年 6 月

《今注本二十四史》凡例

《今注本二十四史》在編纂過程中一共産生了四個總體規範性質的文件。這就是：《今注本二十四史編纂總則》（1995 年，2005 年 4 月修改，2017 年 8 月修訂）、《關於〈編纂總則〉的修改和補充意見》（2006 年 3 月）、《關於編纂工作若干問題的決定》（2007 年 1 月）、《關於〈今注本二十四史編纂總則〉幾點重要的補充説明》（2017 年 10 月）。它們確定了全書編纂的目的、特點及其具體操作規則。綜其要概述如下。

本書的基本特點是史家注史。工作主要集中在三個方面：版本的改誤糾謬；史實的正義疏通；史料的補充增益。由各史主編撰寫《前言》，扼要介紹該史所涉及的時代背景、作者生平、寫作過程、著作特點、史料價值、在史學史上的地位和研究概況。

本書的學術目標有兩個。一個是通過校勘，得到一套善本；一個是通過今注，得到一套最佳的注釋本。即完成由史家校勘並加以注釋的二十四史的新校勘新注釋本。它從史家的角度出發，集數百年以來學界的研究成果，采取有圖有文的注釋形式，力圖以新的角度、新的内容、新的形式，爲二十四史創造出一整套代表當代學術水準的、權威的現代善本。

一　校勘

1. 底本：原則上以商務印書館百衲本爲底本；因百衲本並非善本的另行確定底本。

2. 校勘：充分吸收包括中華書局標點本在内的前人的校勘成果，全面參校，以形成一個全新的校勘本。

各史采用的底本和參校本，在各史序言中寫出全稱和簡稱。整套書統一規定的簡稱有六個：武英殿本簡稱"殿本"；國子監本，相應簡稱"南監本""北監本"；毛氏汲古閣本簡稱"汲古閣本"；同治五書局本簡稱"局本"；商務印書館百衲本簡稱"百衲本"。

校勘成果反映在原文中，即依據有充分把握的校勘結果，將底本中的衍、脱、誤、倒之處全部改正；刊正底本的理由，全部在相應注釋中加以説明。對無十分把握之處，不改原文，衹出校勘記質疑。

采用中華書局標點本爲工作本的史書，不録入原校勘記。直接吸收其校勘成果者則加以説明，對其提出商榷者在相應注釋中加以辨證。

二　注釋

1. 對有古注並已與原書集合行世的前四史，原則上保留古注，視同原文並加注。

2. 注釋程度：以幫助具有大專文化水準以上的讀者讀懂爲限；以給研究者提供簡要索引爲限。注文力求做到：準確、質樸、簡練、嚴謹、規範。

3. 出注（除一些專志外）以卷（篇）爲單位。即對應當加注者，在每卷（篇）第一次出現時加注。此後即使該卷（篇）中再出現，如意義完全等同者，不再加注；而在別卷（篇）再出現時，仍另行加注。有多卷的同類志書出注時視爲同卷，即同類志書對應當加注者在首次出現時加注，其後再現如意義完全等同，亦不再加注。

4. 注釋範圍：冷僻的字音、字義、詞義，成語典故；不易理解的名物制度、地名、人名、別號、謚號、廟號；有爭議或原作記述有歧誤的史實等。

（1）字音、字義、詞義的注釋祇限於生僻字、異體字、避諱字、破讀和易生歧義及晦澀難懂的語辭。對多音字，在文中必讀某音的，以漢語拼音出注。避諱字的注文應説明避諱原因，原文原則上不改，出注。字音標注采用漢語拼音。

（2）對原文中的古體、通假、異體字的處理：古體、通假字不作改動，對其中罕見或疑難者，在注中説明其今體或正體字。全書原文和古注保留異體字，今注除人名、地名、書名和職官（署）名之外，原則上不使用異體字。

（3）成語典故，出注祇限於冷僻的成語典故，注文僅簡單説明成語典故來源、内容和意義。常見的詞語一般不出注，包括常見的古漢語虚詞與實詞，但某些不注會産生歧義者除外。

（4）人名、别號、謚號等，凡係本部書中没有專傳（或紀）的人物一般出注説明係何時、何地之人，姓、氏、名、字一般不出注，有特殊來源者，可出注。常見的歷史人物名號與某些不注無礙於全文理解者不必出注；對暫不可考者則説明未詳。

（5）地名注釋：一般僅注明今地；如須説明沿革方可解讀者，則簡述其沿革。本史有《地理志》者，地名出注從簡；若古今地名相同，所治地區大致相同者，則不出注。

（6）官名、官署名及職官制度和爵位制度名稱出注，遵循以下三個原則：常見者（如丞相、太尉、太守、縣令等），若其意義與通常理解無顯著變化，一般不出注；不常見者（如太阿、決曹、次等司等），應説明品秩、職掌範圍，需叙述沿革等方能理解原文意義者，則説明沿革變化、上下級關係、置廢時間；若本史有相應專志者，此類出注即從簡略；無相應專志者，可稍詳盡。

（7）原文與史實不符處，前後文不符處，則予以辯明。考證力求言之有據，簡明扼要。

（8）紀、傳注文以疏通原文爲目的，一般不采取補注、匯注形式。力求不枝不蔓，緊扣原文。各志（書）注文可采取補注、匯注形式，以求内容豐富、全面。

（9）對有争議的問題，客觀公允地羅列諸説，反映歧見；同時指出帶傾向性的意見。盡量不作價值評論性質的分析。

（10）今注出注各有重點："紀"（"世家""載記"）着重歷史事件；"傳"着重人物事迹及人際關係；"志"着重制度内容及沿革；"表"着重疏理時序。除《史記》外，注文内容貫徹詳本朝略前代的原則。

（11）注釋以段爲單位，統一順次編碼。出注（校）標碼與注文標碼一致，均采用［1］［2］［3］……標示。

校注側重學術性，努力吸收前人的研究成果，尤其是現代學者的研究成果，充分準確地反映當代二十四史學術研究現狀；爲相關專業的學者提供足資利用的準確原文和内容索引，亦爲一般文史讀者搭建起提高水準的階梯。

《今注本二十四史》編纂委員會

2017年10月

目　録

前　言 …… (1)

例　言 …… (1)

主要參考文獻 …… (1)

卷一　宋本紀上第一

武帝劉裕 …… (1)

少帝義符 …… (64)

卷二　宋本紀中第二

文帝義隆 …… (73)

孝武帝駿 …… (113)

前廢帝子業 …… (140)

卷三　宋本紀下第三

明帝彧 …………………………………………（151）
後廢帝昱 ……………………………………（172）
順帝準 …………………………………………（182）

卷四　齊本紀上第四

高帝蕭道成……………………………………（189）
武帝賾 …………………………………………（254）

卷五　齊本紀下第五

廢帝鬱林王昭業 ……………………………（283）
廢帝海陵王昭文 ……………………………（296）
明帝鸞 …………………………………………（302）
廢帝東昏侯寶卷 ……………………………（319）
和帝寶融 ……………………………………（341）

卷六　梁本紀上第六

武帝蕭衍上 …………………………………（349）

卷七　梁本紀中第七

武帝蕭衍下 …………………………………（447）

卷八　梁本紀下第八

簡文帝綱 ……………………………………（513）
元帝繹 …………………………………………（529）

敬帝方智 …………………………………………………（567）

卷九　陳本紀上第九

武帝陳霸先………………………………………………（587）
文帝蒨 ……………………………………………………（682）
廢帝伯宗 …………………………………………………（703）

卷一〇　陳本紀下第十

宣帝頊 ……………………………………………………（715）
後主叔寶 …………………………………………………（749）

卷一一　列傳第一

后妃上 ……………………………………………………（785）
宋孝穆趙皇后 ……………………………………………（793）
孝懿蕭皇后 ………………………………………………（795）
武敬臧皇后 ………………………………………………（796）
武帝張夫人 ………………………………………………（797）
文章胡太后 ………………………………………………（798）
少帝司馬皇后 ……………………………………………（799）
文元袁皇后 ………………………………………………（799）
潘淑妃 ……………………………………………………（802）
孝武昭路太后 ……………………………………………（803）
明宣沈太后 ………………………………………………（807）
孝武文穆王皇后 …………………………………………（808）
宣貴妃 ……………………………………………………（809）

前廢帝何皇后 …………………………………………………… (811)
明恭王皇后 ……………………………………………………… (814)
後廢帝陳太妃 …………………………………………………… (816)
後廢帝江皇后 …………………………………………………… (818)
順陳太妃 ………………………………………………………… (819)
順謝皇后 ………………………………………………………… (820)
齊宣孝陳皇后 …………………………………………………… (820)
高昭劉皇后 ……………………………………………………… (823)
武穆裴皇后 ……………………………………………………… (825)
文安王皇后 ……………………………………………………… (828)
鬱林王何妃 ……………………………………………………… (830)
海陵王王妃 ……………………………………………………… (833)
明敬劉皇后 ……………………………………………………… (834)
東昏褚皇后 ……………………………………………………… (834)
和王皇后 ………………………………………………………… (835)

卷一二　列傳第二

后妃下 ……………………………………………………………… (837)
梁文獻張皇后 …………………………………………………… (837)
武德郗皇后 ……………………………………………………… (840)
武丁貴嬪 ………………………………………………………… (843)
武阮脩容 ………………………………………………………… (848)
簡文王皇后 ……………………………………………………… (849)
元徐妃 …………………………………………………………… (851)
敬夏太后 ………………………………………………………… (854)

敬王皇后 …………………………………………………… (855)
陳武宣章皇后 ……………………………………………… (855)
文沈皇后 …………………………………………………… (858)
廢帝王皇后 ………………………………………………… (862)
宣柳皇后 …………………………………………………… (862)
後主沈皇后 ………………………………………………… (865)
張貴妃 …………………………………………………… (867)

卷一三　列傳第三
宋宗室及諸王上 …………………………………………… (877)
長沙景王道憐 ……………………………………………… (877)
臨川烈武王道規 …………………………………………… (888)
鮑照 ……………………………………………………… (894)
營浦侯遵考 ………………………………………………… (896)
從子季連 …………………………………………………… (898)
武帝諸子 …………………………………………………… (901)
廬陵孝獻王義真 …………………………………………… (901)
彭城王義康 ………………………………………………… (907)
江夏文獻王義恭 …………………………………………… (914)
南郡王義宣 ………………………………………………… (922)
衡陽文王義季 ……………………………………………… (930)

卷一四　列傳第四
宋宗室及諸王下 …………………………………………… (935)
文帝諸子 …………………………………………………… (935)

元凶劭 …………………………………………… (936)
始興王濬 ………………………………………… (949)
南平穆王鑠 ……………………………………… (953)
竟陵王誕 ………………………………………… (956)
建平宣簡王宏 …………………………………… (963)
廬江王禕 ………………………………………… (967)
晋熙王昶 ………………………………………… (968)
武昌王渾 ………………………………………… (970)
始安王休仁 ……………………………………… (971)
晋平剌王休祐 …………………………………… (974)
海陵王休茂 ……………………………………… (976)
鄱陽哀王休業 …………………………………… (977)
臨慶沖王休倩 …………………………………… (977)
新野懷王夷父 …………………………………… (978)
桂陽王休範 ……………………………………… (978)
巴陵哀王休若 …………………………………… (981)
孝武諸子 ………………………………………… (982)
豫章王子尚 ……………………………………… (983)
晋安王子勛 ……………………………………… (985)
松滋侯子房 ……………………………………… (986)
臨海王子頊 ……………………………………… (986)
始平孝敬王子鸞 ………………………………… (987)
永嘉王子仁 ……………………………………… (987)
始安王子真 ……………………………………… (987)
邵陵王子元 ……………………………………… (987)

齊敬王子羽 …… (987)
淮南王子孟 …… (988)
晋陵孝王子雲 …… (988)
南海哀王子師 …… (988)
淮陽思王子霄 …… (988)
東平王子嗣 …… (988)
武陵王贊 …… (988)
明帝諸子 …… (988)
邵陵殤王友 …… (988)
隨陽王翽 …… (989)
新興王嵩 …… (989)
始建王禧 …… (989)

卷一五　列傳第五

劉穆之 …… (991)
曾孫祥 …… (1010)
從子秀之 …… (1013)
徐羨之 …… (1017)
從孫湛之 …… (1023)
湛之孫孝嗣 …… (1030)
孝嗣孫君蒨 …… (1037)
傅亮 …… (1038)
族兄隆 …… (1042)
檀道濟 …… (1045)
兄韶 …… (1049)

韶孫珪 …… (1050)
韶弟祇 …… (1051)

卷一六　列傳第六

王鎮惡 …… (1053)
朱齡石 …… (1061)
弟超石 …… (1065)
毛脩之 …… (1066)
孫惠素 …… (1070)
傅弘之 …… (1070)
朱脩之 …… (1071)
王玄謨 …… (1075)
子瞻 …… (1083)
從弟玄象 …… (1084)
玄載 …… (1085)
玄邈 …… (1085)

卷一七　列傳第七

劉敬宣 …… (1091)
劉懷肅 …… (1098)
弟懷敬 …… (1100)
懷慎 …… (1101)
劉粹 …… (1105)
族弟損 …… (1108)
孫處 …… (1109)

蒯恩 …………………………………………………… (1110)
向靖 …………………………………………………… (1111)
子柳 …………………………………………………… (1112)
劉鍾 …………………………………………………… (1113)
虞丘進 ………………………………………………… (1115)
孟懷玉 ………………………………………………… (1115)
弟龍符 ………………………………………………… (1116)
胡藩 …………………………………………………… (1117)
劉康祖 ………………………………………………… (1120)
伯父簡之 ……………………………………………… (1123)
簡之弟謙之 …………………………………………… (1123)
簡之子道産 …………………………………………… (1123)
道産子延孫 …………………………………………… (1124)

卷一八　列傳第八

趙倫之 ………………………………………………… (1127)
子伯符 ………………………………………………… (1129)
蕭思話 ………………………………………………… (1130)
子惠開 ………………………………………………… (1134)
惠明 …………………………………………………… (1139)
惠明子睬素 …………………………………………… (1139)
惠明弟惠基 …………………………………………… (1141)
惠基子洽 ……………………………………………… (1144)
惠基弟惠休 …………………………………………… (1144)
惠休弟子介 …………………………………………… (1146)

介子允 …………………………………………… (1148)
引 …………………………………………… (1150)
惠開從子琛 …………………………………… (1153)
臧燾 …………………………………………… (1158)
玄孫嚴 …………………………………………… (1165)
嚴族叔未甄 …………………………………… (1166)
未甄子盾 ……………………………………… (1167)
厥 ……………………………………… (1168)
燾弟熹 …………………………………………… (1169)
熹子質 …………………………………………… (1170)

卷一九　列傳第九

謝晦 …………………………………………… (1179)
兄瞻 …………………………………………… (1188)
弟皭 …………………………………………… (1191)
從叔澹 …………………………………………… (1191)
謝裕 …………………………………………… (1193)
子恂 …………………………………………… (1196)
玄孫微 …………………………………………… (1198)
裕弟純 …………………………………………… (1199)
述 …………………………………………… (1200)
孫朓 …………………………………………… (1203)
謝方明 …………………………………………… (1209)
子惠連 …………………………………………… (1213)
謝靈運 …………………………………………… (1214)

孫超宗 …………………………………………………… (1222)
曾孫幾卿 ………………………………………………… (1227)

卷二〇　列傳第十

謝弘微 …………………………………………………… (1231)
子莊 ……………………………………………………… (1239)
孫朏 ……………………………………………………… (1249)
曾孫譓 …………………………………………………… (1256)
玄孫哲 …………………………………………………… (1256)
朏弟顥 …………………………………………………… (1256)
顥弟瀹 …………………………………………………… (1257)
瀹子覽 …………………………………………………… (1260)
覽弟舉 …………………………………………………… (1261)
舉子嘏 …………………………………………………… (1265)
舉兄子僑 ………………………………………………… (1265)

卷二一　列傳第十一

王弘 ……………………………………………………… (1267)
子錫 ……………………………………………………… (1275)
僧達 ……………………………………………………… (1276)
曾孫融 …………………………………………………… (1282)
弘弟子微 ………………………………………………… (1289)
微兄遠 …………………………………………………… (1291)
遠子僧祐 ………………………………………………… (1291)
僧祐子籍 ………………………………………………… (1293)

弘從孫瞻 …… (1295)
弘玄孫沖 …… (1297)
沖子瑒 …… (1299)
瑜 …… (1300)

卷二二　列傳第十二

王曇首 …… (1303)
子僧綽 …… (1307)
孫儉 …… (1311)
曾孫騫 …… (1325)
騫子規 …… (1327)
騫弟暕 …… (1330)
暕子承 …… (1331)
訓 …… (1332)
僧綽弟僧虔 …… (1333)
僧虔子慈 …… (1344)
慈子泰 …… (1345)
慈弟志 …… (1347)
志弟子筠 …… (1349)
志弟彬 …… (1354)
寂 …… (1355)

卷二三　列傳第十三

王誕 …… (1357)
兄子偃 …… (1361)

偃子藻 …………………………………………………… (1362)
藻弟子瑩 …………………………………………………… (1368)
瑩從弟亮 …………………………………………………… (1372)
王華 …………………………………………………… (1377)
從弟琨 …………………………………………………… (1383)
王惠 …………………………………………………… (1391)
從弟球 …………………………………………………… (1393)
王彧 …………………………………………………… (1396)
子絢 …………………………………………………… (1406)
絢弟繢 …………………………………………………… (1406)
繢孫克 …………………………………………………… (1408)
彧兄子蘊 …………………………………………………… (1409)
奐 …………………………………………………… (1410)
奐弟份 …………………………………………………… (1413)
份孫銓 …………………………………………………… (1414)
錫 …………………………………………………… (1415)
僉 …………………………………………………… (1417)
通 …………………………………………………… (1417)
勱 …………………………………………………… (1418)
質 …………………………………………………… (1420)
固 …………………………………………………… (1421)

卷二四　列傳第十四

王裕之 …………………………………………………… (1425)
孫秀之 …………………………………………………… (1432)

延之 …………………………………………………… (1435)
阮韜 …………………………………………………… (1436)
延之子綸之 …………………………………………… (1438)
曾孫峻 ………………………………………………… (1439)
峻子琮 ………………………………………………… (1440)
王鎮之 ………………………………………………… (1440)
弟弘之 ………………………………………………… (1442)
弘之孫晏 ……………………………………………… (1446)
晏從弟思遠 …………………………………………… (1452)
王韶之 ………………………………………………… (1456)
王悦之 ………………………………………………… (1460)
王准之 ………………………………………………… (1461)
從弟逡之 ……………………………………………… (1470)
珪之 …………………………………………………… (1471)
族子素 ………………………………………………… (1471)

卷二五　列傳第十五

王懿 …………………………………………………… (1473)
到彦之 ………………………………………………… (1481)
孫撝 …………………………………………………… (1486)
撝子沆 ………………………………………………… (1489)
沆從兄溉 ……………………………………………… (1491)
洽 ……………………………………………………… (1498)
洽子仲舉 ……………………………………………… (1500)
垣護之 ………………………………………………… (1503)

弟子崇祖 …………………………………………………… (1507)
崇祖從兄榮祖 ……………………………………………… (1512)
榮祖從父閎 ………………………………………………… (1515)
閎弟子曇深 ………………………………………………… (1517)
張興世 ………………………………………………………… (1518)
子欣泰 ………………………………………………………… (1521)

卷二六　列傳第十六

袁湛 …………………………………………………………… (1529)
弟豹 …………………………………………………………… (1532)
豹子淑 ………………………………………………………… (1533)
淑兄子顗 ……………………………………………………… (1537)
顗從弟粲 ……………………………………………………… (1543)
顗弟子彖 ……………………………………………………… (1557)
彖從弟昂 ……………………………………………………… (1561)
馬仙琕 ………………………………………………………… (1571)
昂子君正 ……………………………………………………… (1575)
君正子樞 ……………………………………………………… (1576)
憲 ……………………………………………………………… (1580)
君正弟敬 ……………………………………………………… (1588)
泌 ……………………………………………………………… (1589)

卷二七　列傳第十七

孔靖 …………………………………………………………… (1593)
孫琇之 ………………………………………………………… (1599)

琇之曾孫奐 …………………………………………… (1601)
孔琳之 …………………………………………………… (1611)
孫覬 ……………………………………………………… (1617)
殷景仁 …………………………………………………… (1625)
從祖弟淳 ………………………………………………… (1631)

卷二八　列傳第十八

褚裕之 …………………………………………………… (1635)
弟淡之 …………………………………………………… (1637)
玄孫球 …………………………………………………… (1642)
裕之兄子湛之 …………………………………………… (1644)
湛之子彦回 ……………………………………………… (1645)
彦回子賁 ………………………………………………… (1659)
蓁 ………………………………………………………… (1660)
蓁子向 …………………………………………………… (1661)
向子翔 …………………………………………………… (1662)
彦回弟澄 ………………………………………………… (1663)
從父弟炤 ………………………………………………… (1664)
炫 ………………………………………………………… (1666)
炫子澐 …………………………………………………… (1668)
澐子蒙 …………………………………………………… (1668)
蒙子玠 …………………………………………………… (1668)

卷二九　列傳第十九

蔡廓 ……………………………………………………… (1673)

子興宗 …… (1681)
孫約 …… (1713)
約弟撙 …… (1716)
曾孫凝 …… (1721)

卷三〇　列傳第二十

何尚之 …… (1727)
子偃 …… (1746)
孫戢 …… (1749)
偃弟子求 …… (1754)
求弟點 …… (1756)
點弟胤 …… (1766)
胤從弟烱 …… (1780)
尚之弟子昌寓 …… (1783)
昌寓子敬容 …… (1786)

卷三一　列傳第二十一

張裕 …… (1803)
子永 …… (1809)
岱 …… (1819)
岱兄子緒 …… (1825)
緒子完 …… (1834)
充 …… (1834)
永子瓌 …… (1842)
瓌子率 …… (1849)

率弟盾 …… (1855)
瓌弟稷 …… (1855)
稷子嵊 …… (1862)
稷從子種 …… (1865)

卷三二　列傳第二十二

張邵 …… (1871)
子敷 …… (1882)
孫沖 …… (1887)
兄子暢 …… (1894)
暢子融 …… (1909)
寶積 …… (1923)
徐文伯 …… (1924)
文伯從弟嗣伯 …… (1926)

卷三三　列傳第二十三

范泰 …… (1933)
子暠 …… (1946)
荀伯子 …… (1965)
族子萬秋 …… (1974)
徐廣 …… (1975)
郗紹 …… (1979)
廣兄子豁 …… (1980)
鄭鮮之 …… (1981)
裴松之 …… (1991)

孫昭明 ……………………………………………… (1995)
曾孫子野 …………………………………………… (1999)
何承天 ……………………………………………… (2010)
曾孫遜 ……………………………………………… (2019)

卷三四　列傳第二十四

顔延之 ……………………………………………… (2023)
子竣 ………………………………………………… (2039)
從子師伯 …………………………………………… (2052)
沈懷文 ……………………………………………… (2057)
子沖 ………………………………………………… (2069)
從兄曇慶 …………………………………………… (2071)
周朗 ………………………………………………… (2073)
族孫顒 ……………………………………………… (2075)
顒子捨 ……………………………………………… (2081)
捨弟子弘正 ………………………………………… (2086)
弘讓 ………………………………………………… (2099)
弘直 ………………………………………………… (2100)
弘直子確 …………………………………………… (2102)

卷三五　列傳第二十五

劉湛 ………………………………………………… (2105)
庾悦 ………………………………………………… (2115)
族弟登之 …………………………………………… (2118)
登之弟仲文 ………………………………………… (2121)

仲文子弘遠 …… (2133)
仲文族孫仲容 …… (2135)
顧琛 …… (2137)
顧覬之 …… (2144)
孫憲之 …… (2150)

卷三六　列傳第二十六

羊欣 …… (2165)
羊玄保 …… (2171)
子戎 …… (2175)
兄子希 …… (2177)
沈演之 …… (2180)
子勃 …… (2184)
兄孫顗 …… (2185)
演之從子憲 …… (2188)
憲孫浚 …… (2192)
江夷 …… (2193)
子湛 …… (2195)
曾孫斆 …… (2198)
玄孫蒨 …… (2205)
禄 …… (2208)
五世孫紑 …… (2209)
六世孫總 …… (2211)
夷弟子智深 …… (2215)
江秉之 …… (2218)

孫謐 …………………………………………（2220）

卷三七　列傳第二十七

沈慶之 …………………………………………（2227）
孫昭略 …………………………………………（2248）
子文季 …………………………………………（2251）
弟子文秀 …………………………………………（2259）
從子攸之 …………………………………………（2260）
攸之從孫僧昭 …………………………………………（2279）
宗慤 …………………………………………（2280）
從子夬 …………………………………………（2284）

卷三八　列傳第二十八

柳元景 …………………………………………（2289）
元景弟子世隆 …………………………………………（2306）
世隆子惔 …………………………………………（2317）
惔弟惲 …………………………………………（2321）
惲子偃 …………………………………………（2326）
偃子盼 …………………………………………（2326）
惲弟憕 …………………………………………（2327）
憕弟忱 …………………………………………（2329）
世隆從弟慶遠 …………………………………………（2331）
慶遠子津 …………………………………………（2333）
津子仲禮 …………………………………………（2334）
敬禮 …………………………………………（2339）

卷三九　列傳第二十九

殷孝祖 …………………………………………… (2341)
族子琰 …………………………………………… (2345)
劉勔 ……………………………………………… (2347)
子悛 ……………………………………………… (2352)
孫孺 ……………………………………………… (2365)
覽 ………………………………………………… (2367)
遵 ………………………………………………… (2368)
悛弟子苞 ………………………………………… (2370)
悛弟繪 …………………………………………… (2372)
繪子孝綽 ………………………………………… (2376)
繪弟瑱 …………………………………………… (2388)

卷四〇　列傳第三十

魯爽 ……………………………………………… (2391)
薛安都 …………………………………………… (2397)
從子深 …………………………………………… (2404)
鄧琬 ……………………………………………… (2406)
劉胡 ……………………………………………… (2417)
宗越 ……………………………………………… (2418)
吴喜 ……………………………………………… (2423)
黄回 ……………………………………………… (2427)

卷四一　列傳第三十一

齊宗室 …………………………………………… (2433)

衡陽元王道度 …………………………………………… (2433)
始安貞王道生 …………………………………………… (2439)
始安王遥光 ……………………………………………… (2440)
曲江公遥欣 ……………………………………………… (2448)
子幾 ………………………………………………… (2450)
安陸昭王緬 ……………………………………………… (2452)
新吴侯景先 ……………………………………………… (2454)
南豐伯赤斧 ……………………………………………… (2457)
子穎胄 ……………………………………………… (2458)
穎達 …………………………………………… (2467)
衡陽公諶 ………………………………………………… (2470)
臨汝侯坦之 ……………………………………………… (2475)

卷四二　列傳第三十二

齊高帝諸子上 ……………………………………………… (2485)
豫章文獻王嶷 …………………………………………… (2486)
子子廉 ……………………………………………… (2511)
子恪 …………………………………………… (2512)
子操 …………………………………………… (2518)
子範 …………………………………………… (2519)
子範子乾 ………………………………………… (2522)
子範弟子顯 ……………………………………… (2525)
子雲 …………………………………………… (2530)

卷四三　列傳第三十三

齊高帝諸子下 …………………………………… (2535)
臨川獻王映 …………………………………… (2535)
長沙威王晃 …………………………………… (2537)
武陵昭王曅 …………………………………… (2541)
安成恭王暠 …………………………………… (2547)
鄱陽王鏘 …………………………………… (2548)
桂陽王鑠 …………………………………… (2550)
始興簡王鑑 …………………………………… (2551)
江夏王鋒 …………………………………… (2557)
南平王鋭 …………………………………… (2560)
宜都王鏗 …………………………………… (2561)
晋熙王銶 …………………………………… (2564)
河東王鉉 …………………………………… (2564)

卷四四　列傳第三十四

齊武帝諸子 …………………………………… (2567)
文惠太子長懋 …………………………………… (2568)
竟陵文宣王子良 …………………………………… (2580)
子昭胄 …………………………………… (2591)
廬陵王子卿 …………………………………… (2595)
魚復侯子響 …………………………………… (2597)
安陸王子敬 …………………………………… (2602)
晋安王子懋 …………………………………… (2603)
隨郡王子隆 …………………………………… (2608)

建安王子真 …………………………………………………… (2609)
西陽王子明 …………………………………………………… (2609)
南海王子罕 …………………………………………………… (2609)
巴陵王子倫 …………………………………………………… (2610)
邵陵王子貞 …………………………………………………… (2613)
臨賀王子岳 …………………………………………………… (2613)
西陽王子文 …………………………………………………… (2614)
衡陽王子峻 …………………………………………………… (2614)
南康王子琳 …………………………………………………… (2614)
湘東王子建 …………………………………………………… (2615)
南郡王子夏 …………………………………………………… (2615)
文惠諸子 ……………………………………………………… (2615)
巴陵王昭秀 …………………………………………………… (2616)
桂陽王昭粲 …………………………………………………… (2616)
明帝諸子 ……………………………………………………… (2616)
巴陵隱王寶義 ………………………………………………… (2617)
江夏王寶玄 …………………………………………………… (2618)
廬陵王寶源 …………………………………………………… (2620)
鄱陽王寶寅 …………………………………………………… (2620)
邵陵王寶脩 …………………………………………………… (2621)
晉熙王寶嵩 …………………………………………………… (2621)
桂陽王寶貞 …………………………………………………… (2621)

卷四五　列傳第三十五

王敬則 ………………………………………………………… (2623)

陳顯達 ······ （2640）
張敬兒 ······ （2648）
崔慧景 ······ （2657）

卷四六　列傳第三十六

李安人 ······ （2667）
子元履 ······ （2675）
戴僧静 ······ （2676）
桓康 ······ （2680）
焦度 ······ （2683）
曹武 ······ （2688）
子世宗 ······ （2692）
吕安國 ······ （2692）
周山圖 ······ （2694）
周盤龍 ······ （2697）
子奉叔 ······ （2702）
王廣之 ······ （2703）
子珍國 ······ （2705）
張齊 ······ （2709）

卷四七　列傳第三十七

荀伯玉 ······ （2715）
崔祖思 ······ （2723）
祖思叔父景真 ······ （2729）
景真子元祖 ······ （2729）

祖思宗人文仲 …………………………………………… (2730)
蘇侃 …………………………………………………… (2731)
虞悰 …………………………………………………… (2734)
胡諧之 ………………………………………………… (2737)
范柏年 ………………………………………………… (2740)
虞玩之 ………………………………………………… (2741)
劉休 …………………………………………………… (2746)
江祏 …………………………………………………… (2749)
劉暄 …………………………………………………… (2756)

卷四八　列傳第三十八

陸澄 …………………………………………………… (2759)
陸慧曉 ………………………………………………… (2774)
子倕 …………………………………………………… (2792)
孫繕 …………………………………………………… (2796)
兄子閑 ………………………………………………… (2799)
閑子絳 ………………………………………………… (2801)
絳兄厥 ………………………………………………… (2801)
厥弟襄 ………………………………………………… (2813)
襄兄子雲公 …………………………………………… (2819)
雲公子瓊 ……………………………………………… (2823)
瓊子從典 ……………………………………………… (2828)
瓊從弟琰 ……………………………………………… (2829)
琰弟瑜 ………………………………………………… (2831)
瑜從兄玠 ……………………………………………… (2833)

從弟琛 ………………………………………………………… (2833)
陸杲 ……………………………………………………………… (2834)
子罩 ……………………………………………………………… (2838)

卷四九　列傳第三十九

庾杲之 …………………………………………………………… (2841)
叔父蓽 …………………………………………………………… (2848)
王諶 ……………………………………………………………… (2855)
從叔摛 …………………………………………………………… (2863)
何憲 ……………………………………………………………… (2865)
孔逿 ……………………………………………………………… (2866)
孔珪 ……………………………………………………………… (2867)
劉懷珍 …………………………………………………………… (2875)
子靈哲 …………………………………………………………… (2884)
從父弟峻 ………………………………………………………… (2885)
劉沼 ……………………………………………………………… (2894)
從子懷慰 ………………………………………………………… (2895)
懷慰子霽 ………………………………………………………… (2898)
杳 ………………………………………………………………… (2900)
歊 ………………………………………………………………… (2909)
懷珍從孫訏 ……………………………………………………… (2915)
懷珍族弟善明 …………………………………………………… (2919)

卷五〇　列傳第四十

劉瓛 ……………………………………………………………… (2933)

弟璡 …………………………………………………… (2944)
族子顯 …………………………………………………… (2946)
轂 …………………………………………………… (2952)
明僧紹 …………………………………………………… (2953)
子山賓 …………………………………………………… (2960)
庾易 …………………………………………………… (2963)
子黔婁 …………………………………………………… (2965)
於陵 …………………………………………………… (2966)
肩吾 …………………………………………………… (2968)
劉虯 …………………………………………………… (2975)
子之遴 …………………………………………………… (2977)
之亨 …………………………………………………… (2986)
虯從弟坦 …………………………………………………… (2988)

卷五一　列傳第四十一

梁宗室上 …………………………………………………… (2991)
吴平侯景 …………………………………………………… (2991)
子勱 …………………………………………………… (2998)
勸 …………………………………………………… (3001)
勔 …………………………………………………… (3002)
勃 …………………………………………………… (3002)
弟昌 …………………………………………………… (3003)
昂 …………………………………………………… (3004)
昱 …………………………………………………… (3004)
長沙宣武王懿 …………………………………………………… (3006)

子業 …………………………………………………… (3011)
孫孝儼 …………………………………………………… (3012)
業弟藻 …………………………………………………… (3013)
獻 …………………………………………………… (3016)
獻子韶 …………………………………………………… (3018)
駿 …………………………………………………… (3019)
獻弟朗 …………………………………………………… (3019)
明 …………………………………………………… (3020)
永陽昭王敷 …………………………………………… (3024)
衡陽宣王暢 …………………………………………… (3025)
桂陽簡王融 …………………………………………… (3025)
子象 …………………………………………………… (3026)
象子慥 …………………………………………………… (3026)
臨川静惠王宏 …………………………………………… (3027)
宏子正仁 ……………………………………………… (3035)
正義 ……………………………………………… (3035)
正德 ……………………………………………… (3036)
正德子見理 ……………………………………………… (3041)
正德弟正則 ……………………………………………… (3041)
正則弟正立 ……………………………………………… (3042)
正立子賁 ……………………………………………… (3042)
正立弟正表 ……………………………………………… (3043)
正信 ……………………………………………… (3043)

卷五二　列傳第四十二

梁宗室下 …………………………………………… (3045)
安成康王秀 …………………………………………… (3045)
秀子機 …………………………………………… (3055)
機弟推 …………………………………………… (3056)
南平元襄王偉 …………………………………………… (3056)
偉子恪 …………………………………………… (3061)
恪弟恭 …………………………………………… (3063)
恭子静 …………………………………………… (3065)
恭弟祗 …………………………………………… (3066)
鄱陽忠烈王恢 …………………………………………… (3067)
恢子範 …………………………………………… (3069)
範子嗣 …………………………………………… (3073)
範弟諮 …………………………………………… (3073)
諮弟脩 …………………………………………… (3074)
脩弟泰 …………………………………………… (3078)
始興忠武王憺 …………………………………………… (3078)
憺子亮 …………………………………………… (3082)
亮弟暎 …………………………………………… (3082)
暎弟曄 …………………………………………… (3084)

卷五三　列傳第四十三

梁武帝諸子 …………………………………………… (3087)
昭明太子統 …………………………………………… (3088)
豫章王綜 …………………………………………… (3107)

南康簡王績 …………………………………………………… (3115)
廬陵威王續 …………………………………………………… (3122)
邵陵攜王綸 …………………………………………………… (3124)
武陵王紀 ……………………………………………………… (3137)

卷五四　列傳第四十四

梁簡文帝諸子 ………………………………………………… (3151)
哀太子大器 …………………………………………………… (3153)
尋陽王大心 …………………………………………………… (3157)
臨川王大款 …………………………………………………… (3161)
南海王大臨 …………………………………………………… (3162)
南郡王大連 …………………………………………………… (3165)
安陸王大春 …………………………………………………… (3168)
桂陽王大成 …………………………………………………… (3170)
汝南王大封 …………………………………………………… (3170)
瀏陽公大雅 …………………………………………………… (3171)
新興王大莊 …………………………………………………… (3171)
西陽王大鈞 …………………………………………………… (3172)
武寧王大威 …………………………………………………… (3173)
皇子大訓 ……………………………………………………… (3173)
建平王大球 …………………………………………………… (3173)
義安王大昕 …………………………………………………… (3174)
綏建王大摯 …………………………………………………… (3174)
樂良王大圜 …………………………………………………… (3175)

元帝諸子 …………………………………………………… (3175)
武烈世子方等 …………………………………………… (3177)
貞惠世子方諸 …………………………………………… (3183)
愍懷太子方矩 …………………………………………… (3186)
始安王方略 ……………………………………………… (3188)

卷五五　列傳第四十五

王茂 ………………………………………………………… (3191)
曹景宗 ……………………………………………………… (3204)
席闡文 ……………………………………………………… (3218)
夏侯詳 ……………………………………………………… (3221)
子亶 ………………………………………………………… (3226)
夔 …………………………………………………………… (3232)
魚弘 ………………………………………………………… (3236)
吉士瞻 ……………………………………………………… (3238)
蔡道恭 ……………………………………………………… (3242)
楊公則 ……………………………………………………… (3244)
鄧元起 ……………………………………………………… (3251)
羅研 ………………………………………………………… (3257)
李膺 ………………………………………………………… (3259)
張惠紹 ……………………………………………………… (3262)
子登 ………………………………………………………… (3263)
馮道根 ……………………………………………………… (3264)
康絢 ………………………………………………………… (3270)
昌義之 ……………………………………………………… (3277)

卷五六　列傳第四十六

張弘策 …………………………………………………… (3283)
子緬 …………………………………………………… (3293)
纘 …………………………………………………… (3297)
綰 …………………………………………………… (3308)
庾域 …………………………………………………… (3312)
子子輿 …………………………………………………… (3315)
鄭紹叔 …………………………………………………… (3318)
吕僧珍 …………………………………………………… (3323)
樂藹 …………………………………………………… (3331)
子法才 …………………………………………………… (3335)

卷五七　列傳第四十七

沈約 …………………………………………………… (3337)
子旋 …………………………………………………… (3377)
孫衆 …………………………………………………… (3377)
范雲 …………………………………………………… (3380)
從兄縝 …………………………………………………… (3397)

卷五八　列傳第四十八

韋叡 …………………………………………………… (3403)
兄纂 …………………………………………………… (3421)
闡 …………………………………………………… (3421)
叡子放 …………………………………………………… (3422)
孫粲 …………………………………………………… (3425)

放弟正 …………………………………………………………（3433）
正子載 …………………………………………………………（3434）
鼎 …………………………………………………………（3437）
正弟稜 …………………………………………………………（3444）
稜弟黯 …………………………………………………………（3444）
裴邃 …………………………………………………………（3446）
邃子之禮 ……………………………………………………（3452）
兄子之高 ……………………………………………………（3454）
之高弟之平 …………………………………………………（3455）
之平子忌 ……………………………………………………（3456）
之高弟之横 …………………………………………………（3459）

卷五九　列傳第四十九

江淹 …………………………………………………………（3463）
任昉 …………………………………………………………（3486）
王僧孺 ………………………………………………………（3523）

卷六〇　列傳第五十

范岫 …………………………………………………………（3537）
傅昭 …………………………………………………………（3543）
弟映 …………………………………………………………（3550）
孔休源 ………………………………………………………（3551）
江革 …………………………………………………………（3560）
子德藻 ………………………………………………………（3572）
徐勉 …………………………………………………………（3574）

許懋 …… (3601)
子亨 …… (3605)
殷鈞 …… (3608)
宗人芸 …… (3612)

卷六一　列傳第五十一

陳伯之 …… (3615)
陳慶之 …… (3632)
子昕 …… (3644)
暄 …… (3646)
蘭欽 …… (3652)

卷六二　列傳第五十二

賀瑒 …… (3657)
子革 …… (3662)
弟子琛 …… (3665)
司馬褧 …… (3689)
朱异 …… (3693)
顧協 …… (3720)
徐摛 …… (3727)
子陵 …… (3735)
陵子儉 …… (3750)
份 …… (3753)
儀 …… (3753)
陵弟孝克 …… (3754)

鮑泉 …………………………………………………… (3760)
鮑行卿 …………………………………………………… (3769)
行卿弟客卿 …………………………………………… (3770)

卷六三　列傳第五十三

王神念 …………………………………………………… (3775)
子僧辯 …………………………………………………… (3781)
羊侃 …………………………………………………… (3818)
子球 …………………………………………………… (3836)
鵾 …………………………………………………… (3838)
羊鴉仁 …………………………………………………… (3841)

卷六四　列傳第五十四

江子一 …………………………………………………… (3849)
胡僧祐 …………………………………………………… (3855)
徐文盛 …………………………………………………… (3860)
陰子春 …………………………………………………… (3863)
子鏗 …………………………………………………… (3867)
杜崱 …………………………………………………… (3869)
兄岸 …………………………………………………… (3875)
弟幼安 …………………………………………………… (3876)
兄子龕 …………………………………………………… (3878)
王琳 …………………………………………………… (3882)
張彪 …………………………………………………… (3908)

卷六五　列傳第五十五

陳宗室諸王 …………………………………………………… (3915)
永脩侯擬 …………………………………………………… (3916)
遂興侯詳 …………………………………………………… (3920)
宜黄侯慧紀 …………………………………………………… (3922)
衡陽獻王昌 …………………………………………………… (3927)
子伯信 …………………………………………………… (3931)
南康愍王曇朗 …………………………………………………… (3931)
子方泰 …………………………………………………… (3935)
方慶 …………………………………………………… (3938)
文帝諸子 …………………………………………………… (3941)
始興王伯茂 …………………………………………………… (3942)
鄱陽王伯山 …………………………………………………… (3945)
新安王伯固 …………………………………………………… (3949)
晉安王伯恭 …………………………………………………… (3952)
廬陵王伯仁 …………………………………………………… (3952)
江夏王伯義 …………………………………………………… (3953)
武陵王伯禮 …………………………………………………… (3953)
永陽王伯智 …………………………………………………… (3954)
桂陽王伯謀 …………………………………………………… (3954)
宣帝諸子 …………………………………………………… (3955)
始興王叔陵 …………………………………………………… (3956)
豫章王叔英 …………………………………………………… (3966)
長沙王叔堅 …………………………………………………… (3966)
建安王叔卿 …………………………………………………… (3969)

宜都王叔明 …………………………………………… (3970)
河東王叔獻 …………………………………………… (3970)
新蔡王叔齊 …………………………………………… (3970)
晋熙王叔文 …………………………………………… (3971)
淮南王叔彪 …………………………………………… (3972)
始興王叔重 …………………………………………… (3972)
尋陽王叔儼 …………………………………………… (3972)
岳陽王叔慎 …………………………………………… (3972)
義陽王叔達 …………………………………………… (3974)
巴山王叔雄 …………………………………………… (3975)
武昌王叔虞 …………………………………………… (3976)
湘東王叔平 …………………………………………… (3976)
臨賀王叔敖 …………………………………………… (3976)
陽山王叔宣 …………………………………………… (3976)
西陽王叔穆 …………………………………………… (3977)
南安王叔儉 …………………………………………… (3977)
南郡王叔澄 …………………………………………… (3977)
沅陵王叔興 …………………………………………… (3977)
岳山王叔韶 …………………………………………… (3978)
新興王叔純 …………………………………………… (3978)
巴東王叔謨 …………………………………………… (3978)
臨海王叔顯 …………………………………………… (3979)
新會王叔坦 …………………………………………… (3979)
新寧王叔隆 …………………………………………… (3979)
新昌王叔榮 …………………………………………… (3980)

太原王叔匡 …………………………………… (3980)
後主諸子 …………………………………… (3980)
太子深 …………………………………… (3981)
吴興王胤 …………………………………… (3981)
南平王嶷 …………………………………… (3982)
永嘉王彦 …………………………………… (3982)
南海王虔 …………………………………… (3983)
信義王祗 …………………………………… (3983)
邵陵王兢 …………………………………… (3983)
會稽王莊 …………………………………… (3983)
東陽王恮 …………………………………… (3984)
吴郡王藩 …………………………………… (3984)
錢唐王恬 …………………………………… (3985)

卷六六　列傳第五十六

杜僧明 …………………………………… (3989)
周文育 …………………………………… (3996)
子寶安 …………………………………… (4010)
侯瑱 …………………………………… (4011)
侯安都 …………………………………… (4019)
歐陽頠 …………………………………… (4033)
子紇 …………………………………… (4041)
黄法氍 …………………………………… (4041)
淳于量 …………………………………… (4047)
章昭達 …………………………………… (4050)

吴明徹 …………………………………………………… (4055)
裴子烈 …………………………………………………… (4063)

卷六七　列傳第五十七

胡穎 …………………………………………………… (4067)
徐度 …………………………………………………… (4071)
子敬成 …………………………………………………… (4075)
杜稜 …………………………………………………… (4078)
周鐵武 …………………………………………………… (4081)
程靈洗 …………………………………………………… (4084)
子文季 …………………………………………………… (4088)
沈恪 …………………………………………………… (4092)
陸子隆 …………………………………………………… (4095)
錢道戢 …………………………………………………… (4098)
駱文牙 …………………………………………………… (4100)
孫瑒 …………………………………………………… (4101)
徐世譜 …………………………………………………… (4107)
周敷 …………………………………………………… (4110)
荀朗 …………………………………………………… (4113)
周炅 …………………………………………………… (4116)
魯悉達 …………………………………………………… (4118)
弟廣達 …………………………………………………… (4121)
蕭摩訶 …………………………………………………… (4128)
子世廉 …………………………………………………… (4137)
任忠 …………………………………………………… (4138)

樊毅 …………………………………………………… (4144)
弟猛 …………………………………………………… (4147)

卷六八　列傳第五十八

趙知禮 …………………………………………………… (4151)
蔡景歷 …………………………………………………… (4154)
子徵 …………………………………………………… (4163)
宗元饒 …………………………………………………… (4169)
韓子高 …………………………………………………… (4170)
華皎 …………………………………………………… (4174)
劉師知 …………………………………………………… (4179)
謝岐 …………………………………………………… (4186)
毛喜 …………………………………………………… (4187)
沈君理 …………………………………………………… (4194)
陸山才 …………………………………………………… (4198)

卷六九　列傳第五十九

沈炯 …………………………………………………… (4203)
虞荔 …………………………………………………… (4216)
弟寄 …………………………………………………… (4222)
傅縡 …………………………………………………… (4246)
章華 …………………………………………………… (4250)
顧野王 …………………………………………………… (4252)
蕭濟 …………………………………………………… (4256)
姚察 …………………………………………………… (4257)

卷七〇　列傳第六十

循吏 ………………………………………………… (4269)
吉翰 ………………………………………………… (4277)
杜驥 ………………………………………………… (4279)
申恬 ………………………………………………… (4285)
杜慧慶 ……………………………………………… (4290)
阮長之 ……………………………………………… (4294)
甄法崇 ……………………………………………… (4298)
孫彬 ………………………………………………… (4299)
傅琰 ………………………………………………… (4299)
孫岐 ………………………………………………… (4306)
虞愿 ………………………………………………… (4309)
王洪軌 ……………………………………………… (4315)
李珪之 ……………………………………………… (4317)
沈瑀 ………………………………………………… (4317)
范述曾 ……………………………………………… (4323)
孫謙 ………………………………………………… (4326)
從子廉 ……………………………………………… (4330)
何遠 ………………………………………………… (4331)
郭祖深 ……………………………………………… (4336)

卷七一　列傳第六十一

儒林 ………………………………………………… (4349)
伏曼容 ……………………………………………… (4353)
子暅 ………………………………………………… (4356)

　　晅子挺 …………………………………………………（4361）
何佟之 ……………………………………………………（4364）
嚴植之 ……………………………………………………（4367）
司馬筠 ……………………………………………………（4370）
卞華 ………………………………………………………（4376）
崔靈恩 ……………………………………………………（4377）
孔僉 ………………………………………………………（4380）
盧廣 ………………………………………………………（4381）
沈峻 ………………………………………………………（4381）
　　太史叔明 ……………………………………………（4384）
　　峻子文阿 ……………………………………………（4384）
孔子袪 ……………………………………………………（4389）
皇侃 ………………………………………………………（4391）
沈洙 ………………………………………………………（4392）
戚衮 ………………………………………………………（4401）
鄭灼 ………………………………………………………（4403）
　　張崖 …………………………………………………（4404）
　　陸詡 …………………………………………………（4404）
　　沈德威 ………………………………………………（4404）
　　賀德基 ………………………………………………（4405）
全緩 ………………………………………………………（4406）
張譏 ………………………………………………………（4406）
顧越 ………………………………………………………（4410）
　　龔孟舒 ………………………………………………（4415）
沈不害 ……………………………………………………（4416）

王元規 …………………………………………………… (4418)
陸慶 …………………………………………………… (4421)

卷七二　列傳第六十二

文學 …………………………………………………… (4423)
丘靈鞠 …………………………………………………… (4425)
子遲 …………………………………………………… (4429)
從孫仲孚 …………………………………………………… (4431)
檀超 …………………………………………………… (4434)
熊襄 …………………………………………………… (4437)
吴邁遠 …………………………………………………… (4437)
超叔道鸞 …………………………………………………… (4438)
卞彬 …………………………………………………… (4438)
諸葛勗 …………………………………………………… (4444)
袁嘏 …………………………………………………… (4444)
高爽 …………………………………………………… (4445)
孫抱 …………………………………………………… (4445)
丘巨源 …………………………………………………… (4446)
孔廣 …………………………………………………… (4448)
孔逭 …………………………………………………… (4449)
虞通之 …………………………………………………… (4450)
虞龢 …………………………………………………… (4450)
司馬憲 …………………………………………………… (4451)
袁仲明 …………………………………………………… (4451)
孫詵 …………………………………………………… (4452)

王智深 …………………………………………………… (4452)
崔慰祖 …………………………………………………… (4454)
祖沖之 …………………………………………………… (4458)
子暅之 …………………………………………………… (4461)
孫皓 …………………………………………………… (4462)
來嶷 …………………………………………………… (4464)
賈希鏡 …………………………………………………… (4464)
袁峻 …………………………………………………… (4468)
劉昭 …………………………………………………… (4468)
子縚 …………………………………………………… (4470)
緩 …………………………………………………… (4470)
鍾嶸 …………………………………………………… (4471)
兄岏 …………………………………………………… (4476)
岏弟嶼 …………………………………………………… (4476)
周興嗣 …………………………………………………… (4477)
吴均 …………………………………………………… (4480)
江洪 …………………………………………………… (4482)
劉勰 …………………………………………………… (4483)
何思澄 …………………………………………………… (4485)
何子朗 …………………………………………………… (4489)
王子雲 …………………………………………………… (4489)
任孝恭 …………………………………………………… (4490)
顏協 …………………………………………………… (4492)
紀少瑜 …………………………………………………… (4494)
杜之偉 …………………………………………………… (4496)

顔晃 …………………………………………………… (4498)
岑之敬 …………………………………………………… (4500)
何之元 …………………………………………………… (4503)
徐伯陽 …………………………………………………… (4506)
張正見 …………………………………………………… (4508)
阮卓 …………………………………………………… (4510)

卷七三　列傳第六十三

孝義上 …………………………………………………… (4515)
龔穎 …………………………………………………… (4517)
劉瑜 …………………………………………………… (4518)
董陽 …………………………………………………… (4519)
賈恩 …………………………………………………… (4519)
郭世通 …………………………………………………… (4520)
子原平 …………………………………………………… (4521)
嚴世期 …………………………………………………… (4525)
吴逵 …………………………………………………… (4526)
潘綜 …………………………………………………… (4527)
陳遺 …………………………………………………… (4528)
秦綿 …………………………………………………… (4528)
張進之 …………………………………………………… (4529)
俞僉 …………………………………………………… (4530)
張楚 …………………………………………………… (4530)
丘傑 …………………………………………………… (4531)
師覺授 …………………………………………………… (4532)

王彭 …………………………………………………… (4533)
蔣恭 …………………………………………………… (4533)
徐耕 …………………………………………………… (4534)
孫法宗 ………………………………………………… (4535)
范叔孫 ………………………………………………… (4536)
　吴國夫 ……………………………………………… (4536)
卜天與 ………………………………………………… (4537)
　弟天生 ……………………………………………… (4539)
許昭先 ………………………………………………… (4539)
余齊人 ………………………………………………… (4540)
孫棘 …………………………………………………… (4541)
　妻許 ………………………………………………… (4541)
　徐元妻許 …………………………………………… (4542)
　錢延慶 ……………………………………………… (4542)
何子平 ………………………………………………… (4542)
崔懷順 ………………………………………………… (4545)
王虚之 ………………………………………………… (4547)
　顧昌衍 ……………………………………………… (4548)
　江柔之 ……………………………………………… (4548)
　江軻 ………………………………………………… (4548)
吴慶之 ………………………………………………… (4549)
蕭叡明 ………………………………………………… (4550)
　鮮于文宗 …………………………………………… (4551)
蕭矯妻羊 ……………………………………………… (4551)
　羊緝之女佩任 ……………………………………… (4552)

吴康之妻趙 …………………………………… (4552)
蔣儁之妻黄 …………………………………… (4552)
吴翼之母丁 …………………………………… (4552)
會稽陳氏三女 ………………………………… (4553)
永興概中里王氏女 …………………………… (4554)
諸暨屠氏女 …………………………………… (4554)
吴興乘公濟妻姚 ……………………………… (4554)
吴郡范法恂妻褚 ……………………………… (4555)
公孫僧遠 ……………………………………… (4555)
吴欣之 ………………………………………… (4556)
韓係伯 ………………………………………… (4557)
丘冠先 ………………………………………… (4558)
孫淡 …………………………………………… (4559)
華寶 …………………………………………… (4560)
薛天生 ………………………………………… (4560)
劉懷胤 ………………………………………… (4561)
解叔謙 ………………………………………… (4561)
宗元卿 ………………………………………… (4561)
庾震 …………………………………………… (4562)
朱文濟 ………………………………………… (4562)
匡昕 …………………………………………… (4563)
魯康祚 ………………………………………… (4563)
謝昌寓 ………………………………………… (4563)
韓靈敏 ………………………………………… (4563)
劉渢 …………………………………………… (4564)

弟謙 …………………………………………………… (4564)
柳叔夜 ………………………………………………… (4567)
封延伯 ………………………………………………… (4567)
陳玄子 ………………………………………………… (4568)
邵榮興 ………………………………………………… (4568)
文獻叔 ………………………………………………… (4568)
徐生之 ………………………………………………… (4568)
范安祖 ………………………………………………… (4568)
李聖伯 ………………………………………………… (4568)
范道根 ………………………………………………… (4568)
譚弘寶 ………………………………………………… (4568)
何弘 …………………………………………………… (4568)
陽黑頭 ………………………………………………… (4568)
王續祖 ………………………………………………… (4569)
郝道福 ………………………………………………… (4569)
吴達之 ………………………………………………… (4569)
蔡曇智 ………………………………………………… (4569)
何伯璵 ………………………………………………… (4569)
王文殊 ………………………………………………… (4570)
樂頤之 ………………………………………………… (4571)
弟預 …………………………………………………… (4572)
沈昇之 ………………………………………………… (4573)
江泌 …………………………………………………… (4574)
庾道愍 ………………………………………………… (4576)
族孫沙彌 ……………………………………………… (4578)

沙彌子持 …………………………………………… (4579)

卷七四　列傳第六十四

孝義下 …………………………………………… (4581)
滕曇恭 …………………………………………… (4581)
徐普濟 …………………………………………… (4583)
張悌 …………………………………………… (4583)
陶季直 …………………………………………… (4584)
沈崇傃 …………………………………………… (4586)
荀匠 …………………………………………… (4588)
吉翂 …………………………………………… (4589)
甄恬 …………………………………………… (4593)
趙拔扈 …………………………………………… (4594)
韓懷明 …………………………………………… (4595)
褚脩 …………………………………………… (4596)
張景仁 …………………………………………… (4596)
宛陵女子 …………………………………………… (4597)
衛敬瑜妻王 …………………………………………… (4598)
劉景昕 …………………………………………… (4599)
陶子鏘 …………………………………………… (4599)
成景儁 …………………………………………… (4600)
李慶緒 …………………………………………… (4601)
謝藺 …………………………………………… (4602)
子貞 …………………………………………… (4604)
殷不害 …………………………………………… (4607)

弟不佞 …………………………………………………… (4610)
司馬暠 …………………………………………………… (4612)
張昭 ……………………………………………………… (4614)
弟乾 ……………………………………………………… (4614)
王知玄 …………………………………………………… (4614)

卷七五　列傳第六十五

隱逸上 …………………………………………………… (4617)
陶潛 ……………………………………………………… (4618)
宗少文 …………………………………………………… (4629)
孫測 ……………………………………………………… (4632)
從弟彧之 ………………………………………………… (4636)
沈道虔 …………………………………………………… (4636)
孔淳之 …………………………………………………… (4638)
周續之 …………………………………………………… (4640)
戴顒 ……………………………………………………… (4643)
翟法賜 …………………………………………………… (4646)
雷次宗 …………………………………………………… (4646)
郭希林 …………………………………………………… (4648)
劉凝之 …………………………………………………… (4648)
龔祈 ……………………………………………………… (4650)
朱百年 …………………………………………………… (4651)
關康之 …………………………………………………… (4653)
辛普明 …………………………………………………… (4655)
樓惠明 …………………………………………………… (4656)

漁父 …………………………………………………… (4657)
褚伯玉 …………………………………………………… (4659)
顧歡 …………………………………………………… (4661)
盧度 …………………………………………………… (4676)
杜京産 …………………………………………………… (4677)
孔道徽 …………………………………………………… (4679)
京産子栖 …………………………………………………… (4680)
剡縣小兒 …………………………………………………… (4681)

卷七六　列傳第六十六

隱逸下 …………………………………………………… (4683)
臧榮緒 …………………………………………………… (4683)
吴苞 …………………………………………………… (4685)
趙僧巖 …………………………………………………… (4686)
蔡薈 …………………………………………………… (4687)
孔嗣之 …………………………………………………… (4687)
徐伯珍 …………………………………………………… (4688)
婁幼瑜 …………………………………………………… (4690)
沈麟士 …………………………………………………… (4690)
阮孝緒 …………………………………………………… (4697)
鄧郁 …………………………………………………… (4707)
陶弘景 …………………………………………………… (4708)
釋寶誌 …………………………………………………… (4720)
諸葛璩 …………………………………………………… (4724)
劉慧斐 …………………………………………………… (4726)

兄慧鏡 …………………………………………（4727）
慧鏡子曇净 ……………………………………（4728）
范元琰 ……………………………………………（4728）
庾詵 ………………………………………………（4730）
張孝秀 ……………………………………………（4734）
庾承先 ……………………………………………（4736）
馬樞 ………………………………………………（4737）

卷七七　列傳第六十七

恩倖 ………………………………………………（4743）
戴法興 ……………………………………………（4747）
戴明寶 ……………………………………………（4753）
徐爰 ………………………………………………（4755）
阮佃夫 ……………………………………………（4762）
紀僧真 ……………………………………………（4772）
弟僧猛 ……………………………………………（4776）
楊法持 ……………………………………………（4776）
劉係宗 ……………………………………………（4777）
茹法亮 ……………………………………………（4780）
吕文顯 ……………………………………………（4790）
茹法珍 ……………………………………………（4792）
梅虫兒 ……………………………………………（4792）
周石珍 ……………………………………………（4797）
陸驗 ………………………………………………（4799）
徐驎 ………………………………………………（4799）

司馬申 …………………………………………（4800）
施文慶 …………………………………………（4804）
沈客卿 …………………………………………（4807）
孔範 ……………………………………………（4809）

卷七八　列傳第六十八

夷貊上 …………………………………………（4817）
海南諸國 ………………………………………（4817）
林邑國 …………………………………………（4819）
扶南國 …………………………………………（4833）
西南夷 …………………………………………（4852）
訶羅陁國 ………………………………………（4852）
呵羅單國 ………………………………………（4852）
婆皇國 …………………………………………（4854）
婆達國 …………………………………………（4854）
闍婆達國 ………………………………………（4855）
槃槃國 …………………………………………（4856）
丹丹國 …………………………………………（4857）
干陁利國 ………………………………………（4857）
狼牙脩國 ………………………………………（4859）
婆利國 …………………………………………（4860）
中天竺國 ………………………………………（4861）
天竺迦毗黎國 …………………………………（4867）
師子國 …………………………………………（4874）

卷七九　列傳第六十九

夷貊下 …………………………………………… (4877)
東夷 …………………………………………… (4877)
高句麗 …………………………………………… (4878)
百濟 …………………………………………… (4885)
新羅 …………………………………………… (4890)
倭 …………………………………………… (4891)
文身 …………………………………………… (4896)
大漢 …………………………………………… (4896)
扶桑 …………………………………………… (4896)
西戎 …………………………………………… (4900)
河南王 …………………………………………… (4900)
宕昌 …………………………………………… (4905)
鄧至 …………………………………………… (4907)
武興 …………………………………………… (4908)
諸蠻 …………………………………………… (4913)
荆雍州蠻 …………………………………………… (4913)
豫州蠻 …………………………………………… (4918)
西域 …………………………………………… (4921)
高昌 …………………………………………… (4922)
滑 …………………………………………… (4926)
呵跋檀 …………………………………………… (4928)
白題 …………………………………………… (4929)
龜兹 …………………………………………… (4929)
于闐 …………………………………………… (4929)

渴盤陁 …………………………………………………… (4930)
末 ……………………………………………………… (4930)
波斯 …………………………………………………… (4931)
北狄 …………………………………………………… (4933)
蠕蠕 …………………………………………………… (4933)

卷八〇　列傳第七十

賊臣 …………………………………………………… (4937)
侯景 …………………………………………………… (4937)
王偉 …………………………………………………… (5011)
熊曇朗 ………………………………………………… (5015)
周迪 …………………………………………………… (5018)
留異 …………………………………………………… (5021)
陳寶應 ………………………………………………… (5024)

前　言

趙　凱

唐初是中國古代正史修纂的高峰。“二十四史”之中，八部（《晋書》《梁書》《陳書》《北齊書》《周書》《隋書》《南史》《北史》）成書於這一時期。八部之中，又以《南史》《北史》最爲特殊：其一，它們記録的歷史時段兼跨前後承繼的數個王朝，具有通史性質，而其他六部都是斷代史；其二，它們屬於私家修史，且成於一人之手，有别於其他六部的官修性質；其三，與其他六部相比，二史争議較多，從“家傳”體例是否合乎史法，到内容增删是否妥當，再到其作者李延壽史才高下，後世史家聚訟紛紛。這種特殊性賦予《南史》《北史》獨特的面相和氣質。南、北二史之間，又有不同。《四庫全書總目》比較二史，説李延壽“世居北土，見聞較近，參覈同異，於《北史》用力獨深……視《南史》之多仍舊本者，迥如兩手”。[①] 在四庫館臣看來，《南史》内容大量抄録《宋書》《梁書》《南齊書》《陳書》，創新成色不及《北史》。然而《南史》問世之後，並未因“多仍舊本”而被湮没淘汰，反倒是南朝四史因《南史》之廣爲傳播而受到衝擊，卷帙散失時或有之，以至於校勘印行需用《南史》補足。時至今日，《南史》仍然是了解、研究南北朝特别是南朝歷史最基本、最重要的傳世文獻之一。

一

《南史》作者李延壽，字遐齡，祖籍隴西，世居相州（今河南安陽市）。生卒年不見史載，平生主要行迹集中在唐太宗貞觀（627—649）初至高宗顯慶（656—661）年間。其傳附見《舊唐書》卷七三、《新唐書》卷一〇二《令狐德棻傳》。《北史》卷一〇〇《序傳》則詳叙其先祖世系，細述南、北二史編撰緣起及過程，並附《上南、北〈史〉表》，條陳二史主旨、體例、内容等。

據《序傳》，李氏出自帝顓頊高陽氏，周柱下史李耳，戰國魏臣李悝、趙將李牧，西漢名將李廣等皆爲先祖。這些當屬譜牒附會，似不足憑信。值得注意的是，其族譜序列中的凉武昭王李暠（十六國時期西凉開國君主），是唐

① 清・紀昀、清・陸錫熊、清・孫士毅等著，四庫全書研究所整理：《四庫全書總目》卷四六《史部二・正史類二・北史一百卷》，中華書局1997年版，第631頁。

朝皇室認定的先祖，這樣一來，李延壽一系就成爲李唐皇室的同宗華胄，貴氣陡生。不過《舊唐書》本傳祇説“李延壽者，本隴西著姓，世居相州”，《新唐書》本傳進一步簡約爲“李延壽者，世居相州”，非但不提其與皇族的關係，還略去了其隴西地望。

李氏既爲隴西著姓，世系綿延，時有青紫。李延壽的高祖父李虔在北魏末官至驃騎大將軍、開府儀同三司，爵高平男，官位炫赫。李虔第四子李曉，在公元528年發生的“河陰之變”中僥幸逃脱，孝莊帝時歷任輕車將軍、尚書左右主客郎、中散大夫、前將軍、太中大夫等職，不過時局動蕩，不能正常履職，“備在名級而已”。[①] 公元534年，北魏分裂爲東魏、西魏，東魏遷都於鄴，李曉隨遷至清河，寓居舅家。清河爲相州屬郡之一，李氏“世居相州”，大抵由此開始。李曉在東魏、北齊當過三任郡太守，在官素有惠政，在家訓勉子弟，皆有學行。李曉中子李超，就是李延壽的祖父，在北齊時做過修武縣令、晋州别駕。其後北周滅北齊，繼而隋朝代周，作爲北齊遺民的李超愈加失意，連縣令這樣的小官都難得善終，退而“以琴書自娱，優遊賞逸，視人世蔑如”。[②] 李超晚年自言“吾性本疏惰，少無宦情，豈以垂老之年，求一階半級”，[③] 落寞之情溢於言表。李超有二子，長子李大師，就是李延壽的父親。李大師字君威，弱冠之年應召任冀州刺史主簿，後

① 《北史》卷一〇〇《序傳》。

② 同上。

③ 同上。

歷任左翊衛率、信都司户書佐、渤海郡主簿。隋末群雄逐鹿，竇建德建立夏政權，李大師被召爲尚書禮部侍郎。唐高祖武德三年（620），李大師奉命出使關中，與李唐王朝通好。不久夏、唐交惡，身爲敵國使節的李大師被拘留在長安，隨後又被徙配西會州（今甘肅靖遠縣），直至武德九年纔遇赦東歸。唐太宗貞觀二年（628），卒於滎陽野舍，時年五十九歲。

從隴西著姓到大唐平民，李氏一族仕路每況愈下，令人唏嘘。家族背景已經不能給李延壽提供恩蔭，但世家大族的家傳學行爲他開啓了另一扇進階之窗：學問安身，修史立命。

李延壽的曾祖李曉、祖父李超皆“博涉經史”，[①] 有較高的文化素養。其父李大師更是“好學，無所不窺，善綴文。備知前代故事，若指諸掌；商較當世人物，皆得其精”。[②]《北史》卷一〇〇《序傳》記載：

> 大師少有著述之志，常以宋、齊、梁、陳、魏、齊、周、隋南北分隔，南書謂北爲“索虜”，北書指南爲“島夷”。又各以其本國周悉，書别國並不能備，亦往往失實。常欲改正，將擬《吴越春秋》，編年以備南北。

李大師早年就有志編撰一部内容包舉南北朝歷史而

① 《北史》卷一〇〇《序傳》。
② 同上。

史觀公允的編年體史書。在西會州服役期間，他受到凉州總管、觀國公楊恭仁的禮遇，恣意披覽楊氏所藏書籍，尤其留意宋、齊、梁、魏諸代史書，開始實施自己的修史計劃。唐高祖武德九年（626）遇赦東歸之後，李大師對仕途不再有幻想，謝絶友人舉薦，屏居鄉野，利用“家本多書”的條件，專心“編緝前所修書”。[①]然而蒼天不遂人愿，兩年之後李大師就去世了，“既所撰未畢，以爲没齒之恨焉”。[②]接續修史的任務，交給了第四子李延壽。

二

李延壽身處的唐太宗、高宗時期，是李唐王朝的盛世，也是中國古代官修正史的盛世。

早在武德四年（621），秘書丞令狐德棻就向唐高祖李淵建言，鑒於“近代已來，多無正史”，[③]應及時編修史書，以保存史文，“貽鑑今古”。次年十二月，唐高祖下詔編修魏、北齊、北周、隋、梁、陳六代史，責成中書令蕭瑀等分董各書，要求“務加詳覈，博採舊聞，義在不刊，書法無隱”。[④]然而由於種種原因，蕭瑀等受詔之後“歷數

① 《北史》卷一〇〇《序傳》。

② 同上。

③ 《舊唐書》卷七三《令狐德棻傳》。

④ 同上。

年，竟不能就而罷”。①

貞觀三年（629），唐太宗下詔重啓梁、陳、北齊、北周、隋等南北朝五代史的編修。在中書省設置秘書内省，又在禁中建置常設性修史機構——史館。分置史官，由尚書左僕射房玄齡、秘書監魏徵、秘書丞令狐德棻等高官監管其事，建立起一套官修史書機構和制度。太宗在位期間，《梁書》《陳書》《北齊書》《周書》《隋書》《晋書》等六部正史完成編纂。貞觀十五年啓動的《五代史志》，也在十五年之後的高宗顯慶元年（656）畢功。在《修〈晋書〉詔》中，唐太宗盛贊史書“彰善癉惡”“褒吉懲凶”的經世功能，並發出“大矣哉，蓋史籍之爲用也”的著名論斷。對於有志於史書著述的學者來説，確實是“躬逢盛世”。這也激發了李延壽私修史書、完成父志的熱情。

唐太宗貞觀之初，李延壽在中書侍郎顔師古、給事中孔穎達手下整理文獻，② 由此得以進入秘書内省及史館，恣意閲讀皇家藏書。當年，李大師立志修史，但由於可徵引史料不足而延宕難成。李延壽利用史官之便，在工作之餘晝夜抄録齊、梁、陳等各代稀見史料。但是這一過程並非一帆風順。貞觀五年（631），其母去世，李延壽去職服喪，服闋之後，又到蜀地做事。在此期間，他把已有史料做了編次，發現欠缺尚多，看似近切的修史宏圖又變得模

---

① 《舊唐書》卷七三《令狐德棻傳》。

② 《北史》卷一〇〇《序傳》稱之爲“删削”。删削的文獻，或以爲是《五經正義》，或以爲是《梁書》《陳書》《北齊書》《周書》《隋書》等五代史書中的《隋書》。

糊起來。

唐太宗貞觀十五年（641），在令狐德棻的推薦下，李延壽再入史局，參與《晋書》及《五代史志》的修撰。這對於私修工作陷入困頓的李延壽來説，可謂天賜良機。一方面，利用豐富的館藏資料，對諸史特别是《宋書》《南齊書》《魏書》等三部傳世史書所記史事進行考校補充，以得其精實，這就是《北史》卷一〇〇《序傳》所謂“因兹復得勘究宋、齊、魏三代之事所未得者”；另一方面，以近水樓臺之便，大量抄録五代史事。當時，《梁書》《陳書》《北齊書》《周書》《隋書》雖已修畢，但是尚未公布，再加上“家素貧罄”，李延壽不敢請人代勞，衹能夜以繼日地親自抄録。

抄録史料衹是編纂史書的基礎工作。更爲繁重勞神的是考校史料、編次撰寫。《北史》卷一〇〇《序傳》説：“凡所獵略，千有餘卷。連綴改定，止資一手。”工作量之巨大，過程之艱辛，由此可知。唐高宗顯慶四年（659），《南史》八十卷率先完稿。對於這部體例新穎而内容多出自南朝四史，而且是“撰自私門”、利用職務之便完成的作品，李延壽無意寢默，也不敢擅自流傳，而是呈遞給時任監國史、國子祭酒的令狐德棻。令狐德棻此前是否知道李延壽私修南北朝史，史籍没有記載，但他向來欣賞李延壽的才華，數有知遇之恩，故爲通讀全稿，“乖失者亦爲改正，許令聞奏”。[①] 得到令狐德棻的肯定之後，李延壽放下心來，“次以《北史》諮知，亦爲詳正。因遍諮宰相，

① 《北史》卷一〇〇《序傳》。

乃上表”。[1] 在《上南、北〈史〉表》中，李延壽陳述了自己私撰二史的意旨：

> 北朝自魏以還，南朝從宋以降，運行迭變，時俗污隆，代有載筆，人多好事，考之篇目，史牒不少，互陳聞見，同異甚多。而小説短書，易爲湮落，脱或殘滅，求勘無所。一則王道得喪，朝市貿遷，日失其真，晦明安取。二則至人高迹，達士弘規，因此無聞，可爲傷歎。三則敗俗巨蠹，滔天桀惡，書法不記，孰爲勸奬。

又報告二史的内容框架、體例、撰修過程及原則：

> 起魏登國元年，盡隋義寧二年，凡三代二百四十四年，兼自東魏天平元年，盡齊隆化二年，又四十四年行事，總編爲本紀十二卷、列傳八十八卷，謂之《北史》；又起宋永初元年，盡陳禎明三年，四代一百七十年，爲本紀十卷、列傳七十卷，謂之《南史》。凡八代，合爲二書，一百八十卷，以擬司馬遷《史記》。就此八代，而梁、陳、齊、周、隋五書，是貞觀中敕撰，以十志未奏，本猶未出。然其書及志，始末是臣所修。臣既夙懷慕尚，又備得尋聞，私爲抄録，一十六年，凡所獵略，千有餘

① 《北史》卷一〇〇《序傳》。

卷。連綴改定，止資一手，故淹時序，迄今方就。唯鳩聚遺逸，以廣異聞，編次別代，共爲部秩。除其冗長，捃其菁華。若文之所安，則因而不改，不敢苟以下愚，自申管見。雖則疏野，遠慚先哲，於披求所得，竊謂詳盡。其《南史》刊勒已定，《北史》勘校粗了。既撰自私門，不敢寢默，又未經聞奏，亦不敢流傳。

表文所説“一十六年”，是指正式撰寫的時間，即從唐太宗貞觀十七年（643）到高宗顯慶四年（659）。如果從貞觀三年初入秘書内省開始抄録史料算起，則前後長達三十載。李延壽上表奏進之時，《南史》定稿，《北史》粗校，似乎有些迫不及待。其中甘苦隱情，大概衹有作者自知。

二史奏進之後，得到朝廷認可，唐高宗親自爲之作序。宋人王溥《唐會要》卷六三《修前代史》記其事曰：“其年，符璽郎李延壽撮近代諸史，南起自宋，終於陳；北始自魏，卒於隋。合一百八十篇，號爲南、北《史》。上自製序。”元人馬端臨《文獻通考》卷一九二《經籍考》引《崇文總目》亦云：“唐高宗善其書，自爲之序。序今闕。”御序今已不存，但足以顯示南、北二史分量之重。

作爲太宗、高宗兩朝史館的重要成員，李延壽參與了《隋書》《晋書》及《五代史志》的編修，還參與了“國史”——《武德貞觀兩朝史》的修撰。此外，他獨自撰成《太宗正典》三十卷，後來受到朝廷嘉獎。《舊唐書》卷五《高宗紀下》載開耀二年（682）二月丙午詔曰："故符璽郎李延壽撰《正典》一部，辭殫雅正，雖已淪亡，功猶可録，宜賜其家絹五十疋。"從"故符璽郎""淪亡"這樣的表述判斷，彼時李延壽已經作古。

與宏偉卓異的史學建樹相比，李延壽的仕途平淡如水。他最初在中書侍郎顔師古、給事中孔穎達手下整理文獻時的身份，大概是修史學士，亦即"有一定史才、初入仕途或位卑職微而參預修史者"。[①] 唐太宗貞觀中，累補東宫典膳丞、崇賢館學士。東宫典膳丞是正八品上的小官，隸屬於東宫典膳局，協助長官典膳郎進膳嘗食，並監管厨房。崇賢館始置於貞觀十三年（639），相當於太子學館，崇賢館學士、直學士皆無常員，掌經籍圖書，教授諸生，並承擔着以儒家學行輔佐太子的職責。既是東宫官屬，自然有更多機會接近太子。南、北二史幸得高宗御序，《太宗正典》被高宗追賜，應該與李延壽的東宫經歷不無關係。《晋書》修畢，李延壽與有功焉，轉任御史臺主簿，兼直國史。御史臺主簿掌御史臺印諸務，從七品下。直國史又稱"直史館""直館"，是史館中的編修官。據《新唐書・百官志二》，太宗貞觀三年於門下省置史館，"以他官兼領；或卑位有才者，亦以直館稱"。李延壽以御史臺主簿身份得任此職，是典型的"卑位有才者"直館。高宗時，李延壽

---

① 謝保成：《隋唐五代史學》，商務印書館 2007 年版，第 94 頁。

歷遷符璽郎，兼修國史。符璽郎隸屬於門下省，負責管理天子璽印與符節，從六品上。兼修國史，是指非宰相的一般官員兼任史職。李延壽似乎還做過起居郎，[①] 不過據高宗開耀二年（682）二月丙午詔“故符璽郎李延壽”云云，在他漫長的仕途中，從六品上的符璽郎既是終點，也是高點。

三

《南史》記述南北朝時期宋、齊、梁、陳四個南方政權的歷史，起於宋武帝永初元年（420），盡於陳後主禎明三年（589），時跨一百七十年。全書凡八十卷。本紀十卷，包括宋本紀三卷、齊本紀二卷、梁本紀三卷、陳本紀二卷。列傳七十卷，包括后妃二卷，宋宗室及諸王二卷，臣僚二十六卷；齊宗室一卷，齊高帝諸子二卷，齊武帝諸子、文惠諸子、明帝諸子一卷，臣僚六卷；梁宗室二卷，梁武帝諸子一卷，簡文帝諸子、元帝諸子一卷，臣僚十卷；陳宗室諸王一卷，臣僚四卷。類傳十一卷，包括循吏一卷，儒林一卷，文學一卷，孝義二卷，隱逸二卷，恩倖一卷，夷貊二卷，賊臣一卷。總體而言，呈現出以下幾方面的特點：

（一）編次别代、共爲部秩的紀傳體“準”通史

李延壽在《上南、北〈史〉表》中説，所著南、北二

① 據《唐會要》卷六三《修國史》，《武德貞觀兩朝史》編纂人員中有“起居郎李延壽”。起居郎是門下省屬官，從六品上。

史是“擬司馬遷《史記》”而作。《史記》是一部紀傳體通史，上起傳説中的黄帝時代，下及司馬遷所處的漢武帝時代。而《南史》所録僅限於宋、齊、梁、陳四代共一百七十年的歷史，與《史記》貫通古今的體系相去甚遠。因此，嚴格地説，《南史》是一部紀傳體“準”通史。

“追終父志”是李延壽撰述二史的動機和動力。其父李大師有志於“擬《吴越春秋》，編年以備南北”，即以編年體來編撰一部整合南北諸史、以統一爲特徵的史書。編年體年經月緯，同年共事，“不僅可以避免叙述上的詳此略彼，尤其利於克服因主觀敵視、偏見所造成的失實，易於以統一的思想編纂分裂時期的歷史”。[1] 但是李延壽最終放棄編年體而改用紀傳體。於此，至少可以從三個方面來理解：其一，整合分裂政權的歷史，以何者爲“正統”，編年體不易確定；紀傳體以帝王亦即政權爲中心展開書寫，易於操作。其二，魏晋以來，以班固《漢書》爲代表的紀傳體與以荀悦《漢紀》爲代表的編年體並駕齊驅，形成了“班、荀二體，角力争先”的局面。[2] 降及唐代，紀傳體史書被尊爲“正史”，唐初官修前代史如《梁書》《陳書》《北齊書》《周書》《隋書》《晋書》，無一例外都采用了紀傳體。李延壽選擇紀傳體，不失爲是一種“與時俱進”的明智做法。其三，凸顯門閥世族是李延壽撰寫南、北二史的重要指導思想。相較於編年體，紀傳體以家族爲

---

① 謝保成：《傾向統一不是〈南史〉與〈北史〉的主題》，《北京大學學報》1990 年第 2 期。

② 唐·劉知幾：《史通》卷二《内篇·二體》。

中心設傳，能够更好地貫徹這一指導思想。即如有識者所言，“編年史很難突出一家一姓，而紀傳史却能做到”。[①]

在《上南、北〈史〉表》中，李延壽以“編次别代，共爲部秩”總結其編纂模式。就《南史》而言，就是要把原本各自獨立爲書的南朝四史重新編排，整合爲一書。其結構爲：首先是四代帝紀，其次爲四代后妃合傳，再次爲各代列傳（宗室、諸王、臣僚），最後爲類傳。這是一項繁瑣而費力的工作，其中最爲繁難而又飽受争議的是以家傳入國史，即依據家族世系而不是王朝歸屬來編次列傳。四庫館臣批評説：“故家世族，一例連書。覽其姓名，則同爲父子，稽其朝代，則各有君臣，參錯混淆，殆難辨别。”[②] 王鳴盛亦詰問：“延壽書各傳中於一家父子兄弟子姓及其後裔歷仕各代者，輒連述之，不以各代爲限斷，而以各家爲限斷……不知此國史，非家乘也，何爲必以一家貫數代乎？”[③] 還有人認爲這一史法暗含了李延壽爲本家族争地位、爲李唐王朝政治服務的私心。這些觀點往往折射出批評者立場的時代性。其實，李延壽以家傳入國史，同樣反映了歷史的時代性，即門閥世族構成了南北朝時期政治、經濟、社會、文化的基礎和表徵。誠如李憑先生在《今注本二十四史·北史·前言》中所論，南、北《史》中的家傳，反映的正是“通過家族與宗族的結構以延續血

① 謝保成：《隋唐五代史學》，第84頁。

② 清·紀昀、清·陸錫熊、清·孫士毅等著，四庫全書研究所整理：《四庫全書總目》卷四六《史部二·正史類二·北史一百卷》，第631頁。

③ 清·王鳴盛：《十七史商榷》卷五九《以家爲限斷不以代爲限斷》。

緣和發展文化的史實……李延壽‘以姓爲類’，將衆多家傳熔於一爐的撰寫體例，恰恰是符合歷史規律的”。[①]

人物傳記按世系而不按朝代編次，在某種程度上就是《史記》“世家”的翻版，也是李延壽“擬司馬遷《史記》”的生動體現。李慈銘云：“《南史》之改并宋齊諸書，誠多未善……惟其與氏族連合爲傳，則別有深意，殊未可非。蓋當時既重氏族，而累經喪亂，譜牒散亡。北朝魏收《魏書》猶多子姓合傳，南朝則沈約、蕭子顯、姚思廉等專以類叙，於兄弟子姓，分析太甚，李氏故力矯之。其書本爲通史之體，與八書各自行世，故先以四代帝紀，次以四代后妃，而各代列傳，又皆先以諸王，其諸臣則有世系者皆聯綴之，以存譜學。若欲考時代先後，則區分類別，自有本書，固並行不悖者也。大凡古人著述，須細推其恉，不可率爾譏之。”[②] 此説强調《南史》的“通史”性質及其與南朝四史的互補性，庶幾解延壽本意。余嘉錫稱贊李慈銘之語爲“通人之見”，並云：“（李延壽）爲一二高門作家傳，使讀之者於當時國家之興亡，譜牒之世系，與夫文章、學術之淵源，士大夫、寒門之争競，開卷可覩，一覽無遺。擬之史遷，可謂貌異心同。夫法有因創，例有正變，王、謝、崔、盧既與南北朝相終始，則因

① 李憑、靳寶主持校注：《今注本二十四史·北史·前言》，中國社會科學出版社 2020 年版，第 21 頁。

② 清·李慈銘撰，由雲龍輯：《越縵堂讀書記》，中華書局 2006 年版，第 230 頁。

事起例，以家傳入國史，奚爲而不可哉？"[1] 在他看來，李延壽以家傳入國史，非但合理，而且是適應時代的體例創新。

需要注意的是，《南史》雖爲紀傳體，有紀、傳而無志。當時已有《五代史志》獨立成書（後附於《隋書》中），故《南史》不再贅設。研究南朝典章制度，仍需利用《宋書》《南齊書》諸志及《隋書》諸志中與梁、陳二代相關部分。

（二）主北從南、尊西卑東的正統觀念

歷來奉敕撰前代史，皆尊本朝所繼承的政權爲正統，如西晋時陳壽修《三國志》，即以曹魏爲正統。李延壽是唐朝史官，唐承隋，隋承北周，北周承西魏，故具有私修官定色彩的《南史》，始終貫穿了"主北從南，尊西卑東"的正統觀念。

所謂"主北從南，尊西卑東"，是説《南史》述及南北政權關係，往往以北朝爲主，南朝爲從；北朝對立政權之間，則以西魏、北周爲尊，東魏、北齊爲卑。這種正統觀念從以下三種筆法可以看得出來：

其一，《宋書》等南朝四史言及江左對北方用兵，多曰"北伐"，而《南史》往往改用"北侵"，以明其出師不義；反之，南朝四史言及北方對江左用兵，多以"南寇"或"南侵"相稱，《南史》則往往改作"南征""南伐"或"南攻"。"征""伐""寇""侵"，一字之替，戰

---

[1] 余嘉錫：《四庫提要辨證》卷四《史部二·正史類二·北史一百卷》，中華書局2012年版，第207頁。

争性質陡轉。

其二，北朝帝位傳承與年號變化，《南史》會在本紀相應年月記上一筆。如《南史》卷九《陳文帝紀》武帝永定三年歲末記“是歲，周明帝改天王稱皇帝，復建年號曰武成元年”。文帝天嘉元年則有夏四月“辛丑，周明帝崩”，“八月壬子，齊孝昭帝廢其主殷而自立”。天嘉二年文末記：“是歲，周武帝保定元年。”這種筆法固然有利於南北朝之間年代對照，但同樣反映出李延壽以北朝正朔爲依歸的意向。

其三，魏、北周、隋改元，《南史》於南朝本紀予以記録；北齊改元，則不予記録。魏、北周皇帝之死，《南史》書以“崩”；北齊皇帝之死，則書以“殂”。記或不記，“崩”“殂”之間，實爲正統觀念下尊西卑東的《春秋》筆法。

這種正統觀念，正是李延壽統一南北歷史思想的體現。但是過分拘泥於“正統”，也會破壞史法。例如《南史》卷七《梁武帝紀下》記載：中大通元年五月“元顥入京師，僭號建武”，閏六月“魏將尒朱榮攻殺元顥，京師反正”。此中“京師”，指北魏都城洛陽，竄入南朝叙事之中，不倫不類。錢大昕駁斥云：“此梁史，非魏史。當以梁都爲京師，不當以魏都爲京師。依史法，當云‘元顥入洛陽，改元建武’。顥既爲梁所立，即不可斥爲僭也。‘京師反正’之語，尤爲無謂。延壽意雖内北而外南，然於此等書法，則所謂自亂其例，不如姚思廉書法之當矣。”[①] 對

① 清·錢大昕：《廿二史考異》卷三五《南史一》。

於這種史家自壞體裁的做法，王鳴盛的批評更爲激烈："蓋既作《梁書》，則應以梁爲主也……李延壽以北爲正，但既南北分列，而措詞如此，一何武斷。爾朱何物，不必加以美名，當以《梁書》爲得。"①

（三）除其冗長、鳩聚遺逸的文獻增删

《南史》把合計二百五十一卷的南朝四史（《宋書》一百卷、《南齊書》五十九卷、《梁書》五十六卷、《陳書》三十六卷）精簡爲八十卷，首要工作就是削删，也就是李延壽在《上南、北〈史〉表》中自陳的"除其冗長，捃其菁華"。趙翼在比對南、北二史與南朝四史史文異同之後總結道："南、北《史》以簡净爲主，大概就各朝正史删十之三四。如每代革易之際，以禪讓爲篡奪者，必有九錫文，三讓表，禪位詔册，陳陳相因，遂成一定格式，南、北《史》則删之，而僅存一二詔策。其他列傳内文詞無關輕重者，亦多裁汰……其於南北交兵事，尤多删削……蓋延壽叙事專以簡括爲主，固不能一一詳書，且南北交兵，各自誇勝諱敗，國史固各記其所記，延壽則合南北皆出其一手，惟恐照本鈔謄，一經核對，則事迹多不相符故也……兩國交涉處，一經校對，輒多罅隙，宜乎延壽之不敢詳書也。"②《宋書·武帝紀》所録關於晋帝對劉裕進爵、禪位的詔策，前後有十餘篇，《南史》卷一《宋武帝紀》衹保留了《進劉裕爲宋公詔》與《即位告天策》，其餘一概删去。所留兩篇詔策，也删去一些格式套話。四史所録

① 清·王鳴盛：《十七史商榷》卷五五《爾朱榮復據洛陽》。

② 清·趙翼：《廿二史劄記》卷一三《南北史兩國交兵不詳載》。

南朝與北朝作戰過程的篇什，由於普遍存在“誇勝諱敗”現象，也成爲削删之大宗。經過削删的《南史》，叙事簡徑，無煩冗蕪穢之辭，故得“勝本書遠甚”之譽。

但是《南史》也因削删不當而爲後人所詬病。兹舉一例。《南齊書》卷三四《庾杲之傳》記庾杲之任尚書駕部郎：

> 清貧自業，食唯有韮葅、瀹韮、生韮雜菜，或戲之曰：“誰謂庾郎貧，食鮭常有二十七種。”言三九也。

“九”與“韮”諧音，“三九”同“三韮”，則“二十七”代指“韮葅、瀹韮、生韮”。《南史》卷四九本傳亦記此事：

> 清貧自業，食唯有韮葅、瀹韮、生韮雜菜。任昉嘗戲之曰：“誰謂庾郎貧，食鮭嘗有二十七種。”

史文抄自《南齊書》，唯删去文末“言三九也”四字，使讀者不知所云，更無從體悟戲謔何來。王鳴盛《十七史商榷》卷五三《新唐書過譽南北史》云：“夫合八史以成二史，不患其不備，惟患其太繁。故延壽一意删削，每立一傳，不論其事之有無關係、應存應去，總之極力刊除，使所存無幾，以見其功。”甚至斷言“其删落處不當而欠妥者十之七八”。王氏對李延壽删削的批駁有些誇張，但是删削失當之處在在有之，也是事實。比如《南史》删略傳主官銜的現象非常普遍，往往需要對照南朝四史纔能避免誤讀。周一良先生對此評價説："李延壽於南朝人物之官銜隨意删削，以求簡潔，而造成混亂，制度反不明確。"[①] 高敏先生通過史料比對，將《南史》删削分爲四種類型：即删所當删、删之不當、因删致誤、因删致疑，爲客觀評價李延壽删削功過提供了可能。

《南史》在删削舊史的同時又有所增補，此即《上南、北〈史〉表》所謂"鳩聚遺逸"。增補主要體現在兩個方面：

一是增加列傳。南朝歷史上的一些重要人物，四史無傳。以《梁書》爲例，姚察、姚思廉父子依據梁朝國史來確定立傳範圍，"國史所有則傳之，所無則缺之"，[②] 結果導致一些應立傳的人物缺傳，比如引西魏滅梁、建立後梁政權的蕭詧，被侯景擁立爲帝又禪位予之的蕭棟，皆未得立傳於《梁書》中，顯然是史家拘執於"正統"觀念而不爲變通之故。謝保成先生於此評論説："蕭詧、蕭棟二人之舉，對於蕭梁政權來説，不可不謂大事。如果説梁國史惡其二人不許入史是政治偏見，那麼姚氏父子僅僅因爲梁國史所無便不在《梁書》爲他們立傳，難免不是史家的失職。"[③] 在梁陳之際政治舞臺上

① 周一良：《魏晋南北朝史札記·南史札記》"删略官銜造成混亂"條，中華書局 1985 年版，第 470 頁。

② 清·趙翼：《廿二史劄記》卷九《梁書悉據國史立傳》。

③ 謝保成：《隋唐五代史學》，第 56 頁。

非常活躍的王琳，也因爲後來投歸北齊而不得在《梁書》立傳，《南史》皆爲之補傳。此外，循吏、文學、隱逸、恩倖等類傳中也補入若干傳主。據統計，《南史》新增入傳者達一百數十人之多。[①] 這些補傳往往更能反映歷史原貌，且多數是超出南朝四史的史料。

二是補充史料。《南史》以南朝四史爲主要史材，同時參録大量其他史料，這就是《上南、北〈史〉表》所説的"又從此八代正史外，更勘雜史於正史所無者一千餘卷，皆以編入"。這些"雜史"多已散佚不存。據馬宗霍先生研究，今見於《太平御覽》所引的裴子野《宋略》、吴均《齊春秋》、劉璠《梁典》等十餘種南朝書籍，都可在《南史》中找到蹤影。據不完全統計，《南史》之增補於南朝諸書者不下數百條。[②]

《南史》所補充史料以瑣屑之事居多。趙翼對比《南史》《梁書》，以爲《南史》所增都是些無甚關係的"瑣言碎事"，並批評説："李延壽修史，專以博採異聞，資人談助爲能事，故凡稍涉新奇者，必羅列不遺，即記載相同者，亦必稍異其詞，以駭觀聽。"[③] "瑣言碎事"中又時見怪力亂神荒誕不經之説，更爲史家所詬病。李慈銘説"李氏好言神鬼，往往可厭"，[④] 又説"李氏好述神怪，自是史家一病……此等瑣詭，偶一見

① 高敏：《南北史考索·自序》，天津古籍出版社 2010 年版，第 9 頁。
② 同上。
③ 清·趙翼：《廿二史劄記》卷一一《南史增梁書瑣言碎事》。
④ 清·李慈銘撰，由雲龍輯：《越縵堂讀書記》，第 264 頁。

之，以廣見聞，未爲不可，乃屢出迭見，述之不已，殊屬可厭”，[①] 鄙夷厭惡之情，溢於言表。

唐初史家多爲文咏之士，“好採詭謬碎事，以廣異聞”，[②] 李延壽堪稱其中代表。不過，與其説是文人審美情趣，毋寧説是史家對“詭謬碎事”史料價值獨具慧眼。李延壽在《上南、北〈史〉表》中提到，“小説短書，易爲湮落，脱或殘滅，求勘無所”。所謂“小説短書”，應該指正史之外的雜史。李延壽對於“小説短書”所藴含的史料價值具有獨到的認識和較高的評價，因而自覺地將其使用在南、北二史中，這恰恰反映了他歷史觀念的先進。這些“小説短書”“瑣言碎事”的價值，至少可以從以下三個方面思考：

其一，“瑣言碎事”中亦有金泥玉屑，對相關問題研究具有無可替代的史料價值。如卷七五《顧歡傳》載孔珪與顧歡共談《四本論》之事，就是研究此一問題的重要資料，因爲南朝文獻中涉及《四本論》者極少。[③] 隨着學術研究視界的不斷拓展和研究方法的不斷更新，“瑣言碎事”的史料價值越來越受到研究者重視。

其二，《南史》中的“瑣言碎事”可以補南朝四史之缺。有些還是解讀四史不可或缺的關鍵信息。如《南齊書》卷三四《庾杲之傳》載：

---

① 清·李慈銘撰，由雲龍輯：《越縵堂讀書記》，第 254 頁。

② 《舊唐書》卷六六《房玄齡傳》。

③ 周一良：《魏晋南北朝史札記·南史札記》“增加有用史料”條，中華書局 1985 年版，第 478—479 頁。

（杲之）出爲王儉衛軍長史，時人呼儉府爲入芙蓉池。

庾杲之（字景行）被衛將軍王儉聘爲長史，時人就把進入王儉府邸稱作“入芙蓉池”，其中緣故爲何，《南齊書》没有明確交待，讀者寓目至此，難免一頭霧水。《南史》卷四九《庾杲之傳》載：

杲之爲衛將軍長史。安陸侯蕭緬與儉書曰：“盛府元僚，寔難其選。庾景行汎渌水，依芙蓉，何其麗也。”時人以入儉府爲蓮花池，故緬書美之。

至此纔恍悟。庾杲之是個美男子，亭亭玉立如出水芙蓉。他在衛將軍府裏當差，衛將軍府也就成了芙蓉池，當時的人們也就把出入衛將軍府戲稱爲出入芙蓉池了。如果没有《南史》所録安陸侯蕭緬致王儉的這封書信，《南齊書》中“芙蓉池”就不易理解。《今注本二十四史·南齊書》注釋“芙蓉池”，就引用了《南史》的這條材料。

其三，“小説短書”有時更能反映歷史真實情况。兹舉一例。劉師知仕梁爲中書舍人，陳朝建立，繼續擔任中書舍人。據《陳書》卷一六《劉師知傳》記載，劉師知諳熟朝廷禮儀，全程參與制定陳霸先任丞相、加九錫直至受禪稱帝的儀注，因而入陳之後被陳霸先委以重任。《南史》卷六八《劉師知傳》則在《陳書》基礎上增補：

> 梁敬帝在内殿，師知常侍左右。及將加害，師知詐帝令出，帝覺，遶牀走曰："師知賣我，陳霸先反。我本不須作天子，何意見殺？"師知執帝衣，行事者加刃焉。既而報陳武帝曰："事已了。"武帝曰："卿乃忠於我，後莫復爾。"師知不對。

據此，劉師知不僅是以學識邀進的才臣，還是弑害舊主的幫凶，雖然有迎立之功，但是大節虧蝕，爲新主所疑忌，最終落得被賜死的下場。通過這段增補的文字，保存了一份關於梁、陳禪代細節的珍貴記録。此段文字不見於《陳書》，應當是《陳書》作者姚察、姚思廉父子有意爲陳朝諱言所致。李延壽以他書補入，可謂允當。難怪對李延壽最爲苛責的王鳴盛讀史至此，也給出首肯評價："此段《陳書》所無，此《南史》之遠勝本書處。"[①] 李延壽在傳後論曰："師知送往多闕，見忌新主，謀人之義，可無慎哉！"此論緊扣傳文，且與《上南、北〈史〉表》"敗俗巨蠹，滔天桀惡，書法不記，孰爲勸獎"的著史旨意相呼應，"小説短書"補充事實之效和批惡揚善功能，由此得以體現。

（四）維護統一、破除迴護的史公精神

南朝四史都存在着有失公允之處。其表現尤爲突出

① 清·王鳴盛：《十七史商榷》卷六四《劉師知傳增事》。

者，一是對北朝對立政權貶抑歪曲，甚至肆意謾罵；一是對本朝褒善隱惡，曲筆迴護。

宋、南齊先後與北魏對峙，《宋書》設《索虜傳》，《南齊書》設《魏虜傳》，並將其與《蠻夷傳》排列在一起，稱之爲虜，視之爲四夷、外國。相應地，北魏亦稱南朝爲島夷，《魏書》中設有《島夷劉裕傳》《島夷蕭道成傳》。這種情形必然會加深南北隔閡，激化民族矛盾。《宋書》成於南齊，《南齊書》成於梁，史家"奉敕"修史，站在本朝立場之上指斥甚至醜化對方，在南北分裂的時代背景下並不鮮見。但是在南北統一、民族融合的隋唐時代，這種歷史書寫模式顯然已經不合時宜。故姚思廉主撰的《梁書》《陳書》中不見"索虜""魏虜"這樣的語辭，而李大師當年正是困惑於"南北分隔，南書謂北爲'索虜'，北書指南爲'島夷'"而立志"編年以備南北"。李延壽繼承了其父混同南北的觀點，把南、北政權都視爲中國的一部分，《北史》無"島夷"之説，《南史》亦無"索虜"之稱，其立足於大一統王朝而維護統一的進步性是顯而易見的。

南朝四史中一些曲筆迴護之處，在《南史》中得到了訂正。《南齊書》作者蕭子顯爲齊高帝蕭道成之孫，對蕭齊多有迴護。如《南齊書》卷二一《文惠太子傳》記文惠太子蕭長懋執誅范柏年，蕭道成初不知其事，知悉後"爲之恨恨"，似有愛惜人才之意。但《南史》卷四七《范柏年傳》則記范柏年實由蕭道成親自賜死。

《資治通鑑》卷一三五《齊紀一》高帝建元元年冬十月亦載爲蕭道成賜死，應該是采信了《南史》。如有識者所言，《南史》在一些南齊史事的記述方面没有沿用《南齊書》陳説，説明李延壽“對蕭子顯的隱諱曲筆有高度的警惕。這種警惕性，某種程度上反映了初唐的文化思想”。[①]

《梁書》係姚察據梁朝國史撰成，“有美必書，有惡必爲之諱”，[②] 曲筆迴護問題嚴重。姚察又是陳朝重臣，被陳後主譽爲“達學洽聞，手筆典裁，求之於古，猶難輩匹，在於今世，足爲師範”，[③] 故出於姚察、姚思廉父子之手的《陳書》對陳朝統治者多有迴護。如陳武帝之子衡陽王陳昌從北周返國，陳文帝擔心於己不利，遂派心腹大將侯安都以迎接爲名，在渡船上行凶。《陳書》卷一四《衡陽獻王昌傳》記作“濟江，於中流船壞，以溺薨”，卷八《侯安都傳》記爲“昌濟漢而薨”，全然不見謀殺蹤迹。《南史》卷六五《衡陽獻王昌傳》則記爲“丙子濟江，於中流殞之，使以溺告”，將陰謀昭揭於世。陳文帝之子始興王陳伯茂之死，《陳書》卷二八《始興王伯茂傳》記爲“於路遇盜，殞于車中”，將陳叔茂之死歸咎於强盜，顯然是爲主謀之人陳宣帝避諱。《南史》卷六五《始興王伯茂傳》則徑直記爲“至

---

① 李曉紅：《卞彬童謡與宋齊革易之歷史書寫——從〈南齊書·卞彬傳〉據〈南史〉補字説起》，《中山大學學報》2015 年第 5 期。

② 清·趙翼：《廿二史劄記》卷九《梁書悉據國史立傳》。

③ 《陳書》卷二七《姚察傳》。

是命伯茂出居之，宣帝遣盗殞之於車中”。對於《陳書》作者曲筆迴護的行爲，王鳴盛評論道：“雖情事宛然，然唐人書陳事，何必作此蘊藉之筆，似有所不敢直書者乎？皆不如《南史》竟書殺之爲得實。”① 李延壽身處統一的盛唐時期，能够從整體的角度比較客觀地反觀南北朝歷史，這是前書迴護曲筆現象在《南史》中得以破除的主要原因。

以上是結合前人研究成果，對《南史》比較突出的特點特别是優點作的一點介紹。《南史》的不足之處，除了前面提及的泥於正統、删削不當等之外，比較突出的問題是體例不够統一，矛盾牴牾之處時有。但是與這些不足相比，其優點更值得關注。高敏先生評價李延壽二史説：“南、北《史》雖不能取代南北朝八書的地位和價值，但閲讀八書時，絶不可不讀南、北《史》；它的史料價值絶不在八書中任何一種之下，至於它的綜合性史料價值，更不是八書中哪一種可以比擬的；至於它的通史功能，顯然不是八書所有的。”② 這是目前所見對《南史》最爲客觀、公允且頗具學術前瞻性的評價。

四

《南史》與《北史》成書之後，監國史、國子祭酒令

---

① 清・王鳴盛：《十七史商榷》卷六四《昌濟江中流殞之》。

② 高敏：《南北史考索・自序》，第10頁。

狐德棻審讀詳正，並推薦表上朝廷，高宗李治親自爲之製序，意味着兩部私修史書獲得了官方認可。《舊唐書》稱其“頗行於代”,[①] 可知二史在當時已頗見重。《新唐書》説“時人見年少位下，不甚稱其書”,[②] 似乎持偏見者也大有人在。李延壽仕途的高點暨終點是從六品上的符璽郎，確實“位下”；至於“年少”，則不屬實，因爲他自唐太宗貞觀初進入秘書内省，供職史館三十餘年，到高宗顯慶四年（659）上表獻書時，已是五六十歲的老者了。所以，因其官位不顯而輕視其書，或有其事；因其老成不足而不稱其書，不足憑信。時人“不甚稱其書”，還有其他理由。比李延壽稍晚一點的史學家劉知幾評論史書體例時説：“皇家顯慶中，符璽郎李延壽抄撮近代諸史，南起自宋，終於陳；北起自魏，卒於隋，合一百八十篇，號曰南、北《史》。其君臣流別，紀傳群分，皆以類相從，各附於本國。凡此諸作，皆《史記》之流也。”[③] 以“抄撮”來描述李延壽史書，不屑之情躍然紙上。另外，劉知幾認爲以《漢書》爲代表的紀傳體斷代史書“學者尋討，易爲其功”，相反，以《史記》爲代表的通史體“勞而無功，述者所宜深誡”。李延壽的南、北二史皆仿《史記》，其不得劉知幾好評，也在情理之中。

《舊唐書》卷七三“史臣云”：“李延壽研考史學，修撰删補，克成大典，方之班、馬，何代無人。”代表了五

---

① 《舊唐書》卷七三《李延壽傳》。

② 《新唐書》卷一〇二《李延壽傳》。

③ 唐·劉知幾：《史通》卷一《内篇·六家》。

代史官對李延壽及其史著的肯定。宋人對《南史》的評價一分爲二：既肯定其刪削理順之功，又批評其所補史料有失正經。司馬光因修《資治通鑑》南北朝部分而細讀李延壽二史，並將之與南北朝諸正史比較，以爲二史“亦近世之佳史也。雖於禨祥談嘲小事無所不載，然敘事簡徑，比於南、北正史，無煩冗蕪穢之辭”。他對李延壽評價甚高，將之與《三國志》作者陳壽比肩：“竊謂陳壽之後，唯延壽可以亞之也。”[①] 宋祁、歐陽修等修撰的《新唐書》謂二史“頗有條理，刪落釀辭，過本書遠甚”。[②] 所謂“本書”，就《南史》而言，對應的是《宋書》《南齊書》《梁書》《陳書》等南朝四史。所謂“過本書遠甚”，主要是指《南史》刪繁就簡，條理明晰。《文獻通考》卷一九二《經籍考》引遯齋陳氏（陳正敏《遯齋閑覽》）曰：“李延壽著南、北《史》，粗得作史之體。故《唐書》本傳亦謂其‘刪略穠辭，過本書遠甚’。然好述妖異兆祥謠讖，特爲繁猥。”所謂“好述妖異兆祥謠讖”，與司馬光所言“禨祥談嘲小事無所不載”，以及朱熹“南、北《史》除了《通鑑》所取者，其餘只是一部好笑底小説”的戲謔之語，[③] 體現的是宋學對前代史學的批判。

不過這些批判未能阻止李延壽史書的傳播。晁公武《郡齋讀書志》卷二上云：“（《南史》《北史》）刪繁補

---

① 宋·司馬光著，李之亮箋注：《司馬温公集編年箋注》卷六二《書啓五·與劉道原書》，巴蜀書社2009年版，第79頁。

② 《新唐書》卷一〇二《李延壽傳》。

③ 宋·朱熹：《朱子語類》卷一三四《歷代一》。

闕，過本書遠甚，至今學者止觀其書，沈約、魏收等所撰皆不行。獨闕本志，而《隋書》有之，故《隋書》亦傳于世。”晁公武所言主要是南宋時的情形，當時人們熱衷於《南史》《北史》，以致《宋書》《南齊書》《梁書》《陳書》《魏書》等南北朝斷代正史多所殘缺，《隋書》也僅僅是因爲録有南、北二史不具備的《五代史志》纔得以流傳下來。晁氏所言或許有些誇張，但《南史》相對於南朝四史的優勢及其在當時的風行程度，由此可知。胡三省注《資治通鑑》，南朝部分大量徵引《南史》文獻，大體可見《南史》在元代的重要性及其傳播程度。

李延壽《南史》驅屏南朝諸史而大行其道的原因，至少可以從三個方面考慮。其一，雖爲私修史書，却得朝廷支持。唐高宗親自爲之作序，加持功效不言自明。唐穆宗長慶三年（823）設三史、三傳科取士，《南史》與《北史》被列爲史書類考試項目，其中“習《南史》者，兼通宋、齊《志》”，[①] 這種制度導向有利於《南史》傳播。其二，二史删繁就簡，文省事豐，既便於抄録，又便於披閱。故趙翼云：“卷帙稍簡，抄寫易成，故天下多有其書，世人所見八朝事迹，惟恃此耳。”[②] 王鳴盛所謂“人情樂簡，故得傳世”，[③] 也並非没有道理。其三，《南史》於正史實録之外多采奇異之説，生動有趣，增加了史書的可讀性。例如《南史》卷一二《元徐妃傳》記梁元帝妃徐昭佩

① 唐·杜佑：《通典》卷一七《選舉典·舉人條例》。
② 清·趙翼：《廿二史劄記》卷九《八朝史至宋始行》。
③ 清·王鳴盛：《十七史商榷》卷五三《新唐書過譽南北史》。

事迹，以三百四十字的篇幅，詳述徐妃嘲弄獨眼夫君、嗜酒嘔吐帝衣、妬忌争寵、與多人私通及最終被逼自盡之事，還饒有興致地記録了情夫暨季江對徐氏的評價："柏直狗雖老猶能獵，蕭溧陽馬雖老猶駿，徐娘雖老猶尚多情。"典故"徐娘半老"由此而出。與之形成鮮明對照的是，《梁書》卷八《世祖徐妃傳》衹有區區六十九字，徐氏失德之事隻字不提，衹以"被譴死"三字一筆帶過。對於社會讀者來説，《南史》所補"小説短書"顯然更有吸引力，也更有利於史書的傳播。即如馬宗霍所云："南朝承東晋流風，人士習於任誕，容止輕儁，言辭調利，《南史》好采説部，書中所載，此類殊多，又頗雜以禨祥謡讖稗乘瑣聞，故資爲談助者尤萃心焉。"①

唐代史學有"十三代史"概念，包括《史記》《漢書》《後漢書》《三國志》《晋書》《宋書》《南齊書》《梁書》《陳書》《魏書》《北齊書》《周書》《隋書》，《南史》不在其中。至宋代，人們在十三史基礎上加入《南史》《北史》及《新唐書》《新五代史》，於是出現了"十七史"，《南史》從此成爲"正史"之一。其後"正史"數目隨着時代演進屢有增補，無論是明代的"二十一史"，還是清代以來的"二十四史"，《南史》都在其中，被尊崇爲中國古代最重要的史書之一。

清代考據之學厚盛，出現了一大批關於《南史》的研究成果。錢大昕《廿二史考異》設三卷專治《南史》，洪

---

① 馬宗霍：《南史校證・略例》，湖南教育出版社 2008 年版，第 4 頁。

頤煊《諸史考異》、張熷《讀史舉正》、李慈銘《越縵堂讀書記》皆有《南史》專考。趙翼《廿二史劄記》、王鳴盛《十七史商榷》則將《南史》與南朝四史合卷考證，前者三卷，後者十二卷。這些成果或訓詁音義，或考訂史實，或辨析體例，爬梳之細，用功之勤，成就之高，遠超既往。清人對《南史》的評價，總體而言比較客觀公允，《四庫全書總目》卷四六《史部二・正史類二・南史八十卷》具有一定的代表性：其一，削删四史，“意存簡要，殊勝本書”，但也存在“芟削未盡”及“減字節句，每失本意之處”。其二，類傳設置與人物編排存在體例不一、自相矛盾之處。其三，增補文字“緣飾爲多”，且采雜史爲實録，可信度存疑。其四，《宋略》《齊春秋》《梁典》諸書已經亡佚，唯有《南史》可用來參校《宋書》《南齊書》《梁書》《陳書》，故其史料價值甚高。錢大昕、趙翼、李慈銘等也通過具體問題的考訂，客觀指出《南史》的缺點和不足，同時肯定其優長。唯有王鳴盛《十七史商榷》對《南史》及《北史》基本上持否定態度，稱二史“疵病百出，不可勝言”；[①] 極力貶低李延壽的史才，“李延壽之作史，信手撏撦，忽删忽存，都無義例，史法大亂矣，尚可以稱史邪”，[②] 稱其“學淺識陋才短”，甚至以“昏謬”“無耻”“妄人”一類的激烈言辭指斥李延壽之品行。

王鳴盛是乾嘉考據名家，其《十七史商榷》關於《南史》的考訂，創見之處不少，也時有對《南史》的肯定。

① 清・王鳴盛：《十七史商榷》卷五三《新唐書過譽南北史》。

② 清・王鳴盛：《十七史商榷》卷六六《慕容垂遣使朝貢》。

如卷六八《劉師知傳》所載中書舍人劉師知動手弑君之事，姚察、姚思廉爲前朝諱而未録入《陳書》本傳。王鳴盛就此擊節道："此段《陳書》所無。此《南史》之遠勝本書處。"[①] 又如梁元帝蕭繹之孫蕭莊，曾在王琳擁護下稱帝，與陳朝對抗。《梁書》因其與北齊合作而不予立傳，《南史》則以可觀篇幅補傳，《十七史商榷》卷六三《方等等子》云："賴《南史》補入，此亦《南史》之大有功者。"這些評價是公允的，衹是類似的公允之論都被淹没在他對李延壽及其史著的狂暴批評中了。王鳴盛近乎非理性的批判，爲後人所詬病。余嘉錫先生批評他"於延壽峻辭醜詆，不遺餘力……非惟隨聲附合，抑亦短人觀場"。[②] 瞿林東先生也説："王鳴盛批評南、北《史》，不無正確之處。但若批評近乎於辱罵，那末，這種批評就難以成爲公正的批評，因而也就顯得十分軟弱無力了。"[③]

新中國成立之後，特别是改革開放以來，《南史》研究取得了重大推進，涌現出數量可觀的研究成果。白壽彝《中國史學史》、瞿林東《唐代史學論稿》《中國史學史綱》、謝保成《隋唐五代史學》等對李延壽《南史》修撰始末、體例特點、史學思想等予以研究。其中，瞿林東《唐代史學論稿》下編之《〈南史〉〈北史〉散論》《漫談"八書""二史"》，謝保成《隋唐五代史學》第三章第二

---

① 清·王鳴盛：《十七史商榷》卷六四《劉師知傳增事》。

② 余嘉錫：《四庫提要辨證》卷四《史部二·正史類二·北史一百卷》，第 207 頁。

③ 瞿林東：《唐代史學論稿》，北京師範大學出版社 1989 年版，第 197 頁。

節“‘編次别代，共爲部秩’的南、北史”，在《南史》專門研究方面貢獻尤多。周一良《魏晋南北朝史札記》專列《南史札記》二十三條，對相關史實、制度、名物、語言等的考訂論述至爲精到。丁福林《〈南史〉考疑》系列文章對《南史》文本作了大量考校釋疑，抉習焉不察之察，剔似是而非之非，和諸多其他成果一起，反映了當代《南史》精細化研究的新高度。與此同時，還出現了三部標志性研究成果：中華書局點校本《南史》、馬宗霍《南史校證》、高敏《南北史掇瑣》。

中華書局點校本《南史》以百衲本《南史》爲工作本，利用汲古閣本、武英殿本、南朝四史即《宋書》《南齊書》《梁書》《陳書》及《資治通鑑》《太平御覽》《通典》等詳加校勘，參考錢大昕《廿二史考異》等前人研究成果，形成校勘精良的新版本，並在每卷後面附校勘記。在此基礎上，劃分段落，施以現代標點符號。全書由盧振華負責點校，王仲犖覆閲。該書1976年印行，逐漸成爲被學術界一致引用的典範之作，也爲廣大文史愛好者提供了閲讀便利。

馬宗霍《南史校證》以《宋書》《南齊書》《梁書》《陳書》爲主證之書；以《晋書》《隋書》《魏書》《北齊書》《周書》爲旁證之書；廣證以《太平御覽》所引南朝史籍如裴子野《宋略》、徐爰《宋書》、孫嚴《宋書》、王智深《宋紀》、王琰《宋春秋》、謝綽《宋拾遺》，吴均《齊春秋》、沈約《齊紀》、王珪之《齊職儀》，劉璠《梁典》、何之元《梁典》、姚最《梁後略》、蕭韶《太清紀》、丘悅《三國典略》等，又以《册府元龜》所見諸史皆北宋以前古本，故取以參證，復以《資治通鑑》會證；全書卷次一依《南史》，逐篇逐文考校，共得八千四百餘條，遠超清代諸家。

高敏《南北史掇瑣》分别以中華書局點校本《南史》及《北史》爲基準，再以南北朝相關正史及《通志》有關紀傳分别同《南史》《北史》核對校勘。《建康實録》成於唐代，時近南朝，内容又純爲南朝史地等資料，故《南史》校補尤爲倚重。通過比勘，其一，發現《南史》删削四史，存在不當删而删、因删致誤、因删致疑等問題，還有規律性删削現象。其二，在此基礎上，對清儒的研究予以深度檢討，以爲錢大昕《廿二史考異》有關《南史》諸條多係史料正誤之考證，其説明《南史》誤删或增補四史之處者並不多；王鳴盛之《十七史商榷》多爲就個别記載發表個人看法，許多考證雖甚精審，但有助於考證《南史》之增删史料及其價值者並不多。趙翼《廿二史劄記》中有多條涉及《南史》史料問題，但值得商榷之處不少，比如其《南史删宋書最多》一目，就意義不大，因爲所舉大都是當删者；其《南史增齊書處》一目所云“於齊不惟不删，且大增補”的話，並不準確，因爲《南史》不僅對《南齊書》有所删削，而且不乏删所不當删者；其《南史於陳書無甚增删》一目，所云又與實際不符，因爲《南史》對《陳書》同樣有所增删，且同樣不乏不當删而删之處，也有增補有用史料之處。其三，根據比勘結果，重新評估《南史》的史料價值。

宋代宋祁、晁公武稱贊《南史》勝過南朝四史，清代四庫館臣則謂《南史》“減字節句，每失本意，間有所增益，又緣飾爲多”。《南史》到底勝在何處、失在哪裏，唯有通過對文本進行全面而仔細的比勘校證，纔能判斷《南史》之得失功過，纔能驗證前人總評之語客觀與否、成色幾何。從這個角度上講，馬宗霍先生《南史校證》、高敏先生《南北史掇瑣》所做的文本勘察工作，是《南史》研究的劃時代成果，爲《南史》研究取得突破奠定了基礎。

五

今注本《南史》是《今注本二十四史》的一種。按照《今注本二十四史編纂總則》的要求，並結合《南史》的特點，我們主要做了以下工作。

（一）底本的選擇與校勘

《南史》成書之後，初以寫本傳播。至宋代，始有刻本。仁宗天聖二年（1024）、景祐元年（1034），朝廷兩度組織校定《南史》，大約在仁宗嘉祐（1056—1063）初年刊刻印行。國子監主持刊印，故稱北宋監本，係後世刻本之祖本。

南宋時，《南史》北宋刻板損毁流失，於是出現了新刻本。如孝宗淳熙十五年（1188），時任嚴州知州的陸游重刻《南史》等書，其《跋世説新語》有云：“郡中舊有《南史》《劉賓客集》版，皆廢于火，《世説》亦不復在。游到官始重刻之，以存故事。《世説》最後成，因併識于卷末。淳熙戊申重五日，新定郡守笠澤陸游書。”[①] 目前所見最早刊本，當是中國國家圖書館所藏南宋刻本。此本“避諱至慎，敦或避或不避，應刊刻於南宋光宗朝或稍後。其目録後長方形刊版識語四行：‘此書本宅刊行已久，中遂漫滅，今將元本校證，寫作大字，命工開雕，並無魚魯之訛，庶以便於檢閲，天下學士大夫請詳鑒焉。’由此識語可知，此《南史》爲書坊據舊刊本重雕，而非官刻。惜宅名和具體刻書年代均未標明”。[②] 據尾崎康《正史宋元版之研究》一書之研究，此宋本係南宋中期建刊本。[③] 此本爲殘本，凡四十五卷：卷一至卷二、卷六至卷一三、卷一五至卷一八、卷二一至卷三一、卷三四至卷三六、卷六三至卷六九、卷七一至卷八〇。其中配補清初鈔本者有六卷：卷一一、卷一五至卷一八、卷二一。合計二十九册。中華書局點校本《南史》以百衲本《南史》爲工作本，校勘時未參校此本，兹舉兩例説明：《南史》卷三〇《何敬容傳》載“其署名‘敬’字，則大作‘苟’，小爲‘文’，‘容’字大爲‘父’，小爲‘口’”句，中華本校勘記云：“各本脱‘爲父小’三字，據《册府元龜》九五四補。按下陸倕云‘父亦不小’，則作‘大爲父小爲口’爲是。”[④] 其實宋本《南史》與《册府元龜》同，正作“大爲父小爲

① 見《四部叢刊》影印明嘉靖刻本《世説新語》。

② 中華再造善本工程編纂委員會：《中華再造善本總目提要·唐宋編》，國家圖書館出版社 2013 年版，第 192 頁。

③ ［日］尾崎康著，喬秀岩、王鏗編譯：《正史宋元版之研究》，中華書局 2018 年版，第 562 頁。

④ 唐·李延壽：《南史》，中華書局 1975 年版，第 802 頁。

口”。又，卷七五《顧歡傳》載“顧歡，字景怡，一字玄平，吴郡鹽官人也”句，中華本校勘記云：“‘吴郡’各本作‘吴興’。按鹽官屬吴郡，下‘同郡顧顗之臨縣’，顗之亦吴郡人。今改正。”[①] 宋本《南史》正作“吴郡”。

南宋滅亡後，元成宗大德（1297—1307）年間，江浙行省江東建康道肅政廉訪司組織下屬九路聯合刻印十七部正史，其中廣德路儒學刻《南史》八十卷，是爲《南史》大德本。大德本枝系衆多。據尾崎康研究，目前存世較早諸本，中國臺灣地區“國家圖書館”所藏元大德丙午（十年）廣德路儒學刊明印本爲原版，時間最早，且爲全本（八十卷四十册）。降及明代，又有萬曆年間南京國子監刊印之南監本、北京國子監刊印之北監本，崇禎年間藏書家毛晋組織民間力量刻成的汲古閣本。清代又有乾隆年間刻印的武英殿本（簡稱“殿本”）和同治年間曾國藩組織刻印的金陵書局本（簡稱“局本”）。

民國時期，張元濟集歷代存世諸本整理和校勘成一套二十四史叢書，稱爲百衲本。其中《南史》底本取自涵芬樓藏本、北平圖書館藏本、鐵琴銅劍樓藏本、傅增湘藏本等。由於混用廣德路儒學刊本與明初覆刻本，又有大量校改，故“其文本已非屬某種版本”。[②] 王重民亦云：“檢百衲本廿四史中《南史》，題爲元大德間刻本，乃其刻工十八九同於明初所刻《北史》，始悟百衲本捨明珠而取碔砆

① 唐·李延壽：《南史》，第1885頁。

② ［日］尾崎康著，喬秀岩、王鏗編譯：《正史宋元版之研究》，第576頁。

也……百衲本《南史》中，其真爲元大德所刻之葉，僅居十之一二。”①

新中國成立後，中華書局組織衆多專家整理正史，形成點校本二十四史。其中，《南史》以百衲本（即商務印書館影印元大德本）爲工作本，以汲古閣本、武英殿本進行通校，以南、北監本和金陵書局本作爲參校。

《今注本二十四史編纂總則》規定原則上以百衲本爲底本，但各史也可以根據本史實際情況單獨擇定。我們根據近年來學界在《南史》版本源流研究方面所取得的突破和形成的主流觀點，決定依照“時代優先”的原則，“組合”一個全新的版本：以中華再造善本影印南宋刻本爲底本，所缺三十五卷（卷三至卷五、卷一四、卷一九、卷二〇、卷三二、卷三三、卷三七至卷六二、卷七〇），則配補臺灣藏元大德丙午廣德路儒學刊明印本，由此形成年代更早的版本優勢，以期更爲接近《南史》本初面貌。同時參校汲古閣本、武英殿本，必要時延及南北監本、金陵書局本等版本。

（二）注釋

《南史》中之人名、地名、職官、生僻字詞、典故及不易理解的名物、制度等，都屬於本書注釋範圍。注處有疏有密，注文或繁或簡，務在掃除讀史障礙，爲讀者架起溝通古今的橋梁。注釋貫徹《今注本二十四史》“史家注史”的原則，强調版本的改誤糾謬、史實的正義疏通、史

① 王重民：《中國善本書提要》，上海古籍出版社 1983 年版，第 74—75 頁。

料的補充增益。

版本的改誤糾謬，就是對《南史》中存在的失誤予以訂正。例如，陳朝名將黄法氍，“氍”字在《南史》中作“𣰈”，《陳書》則作“氍”。馬宗霍先生研究指出：“氍，各本皆誤作𣰈，唯宋蜀本《陳書》不誤。”[1] 1989 年，南京市雨花區西善橋鎮磚瓦廠南朝墓出土“陳故司空義陽郡公黄君墓誌銘”，黄君即黄法氍，碑文正作“氍”字，可證《陳書》爲正，我們根據馬宗霍先生明見及王素先生關於碑文的考證，[2] 在今注本《南史》中予以辨明。

史實的正義疏通，主要是通過注釋，將史文滯塞費解之處消釋化解，爲讀者提供精要而準確的解釋。例如《南史》卷九《陳武帝紀》記太平二年（556）梁敬帝封陳霸先爲陳公的詔策，策文中有“乞活類馬騰之軍”，語意費解。此語又見《陳書》卷一《高祖紀上》，有學者將其中的馬騰注解爲漢末西凉軍閥馬騰，並引《三國志》卷三六《蜀書・馬超傳》載馬騰子超領騰部曲進軍至潼關，與曹操戰，“進退狼狽，乃奔漢中依張魯。魯不足與計事，内懷於邑，聞先主圍劉璋於成都，密書請降”以爲據。本書從“乞活”一詞入手，查《晋書》卷五九《東海王越傳》記載：“初，東嬴公騰之鎮鄴也，攜并州將田甄、甄弟蘭、任祉、祁濟、李惲、薄盛等部衆萬餘人至鄴，遣就穀冀州，號爲‘乞活’。”東嬴公騰即晋之宗室司馬騰，《晋書》卷三七有附傳。乃知策文中之“馬騰”乃司馬騰之省稱。

---

① 馬宗霍：《南史校證》，第 1028 頁。

② 王素：《陳黄法氍墓誌校證》，《文物》1993 年第 11 期。

乞活，意即到有糧之地就食求生。策文引此典故，將屯聚大皋的李遷仕比作司馬騰，喻其必敗。

史料的補充增益，凡能爲《南史》文本提供新解的史料，本書盡可能補入。例如歐陽頠事迹主要見於《陳書》卷九與《南史》卷六六本傳，其内容與徐陵所撰《廣州刺史歐陽頠德政碑》多有不合。清人王鳴盛《十七史商榷》卷六四《歐陽頠傳多誤》以爲："碑係當時所作，當以碑爲正。"本書注釋據此在本傳補入碑文，便於讀者對校研究。

注釋注重吸收前賢特别是當代學者研究成果。引用較爲集中者包括馬宗霍《南史校證》，高敏《南北史考索》《南北史掇瑣》，胡阿祥、孔祥軍、徐成《中國行政區劃通史・三國兩晋南北朝卷》，丁福林《〈南史〉考疑》系列論文等。注釋同時參考了不少專門辭典，綜合類如袁英光主編《南朝五史辭典》，職官類如吕宗力主編《中國歷代官制大辭典（修訂本）》，地名類如魏嵩山主編《中國歷史地名大辭典》等。這些研究成果代表了學界的主流觀點和研究動態，也是今注保持學術性的基礎。

注釋對新出考古發現及相關研究成果也有所關注。如《大唐故陳夫人墓誌銘》追述碑主陳照先世，有"曾祖莊，陳會稽王揚州牧；祖元順，皇朝散大夫考城縣令；父希沖，朝議郎，懷州司户參軍，早亡"之語。"曾祖莊"即《南史》卷六五《陳宗室諸王傳》之會稽王陳莊。陳莊入隋之後的事迹，《南史》唯記"大業中，爲昌隆令"。其餘闕如。我們將碑文補入注文，意在揭示陳莊後嗣在隋代的狀况，爲讀者額外提供關聯信息。又如《陳臨賀王國太妃墓誌銘》碑主施太妃，即爲陳宣帝施姬。《南史》卷六五《陳宗室諸王傳》記“施姬生臨賀王叔敖”，其他事迹不詳。本書注釋據碑文補入：“施氏祖籍京兆郡長安縣，父施績，曾任陳始興王伯茂左常侍。施姬所生除臨賀王叔敖、沅陵王叔興外，還有一女寧遠公主，被隋文帝納爲宣華夫人（《隋書》卷三六有傳）。施姬卒於隋煬帝大業五年，年五十九歲。”碑文補充了施姬生平，又豐富了宣華夫人的信息，因爲《隋書》《北史》宣華夫人本傳中皆不見其陳時爲“寧遠公主”的記録。碑刻文字、考古遺址、出土文物往往能提供更爲近切的歷史信息，這是傳世文獻所無法比擬的。

李延壽《南史》本無目録，今存目録乃宋人添加，王鳴盛《十七史商榷》卷五三《各書目南北史目皆宋人添》對此已有論示。今注本《南史》目録原則上以底本總目爲準，再結合各卷卷目，個别地方略有調整。具體來説主要有三種情况：其一，底本總目訛誤之處，今注本目録予以訂正。例如卷一四《宋宗室及諸王傳下》“廬江王禕”，底本總目作“廬陵王禕”，今注本目録據《宋書》予以訂正。其二，個别正文有傳而底本總目、卷目未見者，今注本目録補入。其三，底本總目、卷目與正文中表述異而不誤，今注本目録原則上不作改動，一仍其舊。例如卷一一《后妃傳上》“宣貴妃”，卷一二《后妃傳下》“武阮脩容”，底本總目、卷目均作“宣貴妃”“武阮脩容”，正文中則作“殷淑儀”“文宣阮太后”；卷一四《宋宗室及諸王傳下》

"始安王休仁"，底本總目作"始安王休仁"，正文中則作"建安王休仁"。此類情況，今注本目録皆依底本總目，未强求統一。

此外，我們在中華書局點校本的基礎上，參考學界研究成果，在標點方面，根據我們的體例，作了一些調整。例如《南史》卷一〇《陳宣帝紀》太建四年夏五月"是月周人誅冢宰宇文護"，今注本在"是月"後標了逗號，讀來更有文氣，且與全書他處保持一致。又如卷六七《蕭摩訶傳》"舊制三公黄閤聽事置鴟尾"，今注本點斷爲"舊制，三公黄閤，聽事置鴟尾"，便於讀者掌握文意。

今注本《南史》是《今注本二十四史》最早啓動的項目之一，1994 年立項，並聘請著名歷史學家、安徽師範大學萬繩楠教授主持其事。1996 年，萬先生辭世，《南史》校注陷於停頓。2005 年，《今注本二十四史》第四次主編會議之後，今注本《南史》項目組重新組建，校注工作再次啓動，但後來受成員變動、後續經費不足等因素困擾，進度遲緩，不盡如人意。2017 年，編委會再次調整校注團隊，今注本《南史》各項工作得以重新步入正軌，並持續至今。從開筆到脱稿，綿亘二十七年。於此書稿付梓之際，謹向今注本《南史》領航者萬繩楠先生致敬！向大力指導並給予無私幫助的編委會執行總編纂賴長揚先生、孫曉先生致敬！人民出版社翟金明先生、中國社科院古代史研究所張欣先生爲本書版本擇定提供了寶貴意見，編輯團隊的編校工作幫助我們掃除了書中的不少錯誤，編委會秘書長宗月霄女士始終關心本書的進程，在此一併謹致謝忱！校注團隊由來自不同高校、科研機構和出版部門的史學工作者組成，功力參差不一，加之成於衆手，校勘、注釋中一定還有不少魯魚亥豕之誤，誠惶誠恐，如履薄冰，敬祈讀者批評指正。

《南史》校注工作分工如下：

張憲華　卷一至卷三，卷一三至卷一四，卷一六至卷二二

張憲華、劉艷强　卷一五

張憲華、王思桐　卷二三至卷二八

張　欣、許微微　卷四

張　欣、高文川　卷五，卷三九至卷四二

趙　凱　卷九至卷一〇，卷四六，卷六五至卷六八

汪福寶　卷一一至卷一二，卷七〇至卷七二，卷七八至卷七九

汪福寶、劉艷强　卷六至卷八，卷七三至卷七七，卷八〇

劉艷强　卷二九至卷三三

王思桐　卷三四至卷三八

李正君　卷四三至卷四五，卷四七

許微微　卷四八至卷四九，卷五四至卷五五

靳　寶　卷五〇至卷五三

劉　凱　卷五六至卷六一

高文川　卷六二至卷六四，卷六九

例　言

一、今注本《南史》（以下簡稱“本書”）以國家圖書館出版社中華再造善本影印南宋刻本（四十五卷）、臺灣藏元大德丙午廣德路儒學刊明印本（三十五卷，文中簡稱“大德本”）合爲底本。以汲古閣本、武英殿本爲參校本，以南宋刻本爲底本的卷次，參校大德本。對底本中脱、衍、誤、倒等情況，衹在今注中出注説明，原文一般不做改動。

二、底本中的避諱字不做改動，衹在今注中出注説明避諱原因。大德本中避諱字多有回改的情況，均遵從其原本，不做改動。

三、本書注釋以卷爲單位，注釋範圍包括人名、地名、職官、生僻字詞、典故及不易理解的名物、制度等，同一詞條，卷内不重複作注。

四、人物注釋中，本書有傳的人物簡注，或結合原文所述事件進行注釋，並注明本傳所在本書的卷次；若《宋書》《南齊書》《梁書》《陳書》中亦有傳，需同時注明所在的卷次。

五、州、郡、縣等地名一般注明治所及今地，如須説明沿革方可解讀者，則簡述其沿革。今地名及行政區劃以2020年中國地圖出版社出版的《中華人民共和國行政區劃簡册》爲準。

六、職官、官署等注釋，一般衹結合原文叙事注釋當朝或南朝的職掌、品級等，不詳述其沿革等内容。

七、爲方便讀者閲讀，在不影響原文文義的前提下，本書統一了部分異體字字形。

八、本書引用今人專著、論文成果，以卷次爲單位，該卷首次出現時標明專著、論文的詳細信息。專著標注作者姓名、書名、出版社、出版年及引用内容所在頁碼，論文則標注作者姓名、論文篇名、發表刊物刊名、出版年、刊期。同卷再次引用，僅標注作者、書名（篇名）、引用内容所在頁碼。

主要參考文獻

一　古籍整理著作

清・阮元校刻:《十三經注疏》,中華書局 2009 年版。
顧頡剛、劉起釪:《尚書校釋譯論》,中華書局 2005 年版。
漢・韓嬰撰,許維遹校釋:《韓詩外傳集釋》,中華書局 1980 年版。
高亨注:《詩經今注》,上海古籍出版社 1980 年版。
楊伯峻編著:《春秋左傳注(修訂本)》,中華書局 2016 年版。
清・王引之撰,虞思徵、馬濤、徐煒君校點:《經義述聞》,上海古籍出版社 2018 年版。
漢・揚雄撰,晋・郭璞注:《方言》,中華書局 2016 年版。
漢・劉熙撰,清・畢沅疏證,清・王先謙補,祝敏徹、孫玉文點校:《釋名疏證補》,中華書局 2008 年版。
清・錢大昭撰,黄建中、李發舜點校:《廣雅疏義》,中華書局 2016 年版。
漢・許慎撰,清・段玉裁注:《説文解字注》,上海古籍出版社

1981 年版。
清・張玉書編:《康熙字典》, 中華書局 1958 年版。

漢・司馬遷撰, 宋・裴駰集解, 唐・司馬貞索隱, 唐・張守節正義:《史記》, 中華書局修訂本 2013 年版。
漢・班固撰, 唐・顔師古注:《漢書》, 中華書局 1962 年版。
南朝宋・范曄撰, 唐・李賢等注:《後漢書》, 中華書局 1965 年版。
晋・陳壽撰, 南朝宋・裴松之注:《三國志》, 中華書局 1982 年版。
唐・房玄齡等:《晋書》, 中華書局 1974 年版。
南朝梁・沈約:《宋書》, 中華書局 1974 年版。
南朝梁・沈約撰, 朱紹侯主持校注:《今注本二十四史・宋書》, 中國社會科學出版社 2020 年版。
南朝梁・蕭子顯:《南齊書》, 中華書局 1972 年版。
南朝梁・蕭子顯撰, 王鑫義、張欣主持校注:《今注本二十四史・南齊書》, 中國社會科學出版社 2020 年版。
唐・姚思廉:《梁書》, 中華書局 1973 年版。
唐・姚思廉撰, 熊清元校注:《今注本二十四史・梁書》, 中國社會科學出版社 2020 年版。
唐・姚思廉:《陳書》, 中華書局 1972 年版。
唐・姚思廉撰, 李天石、張欣主持校注:《今注本二十四史・陳書》, 中國社會科學出版社 2020 年版。
北齊・魏收:《魏書》, 中華書局 1974 年版。
唐・李百藥:《北齊書》, 中華書局 1972 年版。
唐・令狐德棻等:《周書》, 中華書局 1971 年版。
唐・李延壽:《南史》, 中華書局 1975 年版。

唐・李延壽：《北史》，中華書局 1974 年版。
唐・魏徵等：《隋書》，中華書局 1973 年版。
後晋・劉昫等：《舊唐書》，中華書局 1975 年版。
宋・歐陽修、宋祁：《新唐書》，中華書局 1975 年版。
范祥雍訂補：《古本竹書紀年輯校訂補》，上海古籍出版社 2018 年版。
宋・司馬光編著，元・胡三省音注：《資治通鑑》，中華書局 1956 年版。
宋・王應麟著，傅林祥點校：《通鑑地理通釋》，中華書局 2013 年版。
清・朱右曾：《逸周書集訓校釋》，商務印書館 1937 年版。
徐元誥撰，王樹民、沈長雲點校：《國語集解（修訂本）》，中華書局 2002 年版。
何建章注釋：《戰國策注釋》，中華書局 1990 年版。
張純一撰，梁運華點校：《晏子春秋校注》，中華書局 2014 年版。
唐・許嵩撰，張忱石點校：《建康實録》，中華書局 1986 年版。
唐・李林甫等撰，陳仲夫點校：《唐六典》，中華書局 1992 年版。
唐・杜佑撰，王文錦等點校：《通典》，中華書局 1988 年版。
唐・林寶撰，岑仲勉校記：《元和姓纂（附四校記）》，中華書局 1994 年版。
宋・鄭樵編撰：《通志》，中華書局 1987 年版。
宋・馬端臨撰，上海師範大學古籍研究所、華東師範大學古籍研究所點校：《文獻通考》，中華書局 2011 年版。
烏蘭校勘：《元朝秘史（校勘本）》，中華書局 2012 年版。
漢・趙岐等撰，清・張澍輯，陳曉捷注：《三輔决録　三輔故事三輔舊事》，三秦出版社2006年版。
何清谷：《三輔黄圖校釋》，中華書局2005年版。
晋·常璩著，任乃强校注：《華陽國志校補圖注》，上海古籍出版社1987年版。
北魏·酈道元著，陳橋驛校證：《水經注校證》，中華書局2007年版。
北魏·楊衒之撰，周祖謨校釋：《洛陽伽藍記校釋》，中華書局2010年版。
唐·玄奘、辯機原著，季羡林等校注：《大唐西域記校注》，中華書局2000年版。
唐·李泰撰，賀次君輯校：《括地志輯校》，中華書局1980年版。
唐·李吉甫撰，賀次君點校：《元和郡縣圖志》，中華書局1983年版。
宋·樂史撰，王文楚等點校：《太平寰宇記》，中華書局2007年版。
宋·王存撰，王文楚、魏嵩山點校：《元豐九域志》，中華書局1984年版。
宋·張敦頤撰，張忱石點校：《六朝事迹編類》，中華書局2012年版。
宋·周應合：《景定建康志》，南京出版社2009年版。
清·顧祖禹撰，賀次君、施和金點校：《讀史方輿紀要》，中華書局2005年版。
清·穆彰阿、潘錫恩等纂修：《大清一統志》，上海古籍出版社2008年版。
劉緯毅輯：《漢唐方志輯佚》，北京圖書館出版社1997年版。
清·牛運震著，李念孔、高文達、張茂華點校：《讀史糾謬》，齊魯書社 1989 年版。
清・錢大昕著，方詩銘、周殿傑校點：《廿二史考異》，上海古籍出版社 2004 年版。
清・王鳴盛撰，黄曙輝點校：《十七史商榷》，上海古籍出版社 2013 年版。
清・趙翼著，王樹民校證：《廿二史劄記校證（訂補本）》，中華書局 1984 年版。
清・洪頤煊：《諸史考異》，中華書局 1991 年版。
清・孫星衍等輯，周天游點校：《漢官六種》，中華書局 1990 年版。
清・黄本驥編：《歷代職官表》，上海古籍出版社 2005 年版。
漢・班固撰，清・王先謙補注，上海師範大學古籍整理研究所整理：《漢書補注》，上海古籍出版社 2012 年版。
趙萬里編：《漢魏南北朝墓誌集釋》，《石刻史料新編（第三輯）》，新文豐出版公司 1986 年版。
趙超：《漢魏南北朝墓誌彙編》，天津古籍出版社 1992 年版。
周紹良主編：《唐代墓誌彙編》，上海古籍出版社 1992 年版。
周紹良、趙超主編：《唐代墓誌彙編續集》，上海古籍出版社 2001 年版。
羅新、葉煒：《新出魏晋南北朝墓誌疏證》，中華書局 2005 年版。
毛遠明編著：《漢魏六朝碑刻校注》，綫裝書局 2009 年版。
宋・晁公武撰，孫猛校證：《郡齋讀書志校證》，上海古籍出版社 2011 年版。
宋・陳振孫撰，徐小蠻、顧美華點校：《直齋書録解題》，上海古籍出版社 2015 年版。
武秀成、趙庶洋校證：《玉海藝文校證》，鳳凰出版社 2013

年版。
清·紀昀、清·陸錫熊、清·孫士毅等著，四庫全書研究所整理：《四庫全書總目》，中華書局 1997 年版。
清·姚振宗撰，劉克東、董建國、尹承整理：《隋書經籍志考證》，王承略、劉心明主編《二十五史藝文經籍志考補萃編》第 15 卷，清華大學出版社 2014 年版。

清·陳士珂輯，崔濤點校：《孔子家語疏證》，鳳凰出版社 2017 年版。
清·王先謙撰，沈嘯寰、王星賢點校：《荀子集解》，中華書局 1988 年版。
漢·劉向撰，向宗魯校證：《説苑校證》，中華書局 1987 年版。
黎翔鳳撰，梁運華整理：《管子校注》，中華書局 2004 年版。
清·王先慎撰，鍾哲點校：《韓非子集解》，中華書局 1998 年版。
明·李時珍：《本草綱目》，人民衛生出版社 1978 年版。
唐·張彦遠：《歷代名畫記》，浙江人民美術出版社 2019 年版。
許維遹撰，梁運華整理：《吕氏春秋集釋》，中華書局 2009 年版。
何寧：《淮南子集釋》，中華書局 1998 年版。
黄暉：《論衡校釋》，中華書局 1990 年版。
漢·蔡邕：《獨斷》，《叢書集成初編》，中華書局 1985 年版。
南朝梁·蕭繹撰，許逸民校箋：《金樓子校箋》，中華書局 2011 年版。
王利器：《顔氏家訓集解（增補本）》，中華書局 1993 年版。
宋·沈括撰，金良年點校：《夢溪筆談》，中華書局 2015 年版。
宋·王楙撰，王文錦點校：《野客叢書》，中華書局 1987 年版。

宋・吴曾撰，于年湖點校：《能改齋漫録》，山東人民出版社2020年版。
元・陶宗儀：《南村輟耕録》，中華書局1959年版。
清・顧炎武著，清・黄汝成集釋，欒保群、吕宗力校點：《日知録集釋（全校本）》，上海古籍出版社2013年版。
清・趙翼：《陔餘叢考》，中華書局1963年版。
清・錢大昕著，楊勇軍整理：《十駕齋養新録》，上海書店出版社2011年版。
清・王念孫撰，徐煒君等點校：《讀書雜志》，上海古籍出版社2014年版。
清・趙紹祖撰，趙英明、王懋明點校：《讀書偶記　消暑録》，中華書局1997年版。
清・李慈銘撰，由雲龍輯：《越縵堂讀書記》，中華書局2006年版。
唐・虞世南編纂：《北堂書鈔》，學苑出版社1998年版。
唐・歐陽詢撰，汪紹楹校：《藝文類聚》，上海古籍出版社1999年版。
唐・徐堅等：《初學記》，中華書局2004年版。
宋・李昉等：《太平御覽》，中華書局1960年版。
宋・王欽若等編纂，周勛初等校訂：《册府元龜（校訂本）》，鳳凰出版社2006年版。
宋・王應麟輯：《玉海》，江蘇古籍出版社、上海書店1987年版。
袁珂校注：《山海經校注》，上海古籍出版社1980年版。
晋・張華撰，范寧校證：《博物志校證》，中華書局2014年版。
晋・葛洪撰，周天游校注：《西京雜記》，三秦出版社2006年版。

南朝宋·劉義慶撰，徐震堮著：《世説新語校箋》，中華書局1984年版。

南朝宋·劉義慶撰，南朝梁·劉孝標注，余嘉錫箋疏，周祖謨、余淑宜、周士琦整理：《世説新語箋疏》，中華書局2016年版。

宋·李昉等編：《太平廣記》，中華書局1961年版。

南朝梁·釋慧皎撰，湯用彤校注：《高僧傳》，中華書局1992年版。

南朝梁·僧祐撰：《弘明集》，唐·道宣撰：《廣弘明集》，上海古籍出版社1991年版。

唐·道宣撰，郭紹林點校：《續高僧傳》，中華書局2014年版。

三國魏·王弼注，樓宇烈校釋：《老子道德經注校釋》，中華書局2008年版。

清·郭慶藩撰，王孝魚點校：《莊子集釋》，中華書局1961年版。

楊伯峻：《列子集釋》，中華書局1979年版。

王明：《抱朴子内篇校釋（增訂本）》，中華書局1985年版。

楊明照：《抱朴子外篇校箋》，中華書局1991年版。

宋·張君房編，李永晟點校：《雲笈七籤》，中華書局2003年版。

宋·洪興祖撰，白化文等點校：《楚辭補注》，中華書局1983年版。

晋·陶淵明著，逯欽立校注：《陶淵明集》，中華書局1979年版。

南朝梁·江淹著，明·胡之驥注，李長路、趙威點校：《江文通集彙注》，中華書局1984年版。

南朝梁·蕭綱著，肖占鵬、董志廣校注：《梁簡文帝集校注》，南開大學出版社 2015 年版。

南朝梁·王筠撰，黄大宏校注：《王筠集校注》，中華書局 2013 年版。

南朝陳·徐陵撰，許逸民校箋：《徐陵集校箋》，中華書局 2008 年版。

宋·司馬光著，李之亮箋注：《司馬温公集編年箋注》，巴蜀書社 2009 年版。

陳文和主編：《嘉定錢大昕全集（增訂本）》，鳳凰出版社 2016 年版。

南朝梁·蕭統編，唐·李善注：《文選》，上海古籍出版社 1986 年版。

南朝梁·蕭統編，唐·李善等注：《六臣注文選》，中華書局 2012 年版。

南朝陳·徐陵編，清·吴兆宜注，清·程琰删補，穆克宏點校：《玉臺新詠箋注》，中華書局 1985 年版。

唐·許敬宗等：《文館詞林》，中華書局 1985 年版。

宋·李昉等編：《文苑英華》，中華書局 1966 年版。

明·張溥輯：《漢魏六朝百三家集》，上海古籍出版社 1994 年版。

清·嚴可均校輯：《全上古三代秦漢三國六朝文》，中華書局 1958 年版。

高步瀛選注，孫通海點校：《南北朝文舉要》，中華書局 1998 年版。

曾棗莊、劉琳主編：《全宋文》，上海辭書出版社、安徽教育出版社 2006 年版。

清・王謨輯：《增訂漢魏叢書》，西南師範大學出版社 2011 年版。

二十五史刊行委員會編：《二十五史補編》，開明書店 1937 年版。

［日］安居香山、中村璋八輯：《緯書集成》，河北人民出版社 1994 年版。

二　學術著作與工具書

朱方、劉鈞仁：《中國地名大辭典》，國立北平研究院出版部 1930 年版。

臧勵龢等編：《中國古今地名大辭典》，商務印書館 1931 年版。

陳垣：《通鑑胡注表微》，科學出版社 1958 年版。

陳垣：《二十史朔閏表》，中華書局 1962 年版。

姚薇元：《北朝胡姓考》，中華書局 1962 年版。

周一良：《魏晋南北朝史論集》，北京大學出版社 1963 年版。

張星烺編注，朱傑勤校訂：《中西交通史料彙編》，中華書局 1977 年版。

林礽乾：《陳書異文考證》，文史哲出版社 1979 年版。

王仲犖：《魏晋南北朝史》，上海人民出版社 1979 年版。

陳垣：《陳垣學術論文集》，中華書局 1980 年版。

楊泓：《中國古兵器論叢》，文物出版社 1980 年版。

何兹全：《讀史集》，上海人民出版社 1982 年版。

吕思勉：《吕思勉讀史札記》，上海古籍出版社 1982 年版。

韓國磐：《魏晋南北朝史綱》，人民出版社 1983 年版。

王重民：《中國善本書提要》，上海古籍出版社 1983 年版。

萬繩楠：《魏晋南北朝史論稿》，安徽教育出版社 1983 年版。

唐長孺：《魏晋南北朝史論拾遺》，中華書局 1983 年版。

丁福保編纂：《佛學大辭典》，文物出版社 1984 年版。
張忱石編：《南朝五史人名索引》，中華書局 1985 年版。
周一良：《魏晋南北朝史札記》，中華書局 1985 年版。
譚其驤主編：《中國歷史地圖集》，中國地圖出版社 1987 年版。
朱紹侯：《魏晋南北朝土地制度與階級關係》，中州古籍出版社 1988 年版。
瞿林東：《唐代史學論稿》，北京師範大學出版社 1989 年版。
鄭欣：《魏晋南北朝史探索》，山東大學出版社 1989 年版。
張政烺主編：《中國古代職官大辭典》，河南人民出版社 1990 年版。
祝總斌：《兩漢魏晋南北朝宰相制度研究》，中國社會科學出版社 1990 年版。
陳永正主編，古健青等編：《中國方術大辭典》，中山大學出版社 1991 年版。
閻步克：《察舉制度變遷史稿》，遼寧大學出版社 1991 年版。
周一良：《魏晋南北朝史論集續編》，北京大學出版社 1991 年版。
劉淑芬：《六朝的城市與社會》，臺灣學生書局 1992 年版。
黄金貴：《古代文化詞義集類辨考》，上海教育出版社 1995 年版。
魏嵩山主編：《中國歷史地名大辭典》，廣東教育出版社 1995 年版。
高路明：《古籍目録與中國古代學術研究》，江蘇古籍出版社 1997 年版。
劉保全：《佛經解説辭典》，河南大學出版社 1997 年版。
湯用彤：《漢魏兩晋南北朝佛教史》，北京大學出版社 1997 年版。

余嘉錫：《余嘉錫文史論集》，岳麓書社 1997 年版。
高敏：《魏晋南北朝兵制研究》，大象出版社 1998 年版。
高敏主編：《中國經濟通史・魏晋南北朝經濟卷》，經濟日報出版社 1998 年版。
鄧瑞全、王冠英主編：《中國僞書綜考》，黄山書社 1998 年版。
丁凌華：《中國喪服制度史》，上海人民出版社 2000 年版。
唐長孺：《魏晋南北朝史論叢（外一種）》，河北教育出版社 2000 年版。
熊德基：《六朝史考實》，中華書局 2000 年版。
陳寅恪：《金明館叢稿初編》，生活・讀書・新知三聯書店 2001 年版。
何兹全：《中國古代社會》，北京師範大學出版社 2001 年版。
盧嘉錫總主編，丘光明等著：《中國科學技術史・度量衡卷》，科學出版社 2001 年版。
吕春盛：《陳朝的政治結構與族群問題》，稻鄉出版社 2001 年版。
孫機：《中國古輿服論叢（增訂本）》，文物出版社 2001 年版。
孟達來：《北方民族的歷史接觸與阿爾泰諸語言共同性的形成》，中國社會科學出版社 2001 年版。
張承宗、魏向東：《中國風俗通史・魏晋南北朝卷》，上海文藝出版社 2001 年版。
丁福林：《宋書校議》，上海古籍出版社 2002 年版。
閻步克：《品位與職位——秦漢魏晋南北朝官階制度研究》，中華書局 2002 年版。
曹道衡、沈玉成：《中古文學史料叢考》，中華書局 2003 年版。
高敏：《南北史掇瑣》，中州古籍出版社 2003 年版。
韓樹峰：《南北朝時期淮漢迤北的邊境豪族》，社會科學文獻出版社 2003 年版。
李萬生：《南北朝史拾遺》，三秦出版社 2003 年版。
李萬生：《侯景之亂與北朝政局》，中國社會科學出版社 2003 年版。
中國社會科學院考古研究所、河北省文物研究所編著：《磁縣灣漳北朝壁畫墓》，科學出版社 2003 年版。
陳垣：《史諱舉例》，中華書局 2004 年版。
馬蓉、陳抗、鍾文、欒貴明、張忱石點校：《永樂大典方志輯佚》，中華書局 2004 年版。
張金龍：《魏晋南北朝禁衛武官制度研究》，中華書局 2004 年版。
賀雲翱：《六朝瓦當與六朝都城》，文物出版社 2005 年版。
胡阿祥：《六朝疆域與政區研究》，學苑出版社 2005 年版。
侯仁之主編：《中國古代地理名著選讀（第一輯）》，學苑出版社 2005 年版。
李澄宇：《讀二十五史蠡述》，北京圖書館出版社 2005 年版。
沈從文編著：《中國古代服飾研究》，上海書店出版社 2005 年版。
袁英光主編：《南朝五史辭典》，山東教育出版社 2005 年版。
胡阿祥編著：《宋書州郡志彙釋》，安徽教育出版社 2006 年版。
吴光興：《蕭綱蕭繹年譜》，社會科學文獻出版社 2006 年版。
朱偰：《金陵古迹圖考》，中華書局 2006 年版。
周宏偉：《長江流域森林變遷與水土流失》，湖南教育出版社 2006 年版。
［英］靄理士著，潘光旦譯注：《性心理學》，上海三聯書店 2006 年版。
蒙思明：《魏晋南北朝的社會》，上海人民出版社 2007 年版。

陶賢都：《魏晋南北朝霸府與霸府政治研究》，湖南人民出版社2007年版。
謝保成：《隋唐五代史學》，商務印書館2007年版。
嚴耕望：《中國地方行政制度史——魏晋南北朝地方行政制度》，上海古籍出版社2007年版。
胡阿祥：《東晋南朝僑州郡縣與僑流人口研究》，江蘇教育出版社2008年版。
林礽乾：《陳書本紀校注》，潘美月、杜潔祥主編《古典文獻研究輯刊》第六編，花木蘭文化出版社2008年版。
馬宗霍：《南史校證》，湖南教育出版社2008年版。
孫機：《漢代物質文化資料圖説（增訂本）》，上海古籍出版社2008年版。
張金龍：《北魏政治史》，甘肅教育出版社2008年版。
漢語大詞典編輯委員會、漢語大詞典編纂處編纂：《漢語大詞典》，上海辭書出版社2008年版。
丁福林：《南齊書校議》，中華書局2010年版。
高敏：《南北史考索》，天津古籍出版社2010年版。
孔祥軍：《晋書地理志校注》，新世界出版社2012年版。
田餘慶：《東晋門閥政治》，北京大學出版社2012年版。
余嘉錫：《四庫提要辨證》，中華書局2012年版。
羅振玉：《五史校議》，《羅振玉學術論著集》第八集，上海古籍出版社2013年版。
楊樹達：《馬氏文通刊誤　古書句讀釋例　古書疑義舉例續補》，上海古籍出版社2013年版。
真大成：《中古史書校證》，中華書局2013年版。
朱季海：《南齊書校議　莊子故言》，中華書局2013年版。
錢玄、錢興奇編著：《三禮辭典》，鳳凰出版社2014年版。

楊恩玉：《蕭梁政治制度考論稿》，中華書局 2014 年版。

周振鶴主編，胡阿祥、孔祥軍、徐成著：《中國行政區劃通史·三國兩晋南朝卷》，復旦大學出版社 2014 年版。

吕宗力主編：《中國歷代官制大辭典（修訂版）》，商務印書館 2015 年版。

張金龍：《治亂興亡——軍權與南朝政權演進》，商務印書館 2016 年版。

李計偉：《類型學視野下漢語名量詞形成機制研究》，商務印書館 2017 年版。

汪維輝：《東漢—隋常用詞演變研究（修訂本）》，商務印書館 2017 年版。

徐忠民：《西山文化通覽》，江西人民出版社 2017 年版。

陳寅恪著，萬繩楠整理：《魏晋南北朝史講演録》，天津人民出版社 2018 年版。

李碩：《南北戰争三百年：中國 4—6 世紀的軍事與政權》，上海人民出版社 2018 年版。

[日] 尾崎康著，喬秀岩、王鏗編譯：《正史宋元版之研究》，中華書局 2018 年版。

魏斌：《“山中”的六朝史》，生活·讀書·新知三聯書店 2019 年版。

王洪軍：《名門望族與中古社會——以太原王氏爲中心》，中華書局 2020 年版。

三　學術論文

韓振華：《公元六、七世紀中印關係史料考釋三則——婆利國考、赤土國考、丹丹國考》，《厦門大學學報》1954 年第 1 期。

湖南省博物館：《長沙兩晋南朝隋墓發掘報告》，《考古學報》1959年第3期。

亦鄰真：《中國北方民族與蒙古族族源》，《内蒙古大學學報》1979年第3、4期。

陳增弼：《漢、魏、晋獨坐式小榻初論》，《文物》1979年第9期。

韓國磐：《東晋南朝的門生義故》，《社會科學戰綫》1980年第2期。

馮沅君：《〈楊白花〉及其作者》，《馮沅君古典文學論文集》，山東人民出版社1980年版。

祝總斌：《劉裕門第考》，《北京大學學報》1982年第1期。

吕樹湘：《“所由”本義》，《中國語文》1984年第1期。

劉美崇：《試論夔越與土家族先民蠻蜑的關係》，《民族論壇》1985年第2期。

王岳塵：《〈陳書〉札記》，《古籍整理與研究》總第一期，上海古籍出版社1986年版。

吴應壽：《東晋南朝的雙頭州郡》，復旦大學中國歷史地理研究所編《歷史地理研究》第一輯，復旦大學出版社1986年版。

羅新本：《兩晋南朝的秀才、孝廉察舉》，《歷史研究》1987年第3期。

祝總斌：《都督中外諸軍事及其性質、作用》，北京大學中國中古史研究中心編《紀念陳寅恪先生誕辰百年學術論文集》，北京大學出版社1989年版。

朱大渭：《梁末陳初少數民族酋帥和庶民階層的興起》，《紀念陳寅恪教授國際學術討論會文集》，中山大學出版社1989年版。

謝保成：《傾向統一不是〈南史〉與〈北史〉的主題》，《北京大學學報》1990 年第 2 期。

祝總斌：《魏晉南北朝尚書左丞糾彈職掌考——兼論左丞與御史中丞的分工》，《文史》第三十二輯，中華書局 1990 年版。

張國安：《梁末政治鬬争及其分野》，《河南師範大學學報》1993 年第 1 期。

吴聖林：《湓城故址的考證與調查》，《南方文物》1993 年第 4 期。

王素：《陳黄法氍墓誌校證》，《文物》1993 年第 11 期。

熊清元：《南朝之揚州刺史及其治所考析》，《黄岡師專學報》1994 年第 2 期。

丁福林：《江淹事迹新證》，《揚州師院學報》1994 年第 3 期。

張旭華：《蕭梁經學生策試入仕制度考述》，《史學月刊》1994 年第 6 期。

熊清元：《〈與陳伯之書〉"霜露所均"新説》，《黄岡師專學報》1995 年第 1 期。

郭黎安：《六朝建康城門考》，《江海學刊》1995 年第 2 期。

石泉、魯西奇：《東晋南朝西陽郡沿革與地望考辨》，《江漢考古》1996 年第 2 期。

何德章：《釋"荆州本畏襄陽人"》，中國魏晋南北朝史學會編《魏晋南北朝史研究》，湖北人民出版社 1996 年版。

熊清元：《〈南齊書〉研讀札記》，《黄岡師專學報》1997 年第 3 期。

周郢：《新發現的羊氏家族墓誌考略》，《岱宗學刊》1997 年第 3 期。

許福謙：《〈南齊書〉紀傳疑年録》，《首都師範大學學報》1998 年第 1 期。

孫家洲、李宜春：《西漢矯制考論》，《中國史研究》1998年第1期。
胡阿祥：《東晋南朝的守國形勢——兼説中國歷史上的南北對立》，《江海學刊》1998年第4期。
［日］小尾孟夫：《陳代的征討都督》，《東南文化》1998年增刊2。
牛繼清、張林祥：《〈南史〉時誤補校（上）》，《文史》第四十九輯，中華書局1999年版。
郭湖生：《臺城辯》，《文物》1999年第5期。
陶新華：《魏晋南朝的軍師、軍司、軍副——軍府職官辨析》，《杭州師範學院學報》2000年第4期。
羅新本：《〈魏書〉〈陳書〉勘誤二則》，《西南民族學院學報》2000年第4期。
高敏、張旭華：《南朝典籤制度考略（上）》，《文史》第五十三輯，中華書局2001年版。
高敏、張旭華：《南朝典籤制度考略（下）》，《文史》第五十四輯，中華書局2001年版。
董理：《〈陳臨賀王國太妃墓誌銘〉考釋》，《文博》2001年第5期。
張金龍：《南朝直閣將軍制度考》，《中國史研究》2002年第2期。
張軍：《典籤制度與南朝政局》，《天津社會科學》2002年第2期。
何德章：《六朝建康的水陸交通——讀〈宋書·州郡志〉札記之二》，武漢大學中國三至九世紀研究所編《魏晋南北朝隋唐史資料》第十九輯，武漢大學文科學報編輯部2002年版。
嚴耀中：《唐初期的庫真與察非掾述論》，《史林》2003年第

1 期。
蔣伯良：《〈梁書〉〈陳書〉舛誤辨》，《寧波大學學報》2003 年第 3 期。
孫家洲：《再論“矯制”——讀〈張家山漢墓竹簡〉札記》，《南都學壇》2003 年第 4 期。
朱家平：《〈南史〉標點瑣議》，《北京教育學院學報》2003 年第 4 期。
張金龍：《南朝監局及其軍權問題》，《文史哲》2003 年第 4 期。
汪徵魯：《南朝“迎吏”“送故吏”新探》，《中國史研究》2004 年第 4 期。
張憲華：《何尚之年譜稿》，《敦煌學輯刊》2005 年第 2 期。
龐駿、張傑：《晋宋建康城市空間管理制度》，《揚州大學學報》2006 年第 2 期。
李文才：《六朝建康之“中堂”》，《中國歷史地理論叢》2007 年第 1 輯。
付建榮、馬曉軍：《“拍張”釋義補正——與〈辭源〉〈漢語大詞典〉編纂者商榷》，《語文學刊》2007 年增刊第 1 期。
趙凱：《社會輿論與秦漢政治》，《古代文明》2007 年第 2 期。
丁福林：《〈南齊書〉考疑（二十）》，《江海學刊》2007 年第 3 期。
趙超：《蔣帝信仰探微》，《華夏文化》2008 年第 4 期。
丁福林：《〈南史〉考疑（十三）》，《江海學刊》2008 年第 4 期。
丁福林：《〈南史〉考疑（十五）》，《江海學刊》2008 年第 6 期。
魯力：《南朝“行事”考》，《武漢大學學報》2008 年第 6 期。
張小穩：《魏晋南北朝時期加侍中、散騎諸官的禮遇與權益》，

《河南大學學報》2009 年第 2 期。
邵春駒：《〈陳書〉校讀札記》，《萍鄉高等專科學校學報》2009 年第 2 期。
邵春駒：《〈南史〉點校商榷之二》，《沈陽工程學院學報》2009 年第 3 期。
丁福林：《〈南史〉考疑（十九）》，《江海學刊》2009 年第 4 期。
唐燮軍：《南朝文士沈炯生平及其詩文三題》，《許昌學院學報》2010 年第 1 期。
王連龍：《新見北齊〈高涣墓誌〉考略》，《中國歷史文物》2010 年第 5 期。
王永平：《從踏歌看唐代中外娛樂風俗》，《河北學刊》2010 年第 6 期。
譚潔：《梁武帝受佛戒及皈依佛門之新解》，《佛學研究》2010 年總第 19 期。
丁福林：《〈南史〉考疑（二十七）》，《江海學刊》2011 年第 2 期。
徐文武：《“夏首”“夏口”考》，《長江大學學報》2011 年第 2 期。
嚴耀中：《關於北朝的堯帝崇拜》，《上海師範大學學報》2011 年第 2 期。
李柏：《梁武帝事迹與詩文叢考》，《圖書館理論與實踐》2011 年第 4 期。
孫少華：《〈楊白花歌辭〉本事及其文學與文化意蘊》，趙敏俐主編《中國詩歌研究》第 8 輯，中華書局 2011 年版。
劉釗：《論中國古代的“軍市”》，《書馨集——出土文獻與古文字論叢》，上海古籍出版社 2013 年版。

常彧：《矟之成藝——魏晋南北朝的騎矟戰鬬及軍事文化的形成》，《中華文史論叢》2014 年第 4 期。

朱智武：《東晋南朝出土墓誌所見地名例釋》，《南京理工大學學報》2014 年第 6 期。

魯西奇：《隋唐五代沿海港口與近海航路（下）》，武漢大學中國三至九世紀研究所編《魏晋南北朝隋唐史資料》第三十輯，上海古籍出版社 2014 年版。

劉軍：《北魏元昭墓誌考釋》，《咸陽師範學院學報》2015 年第 3 期。

張玉安：《朱衣、單衣及袴褶之意味》，《藝術探索》2015 年第 5 期。

何滿子：《“東西”趣談》，《文心世相：何滿子懷舊瑣憶》，北方文藝出版社 2015 年版。

王鏗：《六朝時期三吴地域非門閥士族人士的政治出路——商人、門生、恩倖之關係》，《中華文史論叢》2016 年第 2 期。

胡運宏、王浩：《南朝玄圃園考》，《中國園林》2016 年第 3 期。

魏斌：《南朝建康的東郊》，《中國史研究》2016 年第 3 期。

陳蘇鎮：《未央宫四殿考》，《歷史研究》2016 年第 5 期。

張維慎：《唐人“氣疾”小考——以出土墓誌爲主的考察》，西安碑林博物館編《碑林集刊》第二十二輯，三秦出版社 2016 年版。

常彧：《釋“身備三仗”》，《中國國家博物館館刊》2017 年第 1 期。

辛明應：《蕭梁王室與蕩舟記憶——兼釋經史與文學意象的互文性》，《復旦大學學報》2017 年第 6 期。

許志强：《六朝建康長干里考略》，武漢大學中國三至九世紀研究所編《魏晋南北朝隋唐史資料》第三十六輯，上海古籍出版社 2017 年版。
［日］中村圭爾撰，陳力譯：《東晋南朝的門下、尚書與詔、奏》，《南京曉莊學院學報》2018 年第 1 期。
周文俊：《南朝官職除拜考述——以制度程序及過程爲中心》，武漢大學中國三至九世紀研究所編《魏晋南北朝隋唐史資料》第三十八輯，上海古籍出版社 2018 年版。
魯浩：《南朝嶺南西江督護與州的增置》，《中國歷史地理論叢》2019 年第 2 輯。
張學鋒：《南朝建康的都城空間與葬地》，《中華文史論叢》2019 年第 3 期。
陳蘇鎮：《魏晋洛陽宫中主要行政機構的分佈》，《文史》第一二八輯，中華書局 2019 年版。
魯西奇：《漢唐時期濱海地域的社會與文化》，《歷史研究》2019 年第 3 期。
戴衛紅：《漢末魏晋時期縣級主官加領校探討》，《中國史研究》2019 年第 4 期。
趙燦鵬：《梁陳之際南方豪族崛起的先聲：南朝名將蘭欽家世與生平蠡測》，《江西社會科學》2019 年第 8 期。
蔡宗憲：《六朝軍事史上的鍾山——以龍尾與白土岡爲中心的考察》，《早期中國史研究》第十一卷，2019 年。
李彦楠：《東晋南朝無爵公謚制度研究》，武漢大學中國三至九世紀研究所編《魏晋南北朝隋唐史資料》第四十輯，上海古籍出版社 2019 年版。
馬洪連、張俊民：《敦煌祁家灣新出魏晋式盤研究》，《敦煌研究》2020 年第 2 期。
莊芸：《〈隋書·經籍志〉所見蕭梁舊史補考》，《文獻》2020 年第 3 期。
余健：《子城、羅城補識》，《新建築》2021 年第 1 期。
汪奎：《南朝中外軍研究》，博士學位論文，華東師範大學，2008 年。
和慶鋒：《隋唐太原王氏的變遷與影響》，博士學位論文，上海師範大學，2013 年。
程剛：《東晋南朝荆州政治地理研究——兼論雍州、湘州、郢州》，博士學位論文，南京大學，2014 年。
程濤：《王琳與南朝後期政局》，碩士學位論文，上海社會科學院，2015 年。
沈清純：《六朝“傖”考》，碩士學位論文，上海師範大學，2020 年。
周明洋：《仕宦選擇與家族命運：以魏晋南北朝江氏家族爲例》，碩士學位論文，河南大學，2020 年。

南史　卷一

宋本紀上第一

宋高祖武皇帝諱裕，字德輿，小字寄奴，彭城縣綏輿里人，[1]姓劉氏，漢楚元王交之二十一世孫也。[2]彭城楚都，故苗裔家焉。晋氏東遷，劉氏移居晋陵丹徒之京口里。[3]皇祖靖，晋東安太守。[4]皇考翹，字顯宗，郡功曹。[5]帝以晋哀帝興寧元年歲在癸亥三月壬寅夜生，[6]神光照室盡明，是夕甘露降于墓樹。[7]及長，雄傑有大度，身長七尺六寸，[8]風骨奇偉，不事廉隅小節，奉繼母以孝聞。

[1]彭城：縣名。治所在今江蘇徐州市。

[2]漢楚元王交之二十一世孫：按王鳴盛《十七史商榷》卷五四《楚元王二十一世孫》云：據《宋書》推算，裕"當爲交二十二世孫"。漢楚元王交，劉交。沛（今江蘇沛縣）人，劉邦少弟。《史記》卷五〇有《楚元王世家》，《漢書》卷三六有傳。

[3]晋陵：郡名。西晋末改毗陵郡置，治丹徒縣。東晋初，移治京口城，在今江蘇鎮江市。東晋末，移治晋陵縣，在今江蘇常州市。　丹徒：縣名。治所在今江蘇鎮江市丹徒區。　京口里：地名。在今江蘇鎮江市。

[4]東安：郡名。治蓋縣，在今山東沂源縣東南。

[5]郡功曹：官名。郡功曹掾或郡功曹史的省稱。職掌人事，並參與一郡政務。多用本地大族，郡守常委事於功曹。

[6]興寧：東晋哀帝司馬丕年號（363—365）。

[7]甘露：甘美的雨露。古人以爲天下太平的瑞徵。《論衡·是應》："儒者論太平瑞應，皆言氣物卓異，朱草、醴泉、翔風、甘露、景星、嘉禾、萐脯、蓂莢、屈軼之屬。"

[8]身長七尺六寸：約合今 186 釐米。南朝度制，一尺約合今 24.5 釐米，一尺十寸。

嘗游京口竹林寺，[1]獨卧講堂前，上有五色龍章，衆僧見之，驚以白帝，帝獨喜曰："上人無妄言。"皇考墓在丹徒之候山，其地秦史所謂曲阿、丹徒間有天子氣者也。[2]時有孔恭者，妙善占墓，帝嘗與經墓，欺之曰："此墓何如？"孔恭曰："非常地也。"帝由是益自負。行止時見二小龍附翼，樵漁山澤，同侣或亦覩焉。及貴，龍形更大。

[1]竹林寺：佛寺名。東晋初建。即今江蘇鎮江市南郊鶴林寺。

[2]曲阿：縣名。治所在今江蘇丹陽市。《元和郡縣圖志》卷二五《江南道一·丹陽縣》云："秦時望氣者云有王氣，故鑿之以敗其勢，截其直道，使之阿曲，故曰曲阿。"

帝素貧，時人莫能知，唯琅邪王謐獨深敬焉。[1]帝嘗負刁逵社錢三萬，[2]經時無以還，被逵執，謐密以己錢代償，由是得釋。後伐荻新洲，[3]見大蛇長數丈，射之，傷。明日復至洲，裹聞有杵臼聲，往覘之，見童子數人皆青衣，於榛中擣藥。[4]問其故，答曰："我王爲劉寄奴所射，合散傅之。”帝曰：“王神何不殺之？”答曰：“寄奴王者不死，[5]不可殺。”帝叱之，皆散，仍收藥而反。[6]又經客下邳逆旅，[7]會一沙門謂帝曰：“江表當亂，安之者，其在君乎。”[8]帝先患手創，積年不愈，沙門有一黄藥，因留與帝，既而忽亡，帝以黄散傅之，其創一傅而愈。寶其餘及所得童子藥，每遇金創，傅之並驗。

[1]王謐：字稚遠，琅邪臨沂（今山東臨沂市）人，王導孫。《晋書》卷六五有附傳。

[2]刁逵：字伯道，渤海饒安（今河北鹽山縣）人。刁氏兄弟富資産，有田萬頃，奴婢數千，爲京口之蠹。《晋書》卷六九有附傳。　社錢：當是社中用以祭社和宴飲的錢。刁逵以豪强地位爲社的長老，故由他向劉裕追索。

[3]新洲：地名。在今江蘇南京市北長江中。

[4]於榛中擣藥：殿本同，大德本作“於搸中擣藥”；汲古閣本作“擣藥”，無“於榛中”三字。

[5]寄奴：大德本、汲古閣本、殿本作“劉寄奴”。

[6]仍：於是。

[7]下邳：郡名。治下邳縣，在今江蘇睢寧縣西北。邳，大德本、汲古閣本同。殿本作“邸”，誤。

[8]江表：地區名。指長江以南地。從中原南望，其地居長江之外，故稱。

初爲冠軍孫無終司馬。[1]晋隆安三年十一月，[2]祆賊孫恩作亂於會稽，[3]朝廷遣衛將軍謝琰、前將軍劉牢之東討。[4]牢之請帝參府軍事，[5]命與數十人覘賊，遇賊衆數千，帝便與戰，所將人多死，而帝奮長刀，所殺傷甚衆。牢之子敬宣疑帝爲賊所困，[6]乃輕騎尋之；既而衆騎並至，遂平山陰，[7]恩遁入海。

［1］孫無終：北府兵將領，後爲桓玄所害。事見《晋書》卷一〇《安帝紀》、卷八四《劉牢之傳》等。　司馬：官名。軍府高級幕僚。掌參贊軍務，管理府内武職，位次長史。品秩隨府主而定，高低不等。

［2］隆安：東晋安帝司馬德宗年號（397—401）。

［3］孫恩：字靈秀，琅邪（今山東臨沂市）人。世奉五斗米道，爲起義軍領袖。《晋書》卷一〇〇有傳。　會稽：郡名。治山陰縣，在今浙江紹興市。

［4］衛將軍：官名。與大將軍、驃騎將軍、車騎將軍皆位比公。晋二品。　謝琰：字瑗度，陳郡陽夏（今河南太康縣）人，謝安子。晋安帝隆安三年孫恩起事，再攻會稽，琰爲會稽内史、都督五郡軍事，被孫恩擊殺。《晋書》卷七九有附傳。　前將軍：官名。東晋、南朝成爲軍府名號，用作加官。晋三品。　劉牢之：字道堅，彭城（今江蘇徐州市）人。北府兵將領。《晋書》卷八四有傳。

［5］參府軍事：即任參軍。爲王府、公府、軍府、州府的佐吏。《資治通鑑》卷一一一《晋紀三十三》安帝隆安三年胡三省注云："晋、宋之制，參軍不署曹者無定員。"

［6］敬宣：劉敬宣。字萬壽，劉牢之長子。曾從征孫恩。桓玄篡位後，出逃南燕，後南歸，歷任江州刺史，青、冀二州刺史，後爲部下所殺。本書卷一七、《宋書》卷四七有傳。

［7］山陰：縣名。治所在今浙江紹興市。

四年五月，恩復入會稽，殺謝琰。十一月，牢之復東征，使帝伐句章，[1]句章城小人少，帝每戰陷陣，賊乃退還浹口。[2]時東伐諸將，士卒暴掠，百姓皆苦之，惟帝獨無所犯。

[1]伐：大德本同，汲古閣本、殿本作“戍”。《宋書》卷一《武帝紀上》亦作“戍”。　句章：縣名。治所在今浙江寧波市鄞州區西南。

[2]浹口：即浹江口，在今浙江寧波市甬江河口。東晋安帝隆安中孫恩由此登陸，後爲劉裕所敗，復由此入海。

五年春，恩頻攻句章，帝屢破之，恩復入海。三月，恩北出海鹽，[1]帝築城于故海鹽，賊日來攻城，城内兵少，帝乃選敢死士擊走之。時雖連勝，帝深慮衆寡不敵，乃一夜偃旗示以羸弱，覘其懈，乃奮擊，大破之。恩知城不可下，進向滬瀆，[2]帝棄城追之。海鹽令鮑陋遣子嗣之以吴兵一千爲前驅，帝以吴人不習戰，命之在後，不從。是夜帝多設奇兵，兼置旗鼓，明日戰，伏發，賊退，嗣之追奔陷没。帝且退且戰，麾下死傷將盡，乃至向處止，[3]令左右解取死人衣以示暇。賊疑尚有伏，乃引去。六月，恩浮海至丹徒，帝兼行與俱至，奔擊大破之。恩至建鄴，[4]知朝廷有備，遂走鬱洲。[5]八月，晋帝以帝爲下邳太守。帝又追恩至鬱洲及海鹽，頻破之。恩自是饑饉，奔臨海。[6]

[1]海鹽：縣名。治所在今浙江海鹽縣。

[2]滬瀆：壘名。東晋成帝咸和中虞潭、安帝隆安中袁山松先後修築，爲海防要壘。在今上海市青浦區東北。

［3］向處：馬宗霍《南史校證》云："按此之'向處'，謂上文多設奇兵之處也。奇兵即伏兵。《宋書·武帝紀》正作'至向伏兵處乃止'。《南史》删去'伏兵'二字，語意欠明。《通鑑》卷一一二作'至向戰處'。"（湖南教育出版社 2008 年版，第 6 頁）

［4］建鄴：縣名。即建康縣。東晋、南朝皆都於此。治所在今江蘇南京市。

［5］鬱洲：古洲名。在今江蘇連雲港市東雲臺山一帶。

［6］臨海：郡名。治章安縣，在今浙江台州市椒江區章安街道。

元興元年，[1]荆州刺史桓玄舉兵東下，[2]驃騎將軍司馬元顯遣牢之拒之，[3]帝又參其軍事。玄至，帝請擊之，牢之不許，乃遣子敬宣詣玄請和。帝與東海何無忌並固諫，[4]不從。玄剋建鄴，以牢之爲會稽内史。[5]牢之懼，招帝於廣陵舉兵，[6]帝曰："人情去矣，廣陵亦豈可得之？"牢之竟縊于新洲。何無忌謂帝曰："我將何之？"帝曰："可隨我還京口。玄必守臣節，當與卿事之；不然，與卿圖之。"

［1］元興：東晋安帝司馬德宗年號（402—404）。

［2］荆州：州名。治江陵縣，在今湖北荆州市荆州區。　桓玄：字敬道，譙國龍亢（今安徽懷遠縣）人，桓温子。《晋書》卷九九有傳。

［3］驃騎將軍：官名。居諸名號將軍之首，僅作爲軍府名號，加授大臣或重要州郡長官。晋二品。　司馬元顯：司馬道子之子。晋安帝時，與父並握朝政，權傾内外。後同被桓玄所殺。《晋書》卷六四有附傳。

［4］何無忌：東海郯（今山東郯城縣）人，劉牢之甥。與劉裕

起兵討桓玄，任江州刺史。盧循攻建康，舟艦順流而下，領兵拒戰，失利被殺。《晋書》卷八五有傳。

[5]内史：官名。掌民政，相當於郡太守。

[6]廣陵：郡名。治廣陵縣，在今江蘇揚州市西北蜀岡上。

玄從兄脩以撫軍將軍鎮丹徒，[1]以帝爲中兵參軍。[2]孫恩自敗後，懼見獲，乃投水死於臨海，餘衆推恩妹夫盧循爲主。[3]玄復遣帝東征。

[1]脩：桓脩。字承祖，桓沖子。後被劉裕所殺。《晋書》卷七四有附傳。　撫軍將軍：官名。掌征伐等。晋三品。

[2]中兵參軍：官名。王公軍府僚屬。掌本府中兵曹事務，兼備參謀咨詢。其品位隨府主地位高低不等。

[3]盧循：字于先，小名元龍，范陽涿（今河北涿州市）人。孫恩妹夫。《晋書》卷一〇〇有傳。

二年，循奔永嘉，[1]帝追破之。六月，加帝彭城内史。

[1]永嘉：郡名。治永寧縣，在今浙江温州市。

十二月，桓玄篡位，[1]遷晋帝於尋陽。[2]桓脩入朝，帝從至建鄴，玄見帝，謂司徒王謐曰："昨見劉裕，風骨不桓，[3]蓋人傑也。"每游集，贈賜甚厚。玄妻劉氏，尚書令耽之女也，[4]聰明有智鑒，嘗見帝，因謂玄曰："劉裕龍行武步，[5]視瞻不凡，恐必不爲人下，宜早爲其所。"玄曰："我方平蕩中原，非裕莫可，待關、隴平定，然後議之。"

[1]桓玄篡位：晋安帝元興二年（403），廢晋安帝，稱帝，建國楚，年號永始。元興三年，劉裕、劉毅在京口起兵討之，玄兵敗西逃，爲益州兵所殺。

[2]尋陽：郡名。治柴桑縣，在今江西九江市西南。

[3]風骨不桓：大德本、汲古閣本、殿本作"風骨不恒"。

[4]尚書令：官名。兩晋、南朝爲尚書臺省長官。綜理全國政務，參議大政。晋三品。　耽：劉耽。字敬道，南陽（今河南南陽市）人。《晋書》卷六一有附傳。

[5]武：大德本、汲古閣本、殿本作"虎"。本書避唐高祖李淵祖父李虎諱改。

脩尋還京口，[1]帝託以金創疾動，不堪步從，乃與無忌同船共還，建興復計，及弟道規、沛國劉毅、平昌孟昶、任城魏詠之、高平檀憑之、琅邪諸葛長人、太原王元德、隴西辛扈興、東莞童厚之，[2]並同義謀。時桓脩弟弘爲青州刺史，[3]鎮廣陵，道規爲弘中兵參軍，昶爲州主簿，[4]乃令毅就昶謀共襲弘。長人爲豫州刺史刁逵左軍府參軍，[5]謀據歷陽相應，元德、厚之謀於建鄴攻玄，剋期齊發。

[1]京口：城名。在今江蘇鎮江市。東晋、南朝時，因城憑山臨江，地當江南運河入江之口，通稱京口城。爲長江下游軍事重鎮和東晋、南朝通向北方門户，徐州、南徐州先後皆治此。南朝宋時，又稱北京。

[2]道規：劉道規。劉裕少弟。本書卷一三、《宋書》卷五一

有傳。　劉毅：字希樂，彭城沛（今江蘇沛縣）人。京口起兵推翻桓玄後，名位僅次於劉裕。後爲劉裕猜忌，裕率軍攻江陵，毅兵敗自縊身死。《晋書》卷八五有傳。　孟昶：字彦達，城陽平昌（今山東諸城市）人。與劉裕起兵驅逐桓玄，盡散家財以供軍糧。拜丹陽尹，累遷吏部尚書、尚書右僕射。晋安帝義熙六年（410）盧循起事，晋軍累敗，遂自殺。事見《晋書》卷一〇《安帝紀》、《世説新語·企羡》等。　魏詠之：字長道，任城（今山東濟寧市）人。《晋書》卷八五有傳。　檀憑之：字慶子，高平（今山東巨野縣）人。《晋書》卷八五有傳。　諸葛長人：《宋書》卷一《武帝紀上》作"諸葛長民"，本書避唐太宗李世民諱改。諸葛長民，琅邪陽都（今山東沂南縣）人。後任豫州刺史，謀爲亂，被殺。《晋書》卷八五有傳。　王元德：王叡。字元德，太原祁（今山西祁縣）人，王懿兄。事見本書卷二五、《宋書》卷四六之《王懿傳》。　隴西辛扈興、東莞童厚之：二人被桓玄所誅。

[3]青州：州名。東晋成帝咸和中僑置青州於廣陵縣，在今江蘇揚州市。南朝宋初併入南兖州。

[4]州主簿：官名。州郡所置屬官。典領文書，經辦事務。雖非掾吏之首，然地位較高。縣之主簿較州更甚。

[5]豫州：州名。東晋、南朝治所屢有遷徙，此時治歷陽縣，在今安徽和縣。

三年二月乙卯，帝託游獵，與無忌、詠之、憑之，毅從弟藩，[1]憑之從子韶、祗、隆、道濟，[2]昶族弟懷玉等，[3]集義徒凡二十七人，願從者百餘人。景辰，[4]候城門開，無忌等義徒服傳詔服，[5]稱詔居前，義衆馳入齊叫，吏士驚散，即斬脩以徇。帝哭之甚慟，厚加斂卹。昶勸弘其日出獵，未明，開門出獵人，昶、道規、毅等率壯士五六十人，因開門直入。弘方噉粥，即斬之，因收衆濟江。

[1]藩：劉藩。彭城沛（今江蘇沛縣）人。京口起兵後，任兖州刺史。晋安帝義熙八年（412），被劉裕所殺。

[2]韶：檀韶。字令孫，高平金鄉（今山東嘉祥縣）人，檀道濟兄。本書卷一五有附傳，《宋書》卷四五有傳。　祇：檀祇。字恭叔，檀道濟兄。本書卷一五有附傳，《宋書》卷四七有傳。　隆：檀隆。"隆之事迹不見於傳，而名在韶、祇與道濟之間，其爲兄弟無疑"（馬宗霍《南史校證》，第8頁）。　道濟：檀道濟。南朝宋名將。本書卷一五、《宋書》卷四三有傳。

[3]懷玉：孟懷玉。孟昶族弟，世居京口。本書卷一七、《宋書》卷四七有傳。

[4]景辰：大德本、汲古閣本、殿本作"丙辰"。本書避唐高祖李淵父李昞諱改。本卷下同，不另注。

[5]傳詔：官名。掌傳達皇帝詔命，及宣召大臣。地位不高。

義軍初剋京城，[1]脩司馬刁弘率文武佐吏來赴，帝登城謂曰："郭江州已奉乘輿反正於尋陽，[2]我等並被密詔誅逆黨，今日賊玄之首已當梟於大航。[3]諸君非大晋之臣乎？"弘等信之而退。毅既至，帝命誅弘等。

[1]京城：地名。東漢末、三國吴時稱爲京城，後稱京口。在今江蘇鎮江市。

[2]郭江州已奉乘輿反正於尋陽：晋安帝被桓玄廢爲平固王，遷至尋陽（今江西九江市）。郭江州，郭昶之任江州刺史，故稱。反正，指帝王復位。

[3]大航：浮橋名。亦稱朱雀航、朱雀橋、南桁等。建康南城門朱雀門外之浮橋，横跨秦淮河上。爲連船而成，長九十步，廣六

丈。在今江蘇南京市鎮淮橋東南。

毅兄邁先在建鄴，事未發數日，帝遣同謀周安穆報之，使爲内應。邁甚懼，安穆慮事發，馳歸。時玄以邁爲竟陵太守，[1]邁便下船，欲之郡。是夜玄與邁書曰："北府人情云何？[2]卿近見劉裕何所道？"邁謂玄已知其謀，晨起白之。玄驚，封邁爲重安侯，又以不執安穆故殺之，誅元德、扈興、厚之等。乃遣頓丘太守吴甫之、右衛將軍皇甫敷北拒義軍。[3]

[1]竟陵：郡名。治石城，在今湖北鍾祥市。

[2]北府：東晋軍府。以京口（今江蘇鎮江市）、廣陵（今江蘇揚州市）爲基地。位於建康之北，故名。

[3]頓丘：郡名。東晋僑置，屬徐州。治頓丘縣，在今安徽滁州市。　右衛將軍：官名。隸屬領軍將軍（中領軍），掌宫廷宿衛營兵。位在左衛將軍下。晋四品。

先是，帝造游擊將軍何澹之，[1]左右見帝光曜滿室，以告澹之，澹之以白玄，玄不以爲意，至是，聞義兵起，甚懼。或曰："裕等甚弱，陛下何慮之深？"玄曰："劉裕足爲一世之雄，[2]劉毅家無擔石之儲，[3]摴蒲一擲百萬，[4]何無忌，劉牢之之外甥，酷似其舅，共舉大事，何謂無成。"時衆推帝爲盟主，以孟昶爲長史，總後事，檀憑之爲司馬，百姓願從者千餘人。軍次竹里，[5]移檄都下曰：

[1]游擊將軍：官名。爲禁軍將領，掌宿衛之任，隸屬中領軍（領軍將軍）。晋四品。

[2]一世之雌：大德本、汲古閣本、殿本“雌”作“雄”。《宋書》卷一《武帝紀上》亦作“雄”。按，底本誤。

[3]擔：大德本、殿本同，汲古閣本、百衲本作“儋”。

[4]摴蒲：亦作摴蒱。古代的一種賭博游戲。以擲骰决勝負，得采有盧、雉、犢、白等稱，視擲出的骰色而定。

[5]竹里：地名。在今江蘇句容市北、長江南岸。

夫成敗相因，理不常泰，狡焉肆虐，或遇聖明。自我大晋，屢遘陽九，[1]隆安以來，皇家多故，貞良斃於豺狼，忠臣碎於武口。[2]逆臣桓玄敢肆陵慢，阻兵荆郢，肆暴都邑，天未忘難，凶力寔繁，踰年之間，遂傾皇祚。主上播越，流幸非所，神器沈辱，[3]七廟毁墜，雖夏后之離浞、殪，[4]有漢之遭莽、卓，[5]方之於兹，未足爲喻。自玄篡逆，于今歷載，彌年亢旱，人不聊生，士庶疲於轉輸，文武困於板築，室家分析，父子乖離，豈唯《大東》有杼軸之悲，[6]《摽梅》有頃筐之怨而已哉！[7]仰觀天文，俯察人事，此而可存，孰有可亡！凡在有心，誰不扼腕。裕等所以叩心泣血，不遑啓處者也。

[1]陽九：困厄的時運。

[2]武口：大德本、汲古閣本、殿本作“虎口”。本書避唐高祖李淵祖父李虎諱改。

[3]神器：象徵國家權力之物，如璽、鼎等。借指帝位、政權。

[4]浞：寒浞。相傳爲夏代后羿之相，殺羿代立。事見《左傳》襄公四年。　殪：寒浞之子。事見《左傳》襄公四年。大德本、汲古閣本、殿本、百衲本作“豷”。

[5]莽：王莽。字巨君，魏郡元城（今河北大名縣）人。《漢書》卷九九有傳。　卓：董卓。字仲穎，隴西臨洮（今甘肅岷縣）人。《後漢書》卷七二有傳。

[6]《大東》：《詩·小雅·大東》：“小東大東，杼柚其空。”鄭玄箋云：“柚，音逐，本又作‘軸’。”杼軸都是紡織工具，杼爲織布機之梭，司緯綫；軸即捲織物之滚筒。杼軸之空，即織物被掠一空。

[7]《摽梅》：《詩·國風·摽有梅》：“摽有梅，頃筐塈之。求我庶士，迨其謂之。”摽梅，言梅熟而落。謂女子已到結婚年齡。此句與上句是説桓玄執政時横徵暴斂，人民婚嫁不時的狀况。摽，大德本、殿本同，汲古閣本作“標”。

是故夕寐宵興，搜奬忠烈，潛構崎嶇，[1]過於履武，[2]乘機奮發，義不圖全。輔國將軍劉毅、廣武將軍何無忌、鎮北主簿孟昶、兖州主簿魏詠之、寧遠將軍劉道規、龍驤參軍劉藩、振威將軍檀憑之等，忠烈斷金，精貫白日，[3]荷戈俟奮，志在畢命。益州刺史毛璩，[4]萬里齊契，掃定荆楚。江州刺史郭昶之奉迎主上，宫于尋陽。鎮北將軍王元德等並率部曲，[5]保據石頭。[6]揚武將軍諸葛長人收集義士，已據歷陽。征虜參軍庾賾之等潛相連結，以爲内應。同力協契，所在蠭起，[7]即日斬僞徐州刺史安成王脩、青州刺史弘。義衆既集，文武争先，咸謂不有一統，則事無以緝。裕辭不獲命，遂總軍要，庶上憑祖宗之靈，下罄義夫之節，翦馘迪逆，[8]蕩清京華。[9]公侯諸君，或世樹忠貞，或身荷爵寵，而並俛眉猾豎，[10]無由自效，顧瞻周道，寧不弔乎！今日之舉，良其會也。裕以虛薄，才非古人，受任於既頹之運，契接於已替之機，[11]丹誠未宣，感慨憤激。望霄漢以永懷，眄山川以增佇，投檄之日，神馳賊庭。

[1]構：大德本、汲古閣本同，殿本作"搆"。

[2]履武：即履虎。比喻身蹈危境。大德本、汲古閣本、殿本皆作"履虎"。

[3]精貫白日：大德本、汲古閣本同。殿本作"精白貫日"，誤。

[4]毛璩：字叔璉，滎陽陽武（今河南原陽縣）人。《晉書》卷八一有附傳。

[5]鎮北將軍王元德：中華本改"將軍"爲"参軍"，其校勘記云："'参軍'各本作'將軍'，誤，據《宋書》《資治通鑑》改。"

[6]石頭：城名。在今江蘇南京市清凉山。六朝時，江流緊迫山麓，城負山面江，南臨秦淮河口，當交通要衝，爲建康軍事重鎮。

[7]螽（zhōng）：大德本、汲古閣本、殿本作"蠭"。

[8]迪：大德本、汲古閣本、殿本作"逋"。

[9]京華：《宋書》卷一《武帝紀上》作"京輦"。

[10]俛（fǔ）：同"俯"。

[11]契接：大德本同，汲古閣本、殿本作"接勢"。

三月戊午，遇吴甫之於江乘，[1]帝躬執長刀，大呼，即斬甫之。進至羅落橋,[2]遇皇甫敷，檀憑之戰敗，死之，衆退，帝進戰彌厲，又斬敷首。初，帝建大謀，有工相者相帝與無忌等近當大貴，惟云憑之無相。至是，憑之戰死，帝知其事必捷。

[1]江乘：縣名。治所在今江蘇句容市北。

[2]羅落橋：地名。在今江蘇南京市東北長江南岸，舊時當京口至建康大路。

玄聞敷等没，使桓謙屯東陵口,[1]卞範之屯覆舟山四。[2]己未，義軍進至覆舟東，張疑兵，以油帔冠諸樹,[3]布滿山谷。帝先馳之，將士皆殊死戰，無不一當百，呼聲動天地。因風縱火，煙燗張天，謙等大敗。玄始雖遣軍，而走意已决，別遣領軍殷仲文具舟石頭,[4]聞謙敗，輕船南逸。

[1]桓謙：字敬祖，桓沖子。《晋書》卷七四有附傳。　東陵：晋東陵。在今江蘇南京市覆舟山東北。

[2]卞範之：字敬祖，濟陰宛句（今山東曹縣）人。桓玄心腹。《晋書》卷九九有傳。　覆舟山：又稱九華山。在今江蘇南京市城區東北，太平門内西側。　四：大德本、汲古閣本、殿本作“西”。底本誤。

[3]油帔：上面有油的一種衣物。

[4]領軍：官名。即領軍將軍。掌禁衛軍及京都諸軍，爲禁衛軍最高統帥。資深者稱領軍將軍，資淺者爲中領軍。晋三品。　殷仲文：陳郡長平（今河南西華縣）人。桓玄姊夫，殷仲堪從弟。晋安帝義熙三年（407），以謀反罪被劉裕所殺。《晋書》卷九九

有傳。

庚申，帝鎮石頭城，立留臺總百官，[1]焚桓温主於宣陽門外，[2]造晋新主於太廟。[3]遣諸將追玄，命尚書王嘏率百官奉迎乘輿。司徒王謐與衆議推帝領楊州，[4]帝固辭，乃以謐爲録尚書事、領楊州刺史，[5]帝爲鎮軍將軍、都督八州諸軍事、徐州刺史、領軍將軍。[6]

[1]立留臺總百官：中華本删“總”字，其校勘記云：“‘百官’上各本有‘總’字。按《宋書》無‘總百’二字，作‘立留臺官’，《通鑑》無‘總’字，作‘立留臺百官’。據下文‘司徒王謐與衆議推帝領楊州，帝固辭’明裕此時無總百官事，‘總’字衍文，删。”

[2]桓温：字元子，譙國龍亢（今安徽懷遠縣）人。東晋權臣。《晋書》卷九八有傳。　宣陽門：城門名。六朝都城建康的南面正門，前臨御道。東晋起稱宣陽門，又稱白門。約當今江蘇南京市淮海路一帶。

[3]太廟：天子爲祭祀其祖先而興建的廟宇。

[4]司徒：官名。三公之一，爲名譽宰相。魏晋以降，多爲大官之榮銜或加銜。晋一品。

[5]録尚書事：官名。魏晋南北朝多以公卿權重者居之，總領尚書省政務，位在三公上。又有録尚書六條事、關尚書七條事等名義。　楊州刺史：官名。東晋、南朝時，揚州刺史往往由宰相兼領，其職權甚至重於尚書令和尚書僕射。

[6]鎮軍將軍：官名。與中軍將軍、撫軍將軍位比四鎮將軍，主要爲中央軍職。晋三品。　都督：官名。地方軍政長官。魏晋以後，都督諸州軍事多兼任駐地州刺史，爲該地區的軍政長官。分使持節、持節、假節三種，職權各有不同。　徐州：州名。東晋時移

治京口城，在今江蘇鎮江市。南朝宋武帝永初二年（421）改爲南徐州。

初，晉陵人韋叟善相術，桓脩令相帝當得州不，叟曰："當得邊州刺史。"退而私於帝曰："君相貴不可言。"帝笑曰："若中，當相用爲司馬。"至是，叟詣帝曰："成王不負桐葉之信，[1]公亦應不忘司馬之言。今不敢希鎮軍司馬，願得領軍佐。"於是用焉。

[1]桐葉之信：指帝王封拜的符信。典出《史記》卷三九《晉世家》："成王與叔虞戲，削桐葉爲珪以與叔虞，曰：'以此封若。'史佚因請擇日立叔虞。成王曰：'吾與之戲耳。'史佚曰：'天子無戲言。言則史書之，禮成之，樂歌之。'於是遂封叔虞於唐。"

時諸葛長人失期，爲刁逵執送，未至而玄敗。玄經尋陽，江州刺史郭昶之爲具乘輿法物。初，荆州刺史王綏以江左冠族，[1]又桓氏之甥，素甚陵帝，至是，及其父尚書左僕射愉有自疑志，[2]並及誅。

[1]王綏：字彦猷，太原晉陽（今山西太原市）人。父愉爲桓氏婿，父子寵貴，又嘗輕侮劉裕，心不自安，謀作亂，事泄被誅。《晉書》卷七五有附傳。

[2]尚書左僕射：官名。尚書省次官，與尚書令同居宰相之任。左僕射位在右僕射上，輔助尚書令執行政務，參議大政，諫諍得失，監察糾彈百官，可封還詔旨，常受命主管官吏選舉。晉三品。

愉：王愉。《晉書》卷七五有附傳。

四月戊子，奉武陵王遵爲大將軍，[1]承制，[2]大赦，惟桓氏一祖後不免。[3]桓玄之篡，王謐佐命，手解安帝璽紱。[4]及義旗建，衆謂謐宜誅，惟帝素德謐，保持之。劉毅嘗因朝會，問謐璽紱所在，謐益懼。及王愉父子誅，謐從弟諶謂謐曰："王駒無罪而誅，此是翦除勝己，兄既桓氏黨附，求免得乎？"駒，愉小字也。謐懼，奔曲阿。帝牋白大將軍迎還，復其位。

[1]武陵王遵：司馬遵。字茂遠，晋元帝孫。《晋書》卷六四有附傳。　大將軍：官名。高級軍政官員。東晋頗重其任，常專擅軍政事務。晋一品。

[2]承制：秉承皇帝旨意，代行其職權。

[3]桓氏：中華本據《宋書》卷一《武帝紀上》改爲"桓玄"。應從改。

[4]璽紱：天子之印稱璽，繫印之絲帶稱紱。璽紱即天子之印。

玄挾天子走江陵，[1]又浮江東下，與劉毅、何無忌、劉道規等遇於峥嶸洲，[2]衆軍大破之。玄黨殷仲文奉晋二皇后還建鄴。玄復挾天子至江陵，因走南郡，太守王騰之、荆州别駕王康産奉天子入南郡府。

[1]江陵：縣名。治所在今湖北荆州市荆州區。亦爲荆州及南郡治所。

[2]峥嶸洲：洲名。在今湖北黄岡市西北長江中。

初，益州刺史毛璩遣從孫祐之與參軍費恬送弟喪下州，璩弟子脩之時爲玄屯騎校尉，[1]誘玄入蜀，至枚回洲，[2]恬與祐之迎射之，益州督護馮遷斬玄，[3]傳首建鄴。玄從子振逃於華容之涌中，[4]招集逆黨，襲江陵城，騰之、康産皆被殺。桓謙先匿沮川，[5]亦聚衆應振。爲玄舉哀，立喪庭。謙率衆官奉璽綬于安帝。劉毅、何無忌進及桓振戰，敗績于靈谿。[6]

[1]脩之：毛脩之。字敬文，滎陽陽武（今河南原陽縣）人。初爲寧遠參軍，後以誘斬桓玄功，授右衛將軍。劉裕北伐後秦，遣戍洛陽。洛陽陷，爲夏赫連勃勃所俘，北魏滅夏，歸北魏，官至尚書，宋文帝元嘉二十三年（446）卒於魏。本書卷一六、《宋書》卷四八、《魏書》卷四三、《北史》卷二七有傳。

[2]枚回洲：在今湖北荆州市西北長江中。

[3]督護：官名。州、郡及出鎮方面將軍府皆設，掌兵事。兩晋時常被派出統軍征伐，隸於州、郡者地位較低。

[4]振：桓振。字道全，桓石虔子，桓玄侄。《晋書》卷七四有附傳。　華容：縣名。治所在今湖北監利市北。

[5]沮川：亦作租中。指今湖北沮河上游地區。

[6]靈谿：古水名。又稱零水。在今湖北江陵縣西。

十月，帝領青州刺史，甲仗百人入殿。

義熙元年正月，[1]毅等至江津，[2]破桓謙、桓振，江陵平。三月甲子，[3]晋帝至自江陵。庚子，詔進帝侍中、車騎將軍、都督中外諸軍、録尚書事。[4]帝固讓，旋鎮丹徒。九月乙巳，加帝領兖州刺史。[5]

[1]義熙：東晋安帝司馬德宗年號（405—418）。

[2]江津：戍名。在今湖北荆州市南長江中。

[3]甲子：按，晋安帝義熙元年三月無甲子。中華本據《資治通鑑》改爲“甲午”。

[4]侍中：官名。門下省長官。参預機密政務，掌規諫及賓贊威儀，乃至封駁、平省尚書奏事等。晋三品。　車騎將軍：官名。爲重號將軍，位次驃騎將軍，在諸名號大將軍上。多作爲軍府名號，以加授大臣或重要州郡長官。晋二品。　都督中外諸軍：官名。爲全國最高軍事統帥，權力極大。不常置。

[5]兖州：州名。東晋成帝咸和中僑置。治京口城，在今江蘇鎮江市。

盧循浮海破廣州，[1]獲刺史吴隱之，[2]即以循爲廣州刺史，以其黨徐道覆爲始興相。[3]

[1]廣州：州名。治番禺縣，在今廣東廣州市。

[2]吴隱之：字處默，濮陽鄄城（今山東鄄城縣）人。《晋書》卷九〇有傳。

[3]徐道覆：盧循姊夫。後勸盧循襲取建康，大舉攻晋。兵敗後逃至始興被殺。事見《晋書》卷一〇〇《盧循傳》。　始興：郡名。治曲江縣，在今廣東韶關市東南。　相：官名。職如郡太守。

二年三月，進帝督交、廣二州。[1]十月，論匡復勳，封帝豫章郡公，[2]邑萬户，賜絹三萬疋。其餘封賞各有差。

[1]交：州名。治龍編縣，在今越南北寧省仙游縣東。

[2]豫章郡公：封爵名。豫章，郡名。治南昌縣，在今江西南

昌市。

三年十二月，司徒、録尚書、楊州刺史王謐薨。

四年正月，徵帝入輔，授侍中、車騎將軍、開府儀同三司、楊州刺史、録尚書事，徐、兖二州刺史如故。[1]表解兖州。先是，帝遣冠軍劉敬宣伐蜀賊譙縱，[2]無功而還。九月，帝以敬宣挫退，遜位，不許。十月，乃降爲中軍將軍，[3]開府如故。

[1]開府儀同三司：官名。爲大臣加號，指禮制、待遇與三公相同，許開設府署，自辟僚屬。係給非三公官員以三公待遇。

[2]譙縱：巴西南充（今四川南充市）人。晋安帝義熙元年(405)，攻殺益州刺史毛璩，稱成都王。義熙九年，劉裕發兵攻蜀，縱兵敗自縊而死。《晋書》卷一〇〇有傳。

[3]中軍將軍：官名。將軍名號。晋三品。

五年二月，僞燕主慕容超大掠淮北。[1]三月，帝抗表北討，以丹陽尹孟昶監中軍留府事。[2]乃浮淮入泗，[3]五月，至下邳，留船，步軍進琅邪，[4]所過築城留守。

[1]慕容超：字祖明，鮮卑族。十六國時南燕國君。在位六年。《晋書》卷一二八有載記。

[2]丹陽尹：官名。京畿行政長官，屬於既機要又顯貴之職。晋三品。

[3]泗：古水名。又名清水。故道由今江蘇邳州市西東南流至淮安市入淮。

[4]琅邪：郡名。治費縣，在今山東費縣西北。

超大將公孫五樓請斷大峴，[1]堅壁清野以待，超不從。初謀是役，議者以爲賊若嚴守大峴，軍無所資，何能自反？[2]帝曰："不然。鮮卑性貪，略不及遠，既幸其勝，且愛其穀，必將引我，且亦輕戰。師一入峴，吾何患焉。"及入峴，帝舉手指天曰：[3]"吾事濟矣。"衆問其故，帝曰："師既過險，士有必死之志，餘糧栖畝，軍無匱乏之憂，勝可必矣。"

[1]大峴（xiàn）：即穆陵關。在今山東沂水縣北、臨朐縣南大峴山上。

[2]反：通"返"。

[3]手：大德本、汲古閣本同，殿本作"首"。《宋書》卷一《武帝紀上》亦作"手"。

六月，超留羸老守廣固，[1]使其廣甯王賀刺盧及公孫五樓悉力據臨朐。[2]去城四十里有巨蔑水，[3]超告五樓急據之。比至，爲龍驤將軍孟龍符所保，[4]五樓乃退。

[1]廣固：城名。在今山東青州市西北，時爲南燕都城。

[2]臨朐：縣名。治所在今山東臨朐縣。

[3]巨蔑水：即巨洋水。今之彌河。

[4]龍驤將軍：官名。地位較高。晋三品。　孟龍符：孟懷玉弟。晋安帝義熙四年（408）隨劉裕北伐，在攻占臨朐時陣亡。本書卷一七、《宋書》卷四七有附傳。

大軍分車四千兩爲二翼，方軌徐行，[1]車張幰，[2]御者執矟，[3]以騎爲游軍，軍令嚴肅。比及臨朐，賊騎交至，帝命兖州刺史劉藩、并州刺史劉道憐等陷其陣。日向昃，[4]戰猶酣，帝用參軍胡藩策，[5]襲剋臨朐，賊乃大奔。超遁還廣固，獲其玉璽、豹尾、輦等，[6]送于都。景子，剋廣固大城，超固其小城。乃設長圍以守之，館穀於青土，[7]停江、淮轉輸。

[1]方軌：指車輛並行，形容整隊前進之貌。

[2]車張幰：即車上懸挂帳簾。

[3]矟（shuò）：即丈八矛。

[4]昃（zè）：太陽偏西。

[5]胡藩：字道序，豫章南昌（今江西南昌市）人。劉裕起兵，召爲參軍，屢從征伐南燕、盧循、劉毅、司馬休之、後秦，累立戰功。官至太子左衛率。本書卷一七、《宋書》卷五〇有傳。

[6]玉璽：君主的印信，用美玉刻成。　豹尾：借指皇帝屬車，即豹尾車。　輦：皇帝所乘的車。

[7]館穀：指駐軍就食。

七月，超尚書郎張綱乞師於姚興，[1]自長安反，太山太守申宣執送之。綱有巧思，先是，帝脩攻具，城上人曰："汝不得張綱，何能爲也。"及至，升諸樓車以示之，城内莫不失色。超既求救不獲，綱反見虜，乃求稱藩，割大峴爲界，獻馬千疋，不聽。

[1]姚興：字子略，羌族。十六國時後秦國君。在位二十二年。《晋書》卷一一七、卷一一八有載記。

時姚興遣使，聲言將涉淮左，[1]帝謂曰："爾報姚興，我定青州，將過函谷，[2]虜能自送，今其時矣。”録事參軍劉穆之遽入曰：[3]“此言不足威敵，容能怒彼。若鮮卑未拔，西羌又至，公何以待之？”帝乃笑曰：“此兵機也，非子所及。羌若能救，不有先聲，是自彊也。”

[1]淮左：古地區名。隋唐以前，從中原地區通向長江下游一般都在今安徽壽縣附近渡淮，這一段淮水的流向係自南而北，故習稱今安徽淮河南岸一帶爲淮東，亦稱淮左。

[2]函谷：河南陝縣至靈寶市間崤山山區，是進入關中的要道。

[3]録事參軍：官名。東晋、南朝公府、將軍府、州刺史開軍府者皆置。掌管各曹文書，及糾察等事。位在列曹參軍上。　劉穆之：字道和，小字道民（本書避唐太宗李世民諱作“道人”），東莞莒（今山東莒縣）人，世居京口（今江蘇鎮江市）。建謀畫策，甚爲劉裕所倚重。劉裕主政以後的一些改良措施和發展勢力的密謀，劉穆之是重要的輔助者。本書卷一五、《宋書》卷四二有傳。

十月，張綱脩攻具成，設飛樓縣梯，木幔板屋，[1]冠以牛皮，弓矢無所用之。劉毅遣上黨太守趙恢以千餘人來援，[2]帝夜潛遣軍會之。明旦，恢衆五千，方道而進，每晋使將到，輒復如之。

[1]木幔：以木爲幔，幔即帳幕。

[2]上黨：郡名。東晋孝武帝寧康中以上黨流民僑置。寄治蕪湖縣地，在今安徽蕪湖市西南。後省爲上黨縣。

六年二月丁亥，屠廣固，超踰城走，追獲之，斬于建康市。殺其王公以下，納生口萬餘，馬二千疋。

初，帝之北也，徐道覆勸盧循乘虚而出，循不從，道覆乃至番禺説循曰：[1]"今日之機，萬不可失。若剋京都，劉公雖還，無能爲也。"循從之。是月，寇南康、廬陵、豫章諸郡，[2]郡守皆奔走。時帝將鎮下邳，進兵河、洛，及徵使至，即日班師。鎮南將軍何無忌與道覆戰，敗死於豫章，内外震駭，朝議欲奉乘輿北走。帝次山陽，[3]聞敗，卷甲與數十人造江上徵問，知賊尚未至。

[1]番禺：縣名。治所在今廣東廣州市。時爲南海郡治，廣州治所。

[2]南康：郡名。治贛縣，在今江西贛州市東北。　廬陵：郡名。治石陽縣，在今江西吉水縣北。

[3]山陽：郡名。治山陽縣，在今江蘇淮安市。

四月癸未，帝至都。劉毅自表南征，帝以賊新捷鋒鋭，須嚴軍偕進，使劉藩止之，毅不從。五月壬午，[1]盧循敗毅于桑落洲。[2]及審帝凱入，相視失色，欲還尋陽，平江陵，據二州以抗朝廷。道覆請乘勝遂下，争之旬日，乃從。

[1]五月壬午：中華本校勘記云："按義熙六年五月壬子朔，是月無壬午。"

[2]桑落洲：地名。在今江西九江市東北長江中，爲東晉、南朝戰略要地。

于時北師始還，傷痍未復，戰士纔數千，賊衆十餘萬，舳艫亘千里。[1]孟昶、諸葛長人懼，欲擁天子過江，帝曰："今兵士雖少，猶足一戰，若其剋濟，臣主同休；如其不然，不復能草間求活，吾計決矣。"初，帝征慕容超，惟孟昶勸行，景辰，昶乃表天子，引罪，仰藥而死。

[1]舳艫：船尾爲舳，船首爲艫，此處即指船舶。

時議者欲分兵屯守諸津，帝曰："賊衆我寡，分其兵則人測人虛實，一處失利，則沮三軍之心，[1]若聚衆石頭，則衆力不分。"戊午，帝移鎮石城。乙丑，賊大至，帝曰："賊若新亭直上，[2]且將避之；若回泊蔡洲，[3]成禽耳。"徐道覆欲自新亭焚舟而戰，循多疑少決，每求萬全，乃泊蔡洲以待軍潰。帝登石頭以望，見之，悦。庚辰，賊設伏於南岸，疑兵向白石。[4]帝率劉毅、諸葛長人北拒焉，留參軍徐赤特戍查浦，[5]戒令勿戰。帝既北，賊焚查浦而至張侯橋，赤特與戰，大敗，賊進屯丹陽郡。[6]帝馳還石頭，斬徐赤特。解甲久之，乃出陣於南塘。[7]七月庚申，循自蔡洲退，將還歸尋陽，帝遣輔國將軍王仲德等追之。[8]使建威將軍孫處自海道襲番禺，[9]戒之曰："我十二月必破祆寇，卿亦足至番禺，先傾其巢窟也。"

[1]沮：大德本、殿本同，汲古閣本作"阻"。《宋書》卷一《武帝紀上》作"沮"。

[2]新亭：地名。在今江蘇南京市西南。地近江濱，依山築城

壘，爲軍事和交通重地。

[3]蔡洲：地名。在今江蘇南京市西南。原爲長江中沙洲，今已併入南岸。六朝爲屯軍之所。

[4]白石：地名。即白下城。在今江蘇南京市北、幕府山南麓。北臨大江，爲建康西北的軍事要地。

[5]查浦：查浦壘。秦淮河口防禦工事。

[6]郡：大德本、殿本同，汲古閣本作“尹”。

[7]南塘：地名。又稱横塘。在今江蘇南京市西南秦淮河南岸。自三國吴大帝時修築堤岸，謂之南塘。後爲百姓聚居之地。

[8]輔國將軍：官名。掌征伐。晋三品。　王仲德：王懿。字仲德，太原祁（今山西祁縣）人，東晋時徙居彭城（今江蘇徐州市）。本書卷二五、《宋書》卷四六有傳。

[9]建威將軍：官名。將軍名號。晋四品。　孫處：字季高，會稽永興（今浙江杭州市蕭山區）人。本書卷一七、《宋書》卷四九有傳。

十月，帝率舟師南伐，使劉毅監太尉留府。[1]是月，徐道覆寇江陵，荆州刺史劉道規大破之，道覆走還湓口。[2]十一月，孫處至番禺，剋其城，盧循父嘏奔始興，處撫其人以守。十二月己卯，大軍次大雷。[3]庚辰，賊方江而下，帝躬提幡鼓，命衆軍齊力擊之，軍中多萬鈞神弩，所至莫不摧陷。帝自於中流麾之，因風水之勢，賊艦悉薄西岸，岸上軍先備火具焚之，大敗。循還尋陽，遂走豫章，悉力栅左里。[4]景申，大軍次左里，將戰，帝麾之，麾竿折，幡沉于水，衆咸懼，帝笑曰：“昔覆舟之役亦如此，今勝必矣。”攻其栅，循單舸走，衆皆降。師旋，晋帝遣侍中黄門勞師于行所。

［1］監太尉留府：不當云“監太尉留府”，《晋書》卷八五《劉毅傳》但云“知内外留事”。錢大昕《廿二史考異》卷三五：“按：《宋書》：是歲六月，更授公太尉、中書監，加黄鉞。受黄鉞，餘固辭。至次年改授太尉、中書監，乃受命。則南伐盧循之時，只是中軍將軍，未爲太尉，不當云監太尉留府也。《晋書・劉毅傳》但云知内外留事。”

［2］盆口：城名。亦作湓口。以地當湓水入長江口得名，歷來爲戍守重地。在今江西九江市。

［3］大雷：戍名。亦作雷池戍。東晋置，在今安徽望江縣。爲東晋、南朝軍事重鎮。

［4］左里：城名。東晋盧循所築，在今江西都昌縣西北左蠡山下。

七年正月己未，振旅而歸，改授大將軍、楊州牧，給班劍二十人，[1]本官並如故。固辭。凡南北征伐戰亡者，並列上賻贈，[2]屍喪未反者，遣主帥迎接，致還本土。

［1］楊州牧：官名。州級行政長官。南朝宋以後僅揚州、豫州等數州設牧，爲榮譽稱號，授與丞相等權臣。　班劍：飾有花紋的木劍。漢制，朝服帶劍。至晋代之以木，謂之班劍，虎賁持之，用作儀仗，是皇帝對王公大臣的一種恩賜。

［2］賻贈：贈送財物給辦喪事的人家。

二月，盧循至番禺，爲孫處所破，收餘衆南走。劉藩、孟懷玉斬徐道覆于始興。

自晋中興以來，朝綱弛紊，權門兼并，百姓流離，不得保其産業。桓玄頗欲釐改，[1]竟不能行。帝既作輔，大示軌則，[2]豪彊肅然，遠近禁止。至是，會稽餘姚唐亮復藏匿亡命千餘人。[3]帝誅亮，免會稽内史司馬休之。[4]

[1]釐改：整理改革。

[2]大示軌則：大力申明法度。

[3]會稽餘姚唐亮：中華本據《宋書》卷一《武帝紀上》改“唐”爲“虞”。按虞氏，餘姚大姓。

[4]司馬休之：字季預。晋宗室。後任荆州刺史，東晋安帝義熙十一年（415）起兵反對劉裕，兵敗，逃奔後秦。《晋書》卷三七有附傳。

晋帝又申前詔，帝固辭。於是改授太尉、中書監，[1]乃受命，奉送黄鉞。[2]

[1]太尉：官名。東漢時位列三公之首，魏晋南北朝爲名譽宰相。晋一品。　中書監：官名。與中書令共爲中書省長官，唯入朝時班次略高於令。典尚書奏事，掌朝政機密，草擬及發布詔令。晋三品。

[2]黄鉞：飾以黄金的長柄斧子。本爲天子儀仗，賜臣下以示專征伐。在軍事行動中，假黄鉞有誅殺持節將軍的權力。

交州刺史杜惠度斬盧循父子，[1]函七首送都。

[1]杜惠度：又作“杜慧度”。祖籍京兆（今陝西西安市），自曾祖移居交阯。初爲交州主簿、流民督護。晋安帝義熙七年（411）

遷交州刺史。盧循率軍圍交州城，慧度以宗族私財賞軍，率水軍、步軍與盧循合戰，臨陣殺盧循，以功封龍編縣侯。南朝宋時率軍討降林邑。少帝景平元年（423）卒，追贈左將軍。本書卷七〇、《宋書》卷九二有傳。

先是，諸州郡所遣秀才、孝廉多非其人，帝乃表申明舊例，策試之。[1]

［1］秀才、孝廉：選拔舉薦人才的科目。東晋時以學校陵遲，秀才、孝廉一度不策試。這次申舊例，須考試。南朝時期秀才試策，孝廉試經。

荆州刺史劉道規疾患，求歸，八年四月，改授豫州刺史，[1]以豫州刺史劉毅代之。毅既有雄才大志，與帝俱興復晋室，自謂京城、廣陵功足相抗，雖權事推帝，而心不服也。厚自矜許，朝士素望者並多歸之，與尚書僕射謝混、丹陽尹郗僧施並深相結。[2]及鎮江陵，豫州舊府多割以自隨，請僧施爲南蠻校尉。[3]帝知毅終爲異端，心密圖之。毅至西，疾篤，[4]表求從弟兖州刺史藩以爲副貳，帝僞許焉。九月，藩入朝，帝命收藩及謝混，並賜死。自表討毅，又假黄鉞，[5]率諸軍西征。以前鎮軍將軍司馬休之爲平西將軍、荆州刺史，兖州刺史道憐鎮丹徒，豫州刺史諸葛長人監太尉留府事，加太尉司馬、丹陽尹劉穆之建威將軍，配以實力。壬午，發建鄴，遣參軍王鎮惡、龍驤將軍蒯恩前襲江陵，[6]剋之，毅及黨與皆伏誅。

[1]豫州：州名。東晋成帝咸和四年（329）僑置，初治蕪湖縣，後移治歷陽、壽春、姑孰等地。大致爲江淮之間地。按，劉毅時以豫州刺史鎮姑孰縣，在今安徽當塗縣。

[2]尚書僕射：官名。尚書省次官，置一人則稱尚書僕射，置二人則稱左、右僕射。尚書省日常政務常由僕射主持。晋三品。謝混：字叔源，小字益壽，謝安孫，謝琰子。因與劉毅交厚，坐罪處死。《晋書》卷七九有附傳。　郗僧施：字惠脱，高平金鄉（今山東嘉祥縣）人，郗超繼子。事見《晋書》卷六七《郗超傳》。

[3]南蠻校尉：官名。立府於江陵，統兵。掌荆州及江州少數民族事務。晋四品。

[4]疾篤：大德本同，汲古閣本、殿本作"稱疾篤"。《宋書》卷二《武帝紀中》亦有"稱"字，據文意，應補"稱"字。

[5]假黄鉞：表示代表皇帝親征。晋宋之制，使持節得殺二千石以下，假黄鉞則可專戮持節將軍。

[6]王鎮惡：北海劇（今山東壽光市）人，前秦宰相王猛之孫。爲劉裕部將，晋安帝義熙十二年（416）北伐後秦，率部先攻入長安。性貪財聚斂，居功自傲，爲諸將忌殺。宋朝建立，追謚壯侯。本書卷一六、《宋書》卷四五有傳。　蒯恩：字道恩，蘭陵承（今山東棗莊市）人。勇敢善戰，累有戰功，後入關迎桂陽公劉義真，爲赫連勃勃所殺。本書卷一七、《宋書》卷四九有傳。

十一月，帝至江陵，分荆州十郡爲湘州，[1]帝仍進督焉。以西陵太守朱齡石爲益州刺史，[2]使伐蜀。晋帝進帝太傅、楊州牧，[3]加羽葆、鼓吹，[4]班劍二十人。

[1]湘州：州名。治臨湘縣，在今湖南長沙市。

[2]西陵：中華本據《宋書》卷二《武帝紀中》改作"西陽"。西陽，郡名。治西陽縣，在今湖北黄岡市東。　朱齡石：字伯兒，

沛郡沛（今江蘇沛縣）人。本書卷一六、《宋書》卷四八有傳。益州：州名。治成都縣，在今四川成都市。

[3]太傅：官名。位上公，在三司之上。晋一品。

[4]羽葆：以鳥羽爲飾的儀仗。諸王大臣有殊功者，加羽葆。鼓吹：演奏鼓吹樂的樂隊。本軍樂，成爲皇帝賜予臣下的一種禮遇。

九年二月乙丑，帝至自江陵。初，諸葛長人貪淫驕横，帝每優容之。劉毅既誅，長人謂所親曰："昔年醢彭越，今年殺韓信，禍其至矣。"將謀作亂。帝剋期至都，而每淹留不進。公卿以下，頻日奉候於新亭，長人亦驟出。既而帝輕舟密至，已還東府矣。[1]長人到門，引前，却人閑語，凡平生言所不盡者，皆與及之，長人甚悦。帝已密命左右丁旿自幔後出，於坐拉焉，死於牀側。輿屍付廷尉，[2]并誅其弟黎人。[3]旿驍勇有力，時人語曰，"勿跋扈，付丁旿"。

[1]東府：城名。六朝建康城東的一座重要城堡。在今江蘇南京市通濟門附近，南臨秦淮河。

[2]廷尉：官名。掌司法刑獄。南朝時政令仰承尚書省，職權漸輕。晋三品。

[3]黎人：《宋書》卷二《武帝紀中》作"黎民"，本書避唐太宗李世民諱改。

先是，山湖川澤皆爲豪彊所奪，百姓薪採漁釣，皆責税直，至是禁斷之。時人居未一，帝上表定制，於是依界土斷，[1]惟徐、兖、青三州居晋陵者不在斷例。諸流寓郡縣，多所併省。

[1]土斷：東晋、南朝整理僑州郡縣，使僑寓户口編入所在郡縣的政策。令北方流亡的士民，就所居地作爲土著，户口編入所在郡縣。向朝廷納租税，服徭役。實行土斷法，目的在於增加國家財政收入。

以帝領鎮西將軍、豫州刺史。帝固讓太傅、楊州牧及班劍，奉還黄鉞。

七月，朱齡石平蜀，斬譙縱，傳首建鄴。

九月，晋帝以帝平齊、定盧循功，[1]封帝次子義真爲桂陽縣公；[2]并重申前命，授帝太傅、楊州牧，加羽葆、鼓吹，班劍二十人。將遣百僚敦勸，[3]乃受羽葆、鼓吹、班劍，餘固辭。

[1]齊：指南燕。

[2]義真：劉義真。宋武帝第二子。本書卷一三、《宋書》卷六一有傳。

[3]遣：大德本同，汲古閣本、殿本作“吏”。《宋書》卷二《武帝紀中》亦作“吏”，據文意，疑“吏”是。

十年，息人簡役，築東府城，[1]起府舍。

[1]築東府城：修建東府城後，東府城取代西州城，成爲南朝宰相兼揚州刺史的治所。

帝以荆州刺史司馬休之宗室之重，又得江、漢人心，疑其有異志；而休之子譙王文思在都，[1]招聚輕俠，帝執送休之，令自爲其所。[2]休之表廢文思，並與帝書陳謝。

[1]文思：司馬文思，休之兄子。與休之同時奔後秦。《北史》卷二九有傳。馬宗霍《南史校證》云："按'休之子'《宋書·武帝紀》作'休之兄子'，下文休之上表自陳亦稱文思爲兄子。此處誤奪'兄'字。"（第17頁）

[2]令：大德本、汲古閣本同，殿本作"命"。《宋書》卷二《武帝紀中》亦作"令"。

十一年正月，帝收休之子文寶、兄子文祖，並賜死，率衆西討。復加黄鉞，[1]領荆州刺史。以中軍將軍道憐監留府事。[2]休之上表自陳，并罪狀帝。休之府録事參軍韓延之有幹用才，[3]帝未至江陵，密書招之。延之報書曰："承親率戎馬，遠履西偏，[4]闔境士庶，莫不惶駭。辱疏，知以譙王前事，良增歎息。司馬平西體國忠貞，[5]款懷待物，[6]以公有匡復之勳，家國蒙賴，推德委誠，每事詢仰。譙王往以微事見劾，猶自表遜位；况以大過而當默邪！來示云，'處懷期物，自有由來'。[7]今伐人之君，啗人以利，真可謂'處懷期物'者矣。劉藩死於閶闔之門，諸葛斃於左右之手，甘言詫方伯，襲之以輕兵，[8]遂使席上靡款懷之士，閫外無自信諸侯，以爲得筭，良所耻也。吾雖鄙劣，常聞道於君子，以平西之至德，寧可無授命之臣乎？假天長喪亂，九流渾濁，當與臧洪游於地下。[9]不復多云。"帝視書歎息，以示將佐曰："事人當如此。"

[1]復加黄鉞：中華本改"加"爲"假"。錢大昕《廿二史考異》卷三五："'加'當作'假'。晋、宋之制，使持節得殺二千石以下，假黄鉞則可專戮節將矣。宋武西伐劉毅，已假黄鉞，毅平仍奉還之。至是，伐司馬休之，又假黄鉞。毅與休之皆持節大臣，必假黄鉞，乃可行戮。《南史》於毅平之後，删奉還黄鉞一節，則此文復加黄鉞，又無著矣。"假，借。此爲授予之意。

[2]道憐：劉道憐。劉裕中弟。本書卷一三、《宋書》卷五一有傳。

[3]有幹用才：大德本、殿本同，汲古閣本作"有幹用"。

[4]徧：大德本、汲古閣本、殿本作"偏"。

[5]司馬平西：司馬休之爲平西將軍，故稱之。

[6]款懷：誠意。

[7]懷：大德本、殿本同，汲古閣本作"來"。

[8]甘言詫方伯，襲之以輕兵：指晋安帝義熙八年（412）襲擊劉毅。詫，誑，欺騙。

[9]臧洪：字子源，廣陵射陽（今江蘇寶應縣）人。《三國志》卷七有傳。

三月，軍次江陵。初，雍州刺史魯宗之負力好亂，[1]且慮不爲帝容，常爲讖曰："魚登日，輔帝室。"與休之相結。至是，率其子竟陵太守軌會于江陵。帝濟江，休之衆潰，與軌等奔襄陽，江陵平。加領南蠻校尉。將拜南蠻，遇四廢日，[2]佐史鄭鮮之等白還日，[3]不許。下書開寬大之恩。

[1]雍州：州名。治襄陽縣，在今湖北襄陽市。　魯宗之：字彦仁，扶風郿（今陝西眉縣）人，魯爽祖父。事見本書卷四〇、《宋書》卷七四之《魯爽傳》。

[2]四廢日：古人迷信，認爲是凶日，有諸多禁忌。

[3]鄭鮮之：字道子，滎陽開封（今河南開封市）人。本書卷三三、《宋書》卷六四有傳。鮮，大德本、殿本同，汲古閣本作"解"。

四月，進軍襄陽，休之等奔姚興。晉帝復申前令，授太傅、楊州牧，劍履上殿，[1]入朝不趨，[2]讚拜不名，[3]加前部羽葆、鼓吹，置左右長史、司馬、從事中郎四人，[4]封第三子義隆爲北彭城縣公。[5]八月甲子，帝至自江陵，奉還黄鉞，固辭太傅、州牧、前部羽葆、鼓吹，其餘受命。

[1]劍履上殿：帶劍穿鞋上殿。

[2]入朝不趨：趨指小步快走，表示恭敬。

[3]讚拜不名：古時臣下朝拜天子，司儀者在旁唱禮，唱禮時直呼朝拜者的姓名。不名，不直呼姓名，衹稱官職。

[4]長史：爲所在官署掾屬之長，故有元僚之稱。　司馬：高級幕僚，管理府内武職，與長史共參府務。　從事中郎：其職依時依府而異，或主吏，或分掌諸曹，或掌機密，或參謀議，地位較高。

[5]義隆：劉義隆。即宋文帝。宋武帝第三子。本書卷二、《宋書》卷五有紀。

十二年正月，晉帝詔帝依舊辟士，加領平北將軍、兖州刺史，增督南秦，凡二十二州。帝以平北文武寡少，不宜别置，於是罷平北府，以併大府。三月，加帝中外大都督。[1]

[1]中外大都督：官名。東晋置。掌指揮全國軍隊，地位極高。不常置，非平常人臣之職，東晋僅王導、劉裕曾任此職。

初，帝平齊，仍有定關、洛意，遇盧循侵逼，故寢。及荆、雍平，乃謀外略。會姚興死，子泓新立，[1]兄弟相殺，關中擾亂。四月乙丑，帝表伐關、洛，乃戒嚴北討，加領征西將軍、司豫二州刺史。以世子爲徐、兖二州刺史。[2]帝以義聲懷遠，[3]奉琅邪王北伐。[4]五月，廬江霍山崩，[5]獲六鍾，獻之天子。癸巳，加領北雍州刺史，前後部羽葆、鼓吹，增班劍爲四十人。八月乙巳，[6]率大衆進發，以世子爲中軍將軍，監太尉留府事，尚書右僕射劉穆之爲左僕射，[7]領監軍、中軍二府軍司，[8]入居東府，總攝内外。九月，帝至彭城，加領北徐州刺史。十月，衆軍至洛，圍金墉，[9]降之。脩復晋五陵，置守衛。

[1]泓：姚泓。羌族。十六國時後秦國君。在位二年。《晋書》卷一一九有載記。

[2]世子：帝王和諸侯的嫡長子。

[3]帝以義聲懷遠：中華本據《宋書》卷二《武帝紀中》於“以”前補“欲”字。

[4]琅邪王：司馬德文。即晋恭帝。晋安帝母弟。《晋書》卷

一〇有紀。

[5]廬江：郡名。治舒縣，在今安徽舒城縣。　霍山：山名。又稱衡山。即今安徽霍山縣西南天柱山。

[6]乙巳：中華本據《宋書·武帝紀中》改作“丁巳”。

[7]尚書右僕射：官名。尚書省次官，與尚書令同居宰相之任。右僕射位次左僕射。輔助尚書令執行政務，參議大政，諫諍得失，監察糾彈百官，可封還詔旨，常受命主管官吏選舉。晋三品。

[8]軍司：孫彪《宋書考論》云：“軍司即軍師，皆諱師改。”

[9]金墉：城名。在今河南洛陽市東北漢魏故城西北隅。城小而固，爲攻戰戍守要地。北魏初爲河南四鎮之一。

十二月壬申，晋帝加帝位相國、總百揆、揚州牧，[1]封十郡爲宋公，備九錫之禮，[2]加璽紱、遠游冠、緑綟綬，[3]位在諸侯王上。策曰：

[1]百揆：指各種政務，總百揆即總攬大政。

[2]備九錫之禮：魏晋南北朝掌政大臣奪取政權前，都接受當朝皇帝名義所加九錫。九錫即車馬、衣服、樂則、朱户、納陛、虎賁、弓矢、鈇鉞、秬鬯。成爲權臣篡位的例行公事。

[3]遠游冠：冠名。諸王所服。　緑綟綬：一種深緑色的綬帶。兩晋、南朝衹授予相國，作爲其地位的標志。

朕以寡昧，仰纘洪基，夷羿乘釁，[1]蕩覆王室，越在南鄙，遷于九江。宗祀絶饗，人神無位，提挈群凶，寄命江浦，則我祖宗之烈，奄墜于地，七百之祚，[2]翦焉既傾，若涉巨海，[3]罔知攸濟。天未絶晋，誕育英輔，振厥弛維，再造區寓，興亡繼絶，俾昏作明，元勳至德，朕實攸賴。

[1]夷羿乘釁：指桓玄篡位。

[2]七百之祚：《左傳》宣公三年："成王定鼎于郟鄏，卜世三十，卜年七百，天所命也。"後用"七百"稱頌封建王朝運祚綿長。

[3]若涉巨海：《宋書》卷二《武帝紀中》"巨"作"淵"，本書避唐高祖李淵諱改。

今將授公典策，其敬聽朕命：乃者，桓玄肆僭，滔天泯夏，拔本塞源，顛蹶六位，庶僚俛肩，[1]四方莫恤。公精貫朝日，氣陵虹蜺，奮其靈武，大殲群慝，剋復皇邑，奉歆神祇。此公之大節始於勤王者也。授律群后，順流長騖，[2]薄伐峥嶸，獻捷南郢，大憝折首，群逆畢夷，三光旋采，[3]舊物反正。此又公之功也。出藩入輔，弘兹保弼，阜財利用，繁殖黎元，編户歲滋，[4]疆宇日啓，導德明刑，四境有截。此又公之功也。鮮卑負衆，僭盜三齊，介恃遐阻，仍爲邊害，公蒐乘秣馬，夐入遠疆，衝櫓四臨，萬雉俱潰，拓土三千，申威龍漠。此又公之功也。盧循祆凶，伺隙五嶺，侵覆江、豫，矢及王城，國議遷都之規，家獻徙卜之計，[5]公乘軷南濟，義形于色，運奇擄略，英謨不世，狡寇窮衄，喪旗宵遁，俾我畿甸，拯於將墜。此又公之功也。追奔逐北，揚旍江濆，[6]偏旅浮海，指日遄至，番禺之功，俘級萬數，左里之捷，鳥散魚潰，元凶遠竄，傳首萬里。此又公之功也。劉毅叛换，負釁西夏，陵上罔主，志肆姦暴，公禦軌以刑，消之不日，罪人斯得，荆、衡寧晏。此又公之功也。譙縱怙亂，寇竊一隅，王化阻閡，三巴淪溺，公指命偏帥，授以良圖，陵波憑湍，致届井絡，[7]僭豎伏鑕，梁、岷草偃。此又公之功也。馬休、魯宗，[8]阻兵内侮，驅率二方，連旗稱亂，公投袂星言，研其上略，江津之師，勢踰風電，回旆沔川，寔繁震慴，二叛奔迸，荆、雍來蘇。此又公之功也。永嘉不競，[9]四夷擅華，五都傾蕩，山陵幽辱，祖宗懷没世之憤，遺甿有《匪風》之思，[10]公遠齊阿衡納隍之仁，[11]近同小白滅亡之耻，[12]鞠旅陳師，赫然大號，分命群帥，北徇司、兖，許、鄭風靡，鞏、洛載清，百年榛穢，一朝掃滌。此又公之功也。

[1]俛肩：大德本、汲古閣本、殿本、百衲本"肩"作"眉"。按，底本誤，應據諸本改。

[2]順流：中華本據《宋書》卷二《武帝紀中》改作"沂流"。

[2]三光：指日、月、星。

[3]户：大德本、汲古閣本同。殿本作"尸"，誤。

[4]徙卜：遷居。古人定居須經過占卜，故稱。

[5]揚旍：同"揚旌"。喻出兵征討。

[6]井絡：古代星象家把天象與地面上地方相對應配合，稱作分野。井宿相對應的是蜀地，泛指四川地方。

[7]馬休、魯宗：指司馬休之、魯宗之。

[8]永嘉：西晋懷帝司馬熾年號（307—313）。

[9]《匪風》：《詩・檜風・匪風》小序云："匪風，思周道也。"

此指北方遺民懷念南方漢族政權。

[10]阿衡納隍：阿衡指商代大臣伊尹。納隍指拯救民於水火的迫切心情。

[11]小白：即齊桓公。春秋五霸之一。事見《史記》卷三二《齊太公世家》。

公有康宇内之勳，重之以明德。爰初發迹，則奇謨冠古，電擊彊祆，則鋒無前對，聿寧東畿，大造黔首。若乃草昧經綸，化融於歲計，扶危静亂，道固於包桑。蠲削煩苛，較若畫一，淳風美化，盈塞區寓。是以絶域獻琛，[1]遐夷納賮，[2]王略所亘，[3]九服率從。雖文命之東漸西被，[4]咎繇之邁于種德，[5]何以尚兹。

[1]獻琛：進獻珍寶，表示臣服。

[2]賮（jìn）：進貢的財物。

[3]王略所亘：中華本據《宋書》卷二《武帝紀中》改“亘”作“宣”。

[4]文命：傳説爲夏禹之名。

[5]咎繇：即皋陶。《尚書·大禹謨》：“皋陶邁種德，德乃降，黎民懷之。”孔安國傳：“言皋陶布其德，下洽於民，民歸服之。”此處奉承劉裕功德超過古代聖人大禹、皋陶。

朕聞先王之宰世也，庸勳尊賢，建侯胙土，[1]褒以寵章，崇其徽物，所以協輔皇室，永隆藩屏。故曲阜光啓，[2]遂荒徐宅，營丘表海，[3]四履有聞。[4]其在襄王，亦賴匡霸，又命晋文，備物光賜。[5]惟公道冠前烈，勳高振古，而殊典未飾，朕甚懵焉！今進授相國，以徐州之彭城沛蘭陵下邳淮陽山陽廣陵、兖州之高平魯泰山十郡封公爲宋公，錫茲玄土，苴以白茅，爰定爾居，用建家社。[6]昔晋、鄭啓藩，入作卿士，周、召保傅，出總二南，[7]内外之任，公實兼之。今命使持節、兼太尉、尚書左僕射晋寧縣五等男湛授相國印綬，[8]宋公璽紱，使持節、兼司空、散騎常侍、尚書陽遂鄉侯泰授宋公茅土，[9]金武符第一至第五左，竹使符第一至第十左。[10]相國位無不總，禮絶朝班，居常之名，宜與事革。其以相國總百揆，去録尚書之號；上送所假節、侍中貂蟬、中外都督太傅太尉印綬、豫章公印策；進揚州刺史爲牧，領征西將軍、司豫北徐雍四州刺史如故。

[1]胙（zuò）土：《左傳》隱公八年："衆仲曰：天子建德，因生以賜姓，胙之土而命之氏。"胙，賜予，賞賜。

[2]曲阜：指周公旦封魯，都曲阜。

[3]營丘：指吕尚封齊，都營丘。

[4]四履：周王室賜齊太公履，"東至于海，西至于河，南至于穆陵，北至于無棣"。參《左傳》僖公四年。履，踐踏，謂所踐踏的範圍，亦即權力所及之範圍。

[5]其在襄王，亦賴匡霸，又命晋文，備物光賜：指晋文公平定周王室王子帶之亂，迎周襄王復位。事見《史記》卷三九《晋世家》。

[6]錫茲玄土，苴以白茅，爰定爾居，用建家社：玄土，黑土。苴，包裹。按，晋安帝封劉裕爲宋公，宋在北方，故用白茅包裹玄

土賜給劉裕以立社。家社，大德本、汲古閣本、殿本作“冢社”。《宋書》卷二《武帝紀中》亦作“冢社”。冢社，大社，天子祭祀土神的地方。

[7]二南：《詩·國風》有《周南》《召南》，謂之“二南”。係指周公、召公。

[8]便持節：大德本、汲古閣本、殿本、百衲本作“使持節”。按，底本誤，應據諸本改。　湛：袁湛。字士深，陳郡陽夏（今河南太康縣）人。本書卷二六、《宋書》卷五二有傳。

[9]泰：范泰。字伯倫，順陽（今河南淅川縣）人。本書卷三三、《宋書》卷六〇有傳。

[10]金武符第一至第五左，竹使符第一至第十左：金虎符、竹使符，古代發兵或表明身份的憑證。《文選》卷三五潘勗《册魏公九錫文》:“授君印綬、册書，金虎符第一至第五，竹使符第一至第十。”吕向注:“金虎、竹使符，漢家符名。第五、第十，符之數。”李善注:“杜詩上書，舊制發兵皆以虎符，其餘徵求竹使符。”

公紀綱禮度，萬國是式，乘介蹈方，[1]罔有遷志，是用錫公大路、戎路各一，[2]玄牡二駟；[3]公抑末敦本，務農重積，采蘩實殷，稼穡惟阜，是用錫公衮冕之服，[4]赤舄副焉；[5]公閑邪納正，移風改俗，陶鈞品物，如樂之和，是用錫公軒縣之樂、六佾之儛；[6]公宣美王化，導揚休風，華夷企踵，遠人胥萃，是用錫公朱户以居；[7]公官方任能，網羅幽滯，九皋辭野，髦士盈朝，是用錫公納陛以登；[8]公當軸處中，率下以義，式遏寇讎，滌除苛慝，是用錫公武賁之士三百人；公明罰恤刑，庶獄詳允，放命干紀，罔有攸縱，是用錫公鈇鉞各一；[9]公龍驤鳳矯，咫尺八紘，括囊四海，折衝無外，是用錫公彤弓一、彤矢百，玈弓十、玈矢千；[10]公温恭孝思，致虔禋祀，忠肅之志，儀刑四方，是用錫公秬鬯一卣，[11]圭瓚副焉。[12]宋國置丞相以下，一遵舊儀。欽哉，其祇服往命，茂對天休，簡恤庶邦，敬敷顯德，以終我高祖之嘉命！

[1]乘介蹈方：中華本校勘記云："'承'《宋書》作'秉'。"

[2]大路：亦作大輅。天子乘坐的車駕。　戎路：古代帝王軍中所乘的車。

[3]玄牡：黑紅色公馬。　駟：四馬駕一車爲駟。

[4]袞（gǔn）冕：袞衣和冕。古代帝王與上公的禮服和禮冠。

[5]赤舄（xì）：古代天子、諸侯所穿的複底鞋。戴冕穿袞衣時，脚上要穿赤舄，這是一套禮服。

[6]軒縣之樂：三面懸挂樂器。周代懸挂樂器的制度，天子宫縣，諸侯軒縣。宫縣，四面懸挂。軒縣，去其一面，即三面懸挂。縣，同"懸"。　六佾（yì）之舞：古代樂舞的行列。周代舞佾的制度，天子八，諸侯六。八佾，即縱横皆八人，八八六十四人。六佾，六六三十六人。

[7]朱户：古代帝王賞賜諸侯或有功大臣的朱紅色的大門。古爲九錫之一。

[8]納陛：將金殿檐下的殿基鑿成臺階，以便升降。九錫之一。

[9]鈇鉞：指帝王賜予的專征專殺之權。

[10]彤弓一、彤矢百，玈弓十、玈矢千：彤弓是赤弓，玈弓是黑弓。弓一矢百，則弓十矢千。諸侯賜弓矢然後得專征伐。

[11]秬鬯：古代以黑黍和鬱金香草釀造的酒，用於祭祀降神及賞賜有功的諸侯。

[12]圭瓚：古代一種玉製酒器，形狀如勺，以圭爲柄，用於

祭祀。

置宋國侍中、黄門侍郎、尚書左丞相，大使奉迎。[1]

[1]尚書左丞相，大使奉迎：《宋書》卷二《武帝紀中》作“尚書左丞、郎，隨大使奉迎”，中華本據《宋書》、李慈銘《南史札記》改作“尚書左丞，即隨大使奉迎”。

枹罕虜乞伏熾盤遣使謁帝，[1]求效力討姚泓，拜爲平西將軍、河南公。

[1]枹罕：縣名。即枹罕。治所在今甘肅臨夏市西南。　乞伏熾盤：鮮卑族。十六國時西秦國君主。《晋書》卷一二五有載記、《魏書》卷九九有附傳。按，盤，《晋書》《魏書》作“磐”。

十三年正月，帝以舟師進討，留彭城公義隆鎮彭城。軍次陳留城，[1]經張良廟，下令以時脩飾棟宇致薦焉。晋帝追贈帝祖爲太常，父爲特進、左光禄大夫，讓不受。二月，冠軍將軍檀道濟等軍次潼關。[2]三月庚辰，帝率大軍入河。五月，帝至洛陽，謁晋五陵。七月，至陜，[3]龍驤將軍王鎮惡舟師自河浮渭。八月，扶風太守沈田子大破姚泓軍於藍田，[4]王鎮惡剋長安，禽姚泓。

[1]陳留城：地名。在今河南開封市東南。

[2]潼關：關名。在今陜西潼關縣北，渭河入黄河處南岸。東

漢設關，是中國古代著名的關隘。

[3]陝：縣名。治所在今河南三門峽市西陝縣老城。

[4]沈田子：字敬光，吴興武康（今浙江德清縣）人。沈約伯祖。事見本書卷五七《沈約傳》、《宋書》卷一〇〇《自序》。　藍田：縣名。治所在今陝西藍田縣西。

始義熙九年，歲、鎮、熒惑、太白聚東井，[1]至是而關中平。[2]九月，帝至長安。[3]長安豐稔，帑藏盈積，帝先收其彝器、渾儀、土圭、記里鼓、指南車及秦始皇玉璽送之都；[4]其餘珍寶珠玉，悉以班賜將帥。遷姚宗于江南，送泓斬于建康市。謁漢長陵，[5]大會文武於未央殿。

[1]歲、鎮、熒惑、太白聚東井：歲，星名。木星。鎮，星名。土星。太白，星名。金星。熒惑，火星别名。東井，星宿名。即井宿。以在銀河之東，故名。《史記》卷八九《張耳陳餘列傳》："漢王之入關，五星聚東井。東井者，秦分也。先至必霸。"

[2]關中：地區名。此指陝西關中平原一帶。

[3]長安：地名。在今陝西西安市長安區。

[4]彝器：宗廟的禮器。　渾儀：渾天儀。古代觀測天體位置的儀器。　土圭：古代用以觀測日影、測度土地的器具。

[5]長陵：漢高祖劉邦的陵墓。

十月，晋帝詔進宋公爵爲王，加十郡益宋國，并前爲二十郡。其相國、揚州牧、領征西將軍、司豫北徐雍四州刺史如故。帝欲息駕長安，經略趙、魏，十一月，前將軍劉穆之卒，乃歸。十二月庚子，發自長安，以桂陽公義真爲雍州刺史，鎮長安，留腹心將佐以輔之。

十四年正月壬戌，帝至彭城，解嚴息甲。以輔國將軍劉遵考爲并州刺史，[1]領河東太守，鎮蒲坂。[2]帝解司州，[3]領徐、冀二州刺史，固讓進爵。時漢中成固縣漢水崖際有異聲如雷，[4]俄頃岸崩，有銅鍾十二，出自潛壤。鞏縣人宗曜於其田所獲嘉禾，[5]九穗同莖，帝以獻，晋帝以歸于我。帝沖讓，乃止。

[1]劉遵考：劉裕族弟。本書卷一三、《宋書》卷五一有傳。

[2]蒲坂：縣名。治所在今山西永濟市蒲州鎮。爲河東通往關中要衝。

[3]司州：州名。晋安帝義熙十二年（416）劉裕北伐，置司州於虎牢，在今河南滎陽市汜水鎮。

[4]成固：縣名。治所在今陝西城固縣東。　鞏縣：縣名。治所在今河南鞏義市西南。

[5]嘉禾：一莖多穗的禾，古人認爲是祥瑞的徵兆。

六月丁亥，受相國宋公九錫之命，下令赦國内殊死以下。詔崇豫章太夫人爲宋公太妃，[1]世子爲中軍將軍副貳，相國府百官悉依天朝之制。又詔宋國所封十郡之外，悉得除用。

[1]宋公太妃：劉裕的繼母蕭氏。本書卷一一、《宋書》卷四一有傳。

先是，安西中兵參軍沈田子殺安西司馬王鎮惡，諸將殺安西長史王脩，關中亂。[1]十月，帝遣右將軍朱齡石代安西將軍桂陽公義真爲雍州刺史。義真還，爲赫連勃勃所追，[2]大敗，僅以身免，諸將帥及齡石並没。

[1]王脩：字叔治，京兆霸城（今陝西西安市東北）人。事見本書卷一三《廬陵孝獻王義真傳》。

[2]赫連勃勃：十六國時夏國君。匈奴族鐵弗部人。《晋書》卷一三〇有載記。另事見《魏書》卷九五《鐵弗劉虎傳》。

十二月，晋安帝崩，大司馬琅邪王即帝位。

元熙元年正月，[1]晋帝詔徵帝入輔，又申前令，進公爵爲王，[2]以徐州之海陵北東海北譙北梁、豫州之新蔡、兖州之北陳留、司州之陳郡汝南潁川滎陽十郡，增宋國。七月，乃受命。赦國内五歲刑以下，遷都壽陽。[3]九月，解揚州。十二月，晋帝命帝冕十有二旒，[4]建天子旌旗，出警入蹕，[5]乘金根車，[6]駕六馬，[7]備三時副車，[8]鸞旄頭雲罕，[9]樂儛八佾，[10]設鍾虡宫縣。[11]進王太妃爲太后，王妃爲王后，世子爲太子，王子、王孫爵命之號，一如舊儀。

[1]元熙：東晋恭帝司馬德文年號（419—420）。

[2]進公爵：大德本、汲古閣本同，殿本作“公進爵”。

[3]壽陽：縣名。東晋孝武帝避鄭太后名諱改壽春縣置。治所在今安徽壽縣。

[4]冕：古代帝王、諸侯、卿大夫所戴的禮帽，後專指皇冠。十有二旒：古代天子之冕十二旒。旒，冠頂前後懸垂的玉珠。

[5]出警入蹕：謂帝王出入時警戒清道，禁止行人，稱爲警蹕。

參晋崔豹《古今注·輿服》。

[6]金根車：以黄金爲飾的根車，帝王所乘。參晋崔豹《古今注·輿服》。

[7]駕六馬：秦以後，皇帝之車駕用六馬。

[8]備三時副車：古代隨從帝王車駕的五色副車。亦稱"五時車""五帝車"。三，大德本、汲古閣本、殿本作"五"。

[9]鑾：大德本、汲古閣本、殿本作"置"。 旄頭：古代皇帝儀仗中一種擔任先驅的騎兵。 雲罕：旗名。天子出行時爲前導的旌旗。

[10]樂儛八佾：天子專用的樂舞。

[11]鍾虡（jù）宫縣：天子專用的音樂。

二年正月，帝表讓殊禮。[1]竟陵郡江濱自開，出古銅禮器十餘枚，帝獻之晋帝，讓不受，於是歸諸瑞物，藏於相府。四月，詔遣敦勸，兼徵帝入輔。六月壬戌，帝至都。甲寅，晋帝禪位于宋。[2]有司草詔既成，請書之，天子即便操筆，謂左右曰："桓玄之時，天命已改，重爲劉公所延，將二十載。今日之事，本所甘心。"甲子，遣使奉策曰：[3]

[1]殊禮：特别的禮遇。

[2]六月壬戌，帝至都。甲寅，晋帝禪位于宋：中華本校勘記云："按是月甲寅朔，初九日壬戌、十一日甲子。《宋書》但云：'六月至京師，晋帝禪位於王。'《通鑑》出'壬戌''甲子'而無'甲寅'。疑'壬戌'與'甲寅'互倒。"

[3]策：禪位策。

咨爾宋王，夫玄古權輿，[1]悠哉邈矣，其詳靡得而聞。爰自書契，降逮三、五，[2]莫不以上聖君四海，止戈定大業。然則帝王者，宰物之通器，君道者，天下之至公也。昔在上葉，深鑒茲道，是以天祿既終，唐、虞弗得傳其嗣，符命來格，舜、禹不獲全其謙。所以經緯三才，[3]澄序彝化，作範振古，垂風萬葉，莫尚於茲。自是厥後，歷代彌劭。漢既嗣德於放勛，[4]魏亦方軌於重華，[5]諒以協謀乎人鬼，而以百姓爲心者也。

[1]權輿：起始。
[2]三、五：指三皇五帝。
[3]經緯：規劃治理。　三才：指天、地、人。
[4]放勛：唐堯名。
[5]重華：虞舜名。

昔我祖宗欽明，辰居其極，而明晦代序，盈虧有期，翦商兆禍，[1]非惟一世，曾是弗剋，矧伊在今，[2]天之所廢，有自來矣。惟王體上聖之姿，包二儀之德，[3]明齊日月，道合四時。乃者，社稷傾覆，王拯而存之，中原蕪梗，又濟而復之。自負固不賓，[4]干紀放命，[5]肆逆滔天，竊據萬里，靡不潤之以風雨，震之以雷霆。九伐之道既敷，八法之化自理，豈伊博施於人，濟斯黔庶，固已義洽四海，道盛八荒者矣。至於上天垂象，四靈效徵，[6]圖讖之文既明，[7]人神之望已改，百工歌於朝，庶人頌乎野，億兆抃踴，傾佇惟新。自非百姓樂推，天命攸集，豈伊在予所得獨專。是用仰祇皇靈，俯順群議，敬禪神器，授帝位于爾躬。大祚其窮，天禄永終。於戲！王其允執其中，敬遵典訓，副率土之嘉願，恢洪業於無窮，時膺休祐，以答三靈之眷望。

[1]翦商：謂剪滅商紂。借指剿滅無道，建立王業。

[2]矧（shěn）：况且，何况。

[3]二儀：指天地。

[4]負固不賓：意思是依恃險阻而不臣服。

[5]干紀：違反法紀。

[6]四靈：指麟、鳳、龜、龍四種靈畜。

[7]圖讖之文：河圖、符命等有關王者受命徵驗的書籍。流行於東漢，多爲預言或隱語。

又遣使持節、兼太保、散騎常侍、光禄大夫謝澹，[1]兼太尉、尚書劉宣範奉璽書，歸皇帝璽綬，受終之禮，一如唐虞、漢魏故事。帝奉表陳讓，晋帝已遜于琅邪王第，表不獲通。於是陳留王虔嗣等二百七十人及宋臺群臣並上表勸進，[2]猶不許。太史令駱達陳天文符應曰：[3]“案晋義熙元年至元熙元年，太白晝見經天凡七，占曰：‘太白經天，人更主，異姓興。’義熙七年，五虹見于東方，占曰：‘五虹見，天子黜，聖人出。’九年，鎮星、歲星、太白、熒惑聚于東井。十三年，鎮星入太微。占曰：‘鎮星守太微，有立王，有徙王。’元熙元年冬，黑龍四登于天，《易傳》曰：‘冬，龍見，天子亡社稷，大人受命。’冀州道人釋法稱告其弟子曰：[4]‘嵩神言，江東有劉將軍，漢家苗裔，當受天命，吾以璧三十二、鎮金一餅與之，劉氏卜世之數也。’漢建武至建安末一百九十六年而禪魏，[5]魏自黄初至咸熙末四十六年而禪晋，[6]晋自太始至今百五十六年，[7]三代揖讓，咸窮於六。又漢光武社于南陽，漢末而其樹死，劉備有蜀，迺應之而興；及晋季年，舊根始萌，至是而盛矣。”若此者有數十條。群臣又固請，乃從之。

[1]謝澹：字景恒，陳郡陽夏（今河南太康縣）人，謝安孫，謝晦從叔。本書卷一九有附傳。

[2]陳留王曹虔嗣：曹虔嗣。曹魏後裔。　勸進：勸登帝位。

[3]冷：大德本、汲古閣本、殿本作“令”。按，底本誤，應據諸本改。

[4]道人：僧人。宋葉夢得《避暑録話》卷下：“晋宋間佛學初行，其徒猶未有僧稱，通曰道人。”

[5]建武：東漢光武帝劉秀年號（25—56）。　建安：東漢獻帝劉協年號（196—220）。

[6]黄初：三國魏文帝曹丕年號（220—226）。　咸熙：三國魏元帝曹奂年號（264—265）。

[7]太始：即泰始。西晋武帝司馬炎年號（265—274）。

永初元年夏六月丁卯，[1]皇帝即位於南郊，設壇，柴燎告天曰：[2]

[1]永初：南朝宋武帝劉裕年號（420—422）。

[2]柴燎告天：燔柴祭告上天。

皇帝臣裕敢用玄牡，[1]昭告于皇皇后帝：

[1]玄牡：指古代祭天地用的黑色公牛。

晋以卜世告終，歷數有歸，欽若景運，以命于裕。夫樹君宰世，天下爲公，德充帝王，樂推攸集。越俶唐虞，降暨漢魏，靡不以爲上哲格文祖，先勳陟帝位，故能大拯黔首，垂訓無窮。晋自東遷，四維不振，宰輔焉依，爲日已久。難棘隆安，禍成元興，遂至帝主遷播，宗祀堙滅。裕雖地非齊、晋，衆無一旅，仰憤時難，俯悼横流，投袂一起，則皇祀剋復。及危而能持，顛而能扶，姦宄具殲，僭僞亦滅，誠興廢有期，否終有數。至於大造晋室，撥亂濟時，因藉時來，寔尸其重。加以殊俗莫義，[1]重譯來庭，[2]正朔所暨，咸服聲教。至乃三靈垂象，山川告祥，人神恊祉，歲月滋著。是以群公卿士，億兆夷人，僉曰："皇靈降鑒於上，晋朝款誠於下，天命不可以久淹，宸極不可以暫曠。"遂逼君議，恭兹大禮。猥以寡德，託于兆人之上，雖仰畏天威，略是小節，顧探永懷，[3]祇懼若實。[4]敬簡元日，升壇受禪，告類上帝，[5]用酬萬國之情，克隆天保，永祚于有宋。惟明靈是饗！

[1]莫：大德本、汲古閣本、殿本作"慕"。

[2]重譯：輾轉翻譯。

[3]顧探永懷：中華本據《宋書·禮志》改"探"作"深"。

[4]隕（yǔn）：墜落。

[5]告類：祭禮名。謂遇到特殊事件而舉行的祭天。告類上帝，指以皇帝登位之事祭於天神。

禮畢，備法駕，幸建康宫，臨太極前殿，[1]大赦，改元。賜人爵三級。[2]鰥寡孤獨不能自存者，人穀五斛，逋租宿責勿收。其犯鄉論清議，[3]贓污淫盜，一皆蕩滌。長徒之身，特皆原遣。亡官失爵、禁錮奪勞，一依舊準。封晋帝爲零陵王，全食一郡，載天子旌旗，乘五時副車，行晋正朔，郊祀天地，禮樂制度，皆用晋典，上書不爲表，答表不稱詔，宫于故秣陵。[4]追尊皇考爲孝穆皇帝，妣爲穆皇后，尊王太后爲皇太后。詔曰："夫微禹之感，[5]歎深後昆，愛人懷樹，猶或勿翦。雖在異代，義無廢絶，降殺之儀，一依前典。可降始興公爲縣公，廬陵公爲柴桑縣公，始安公爲荔浦縣侯，長沙公爲醴陵縣侯，康樂公即降爲縣侯，奉王導、謝安、温嶠、陶侃、謝玄之祀，[6]其宣力義熙者，一仍本秩。"

[1]太極前殿：宫殿名。建康宫城主殿，在今江蘇南京市古臺城遺址内。

[2]賜人爵三級：大德本、殿本"三"作"二"，汲古閣本作"一"。

[3]犯鄉論清議：《資治通鑑》卷一一九《宋紀一》武帝永初元年胡三省注："犯鄉論清議，蓋得罪於名教者。"

[4]故秣陵：地名。在今江蘇南京市江寧區秣陵鎮。

[5]微禹：語本《左傳》昭公元年："美哉禹功！明德遠矣。微禹，吾其魚乎！"後以爲頌揚功德的套語。

［6］温嶠：字太真，太原祁（今山西祁縣）人。聯合陶侃等共同討平蘇峻，封始安郡公。《晋書》卷六七有傳。　陶偘：字士行，廬江潯陽（今江西九江市）人。官至荆、江二州刺史，都督交、廣、寧、江等八州諸軍事。厭清談浮華，常勉人惜分陰，爲後世所稱。封長沙郡公。《晋書》卷六六有傳。偘，同侃。　謝玄：字幼度，謝安從子。淝水之戰，謝玄統兵大破苻堅。復率軍收復兗、青、司、豫諸州，封康樂縣公。《晋書》卷七九有附傳。

庚午，以司空道憐爲太尉，[1]封長沙王，立南郡公義慶爲臨川王。[2]又詔論戰亡追贈及酬賞除復之科。乙亥，封皇子桂陽公義真爲廬陵王，[3]彭城公義隆爲宜都王，[4]義康爲彭城王。[5]丁丑，使使巡行四方，旌賢舉善，問人疾苦，獄訟虧濫、政刑乖愆、傷化擾俗、未允人聽者，皆具以聞。戊寅，詔增百官奉。[6]己卯，改晋《泰始歷》爲《永初歷》，[7]社以子，臘以辰。[8]

［1］司空：官名。三公之一，爲名譽宰相，多爲重臣加官。宋一品。

［2］義慶：劉義慶。宋武帝侄。本書卷一三、《宋書》卷五一有附傳。　臨川：郡名。治臨汝縣，在今江西撫州市臨川區西。

［3］廬陵：郡名。治石陽縣，在今江西吉水縣東北。

［4］宜都：郡名。治夷道縣，在今湖北枝江市。

［5］義康：劉義康。宋武帝第四子。本書卷一三、《宋書》卷六八有傳。

［6］奉：通“俸”。俸禄，舊時官僚所得薪水。

［7］《永初歷》：古曆名。宋初以年號改名。是南朝宋文帝元嘉年間以前唯一完善的曆法，爲其後曆法所遵從。

[8]社以子，臘以辰：社祭在子日，臘祭在辰日。

秋七月丁亥，原放劫賊餘口没在臺府者，諸流徙之家，並聽還本。又以市税繁苦，優量減降。從征關、洛，[1]殯身不及者，贍賜其家。己丑，陳留王曹虔嗣薨。辛卯，復置五校三將官，[2]增殿中將軍員二十人，[3]餘在員外。戊戌，征西大將軍、開府儀同三司楊盛進號車騎大將軍。[4]甲辰，鎮西將軍李歆進號征西大將軍，[5]平西將軍乞伏熾盤進號安西大將軍，[6]征東將軍高句麗王高璉進號征東大將軍，鎮東將軍百濟王扶餘映進號鎮東大將軍。[7]置東宫冗從僕射、旅賁中郎將官。[8]戊申，遷神主於太廟，車駕親奉。壬子，詔改權制，率從寬簡。

[1]關、洛：關中、洛陽，指後秦政權。

[2]五校：即五校尉。屯騎、越騎、步兵、長水、射聲校尉合稱。宋武帝永初元年（420）復置，用以安置勳舊，不領營兵，爲侍從武官之職。宋四品。　三將：兩晋、南朝時期虎賁中郎將、冗從僕射、羽林監的合稱。宋五品。

[3]殿中將軍：官名。爲侍衛武職，不典兵。宋初員二十人，六品。

[4]楊盛：略陽清水（今甘肅清水縣）人，氐族。晋時割據仇池，稱蕃於晋，晋授以北秦州刺史，宋改封爲武都王。宋文帝元嘉二年（425）卒。

[5]李歆：十六國時西凉國君。在位四年。出兵與北凉沮渠蒙遜交戰，兵敗被殺，西凉滅。《魏書》卷九九有附傳。

[6]高句麗：古族名、國名。亦稱高麗。其先扶餘族别支，南北朝時占有今吉林東南、遼東半島及朝鮮半島北部等地。本書卷七

九及南北朝諸史有傳。

[7]百濟：古國名。故地在今朝鮮半島西南部。本書卷七九及南北朝諸史有傳。

[8]東宮冗從僕射：官名。東宮侍從武官。南朝宋初置，員七人。　旅賁中郎將：官名。南朝宋初置，員十人。掌東宮護衛。與東宮冗從僕射合稱太子二將。

八月癸酉，[1]詔舊郡縣以北爲名者悉除之，寓立於南者，聽以南爲號。戊辰，詔曰："彭城桑梓，命木期隆，[2]宜同豐、沛。其沛郡、下邳各復租布三十年。"[3]辛未，追謚妃臧氏爲敬皇后，[4]陵曰永寧。辛酉，立王太子義符爲皇太子。乙亥，赦見罪人。

[1]癸酉：大德本、汲古閣本、殿本作"辛酉"。

[2]命：大德本、汲古閣本、殿本作"敦"。　木期：大德本、汲古閣本、殿本作"本斯"。

[3]租布：租指田租，布指丁布（或户布）。租布亦稱租調。

[4]敬皇后：宋武帝劉裕的妻子臧愛親，晋安帝義熙四年（408）去世。本書卷一一、《宋書》卷四一有傳。

閏月壬午，置晋帝諸陵守衛，其名賢先哲，詳加灑掃。丁酉，林邑國遣使朝貢。[1]

[1]林邑國：古國名。在今越南中部一帶。

九月壬子，置東宮殿中將軍十人，員外二十人。壬申，置都官尚書。[1]

[1]都官尚書：官名。掌管軍事刑獄，兼管水部、庫部、功論三曹。宋三品。隋朝改爲刑部尚書。

是歲，魏明元皇帝太常五年。[1]西凉亡。

[1]泰常：北魏明元帝拓跋嗣年號（416—423）。

二年春正月辛酉，祀南郊，[1]大赦。景寅，斷金銀塗。[2]以揚州刺史廬陵王義真爲司徒，以尚書僕射徐羨之爲尚書令、揚州刺史。[3]己卯，禁喪事用銅釘。罷會稽郡府。

[1]南郊：指帝王祭天的大禮。南朝宋南郊壇在建康宫城正南的牛頭山（今牛首山）下（參見張學鋒《南朝建康的都城空間與葬地》，《中華文史論叢》2019年第3期）。

[2]金銀塗：漢銅器銘文又稱“金黄塗”，即鎏金，一種以金裝飾銅器表面的工藝。

[3]徐羨之：字宗文，東海郯（今山東郯城縣）人。與劉裕一起起兵，宋時官至司空。武帝卒後，與謝晦、傅亮等廢黜少帝，迎立文帝，後爲文帝所誅。本書卷一五、《宋書》卷四三有傳。　尚書令：官名。兩晋、南朝爲尚書省長官，綜理全國政務，參議大政。宋三品。

二月乙丑，[1]策試州郡秀、孝于延賢堂。倭國遣使朝貢。[2]

[1]乙：大德本同，汲古閣本、殿本作“己”。

[2]倭國：中國7世紀以前對日本列島出現的國家的稱呼。

三月乙丑，初限荆州府置將不得過二千人，吏不得過一萬人。州置將不得過五百人，吏不得過五千人。兵士不在此限。

夏四月己卯，初禁淫祀，除諸房廟。其先賢以勳德立祠者，不在此例。戊辰，[1]聽訟於華林園。[2]

[1]戊辰：中華本據《宋書》卷三《武帝紀下》改作“戊申”。

[2]華林園：宫苑名。前身是孫吴宫苑，東晋仿洛陽園名，改爲華林園。南朝宋文帝元嘉間進行了大規模的擴建。在今江蘇南京市雞鳴寺南古臺城内。

五月己酉，[1]置東宫屯馬、步兵、翊軍三校尉官。[2]

[1]己：大德本、殿本同，汲古閣本作“乙”。

[2]東宫屯馬、步兵、翊軍三校尉官：大德本、汲古閣本、殿本“屯馬”作“屯騎”。南朝宋初置太子屯騎校尉、太子步兵校尉、太子翊軍校尉，合稱太子三校尉，掌東宫護衛。齊、梁、陳之制同。三，大德本、汲古閣本同，殿本作“二”。

秋七月己巳，地震。

九月己丑，[1]零陵王殂，宋志也。車駕率百僚臨于朝堂三日，如魏明帝服山陽公故事。[2]使兼太尉持節護喪事，葬以晋禮。

[1]九月己丑：中華本校勘記云：“‘己丑’《晋書》作‘丁

丑’。按是月丙午朔，無丁丑、己丑。”

[2]山陽公：即漢獻帝劉協。曹丕代漢稱帝，被廢爲山陽公。《後漢書》卷九有紀。

冬十月己亥，以涼州胡帥大且渠蒙遜爲鎮軍大將軍、開府儀同三司、涼州刺史。[1]

[1]大且渠蒙遜：即沮渠蒙遜。臨松（今甘肅肅南縣）盧水胡人。十六國時北涼的建立者，在位三十三年（401—433）。《晋書》卷一二九有載記，《宋書》卷九八有傳。

十一月辛亥，葬晋恭皇帝于沖平陵，車駕率百官瞻送。

三年春正月甲辰朔，詔刑罪無輕重悉原之。[1]癸丑，以尚書令楊州刺史徐羨之爲司空、録尚書事，[2]刺史如故。進江州刺史王弘衛將軍、開府儀同三司。[3]以太子詹事傅亮爲尚書僕射。[4]

[1]刑罪：中華本據《宋書》卷三《武帝紀下》改作“刑罰”。

[2]録尚書事：官名。魏晋南北朝多以公卿權重者居之，總領尚書省政務，位在三公上。又有録尚書六條事、關尚書七條事等名義。

[3]王弘：字休元，琅邪臨沂（今山東臨沂市）人。琅邪王氏代表人物。本書卷二一、《宋書》卷四二有傳。

[4]傅亮：字季友，北地靈州（今寧夏吴忠市北武市）人。後因殺宋少帝罪，被文帝處死。本書卷一五、《宋書》卷四三有傳。

二月庚戌，[1]有星孛于虚、危。[2]

[1]庚戌：大德本、汲古閣本、殿本作“丙戌”。

[2]有星孛于虚、危：有彗星見於虚宿、危宿。孛，謂彗星出現光芒四射的現象。舊時以爲星孛出現預示將有兵灾悖亂發生。虚，星宿名。二十八宿之一，北方玄武七宿的第四宿。危，星宿名。二十八宿之一，北方玄武七宿的第五宿。

三月，上不豫，太尉長沙王道憐、司空徐羡之、尚書僕射傅亮、領軍將軍謝晦、護軍將軍檀道濟並入侍醫藥。[1]群臣請祈禱神祇，上不許，惟使侍中謝方明以疾告廟而已。[2]丁未，以廬陵王義真爲侍中、軍騎將軍、開府儀同三司、南豫州刺史。[3]己未，上疾瘳，大赦。

[1]謝晦：字宣明，陳郡陽夏（今河南太康縣）人。後任荆州刺史，因挾重兵居藩鎮，爲朝廷所忌，遂擁兵作亂，兵敗被誅。本書卷一九、《宋書》卷四四有傳。

[2]侍中：官名。侍中省長官。職典内侍署、文武侍從、掌璽參乘，乃至封駁、平尚書奏事等。宋三品。　謝方明：陳郡陽夏（今河南太康縣）人。本書卷一九有附傳，《宋書》卷五三有傳。

[3]軍騎將軍：大德本、汲古閣本、殿本作“車騎將軍”。南豫州：州名。南朝宋武帝永初三年（422）分豫州淮河以南地置。治歷陽縣，在今安徽和縣。

夏四月乙亥，封仇池公楊盛爲武都郡王。

五月，上疾甚，召太子，戒之曰：“檀道濟雖有幹略，而無遠志，非如兄韶有難御之氣。徐羡之、傅亮當無異圖。謝晦串從征伐,[1]頗識機變，若有異，必此人也。小却,[2]可以會稽、江州處之。”又爲手詔:“朝廷不須復有别府，宰相帶楊州，可置甲士千人。若大臣中任要，宜有爪牙，以備不祥人者，可以臺見留隊給之。[3]有征討，悉配以臺見軍隊，行還復舊。後世若有幼主，朝事一委任宰相，母后不煩臨朝。仗既不許入臺殿門，要重人可詳給班劍。”癸亥，上崩于西殿，時年六十。七月己酉，葬丹陽建康縣蔣山初寧陵。[4]群臣上謚曰武皇帝，廟號高祖。

[1]串：大德本、汲古閣本、殿本作“常”，百衲本作“慣”。

[2]小却：小却指時間言，猶云稍晚、稍後（參見周一良《魏晋南北朝史札記》，中華書局1985年版，第128頁）。

[3]臺：一般指中央政府機構。宋人洪邁《容齋續筆》卷五《臺城少城》:“晋宋間，謂朝廷禁省爲臺，故稱禁城爲臺城，官軍爲臺軍，使者爲臺使，卿士爲臺官，法令爲臺格。”

[4]初寧陵：宋武帝劉裕陵墓。在今江蘇南京市東麒麟門外麒麟街道。陵前尚存石麒麟、石天禄各一。

上清簡寡欲，嚴整有法度，未嘗視珠玉輿馬之飾，後庭無紈綺絲竹之音。初，朝廷未備音樂，長史殷仲文以爲言，帝曰:“日不暇給，且所不解。”仲文曰:“屢聽自然解之。”帝曰:“政以解則好之,[1]故不習耳。”寧州嘗獻武魄枕,[2]光色甚麗，價盈百金。時將北伐，以武魄療金創，上大悦，命碎分賜諸將。平關中，得姚興從女，有盛寵，以之廢事，謝晦諫，即時遣出。財帛皆在外府，内無私藏。宋臺建，有司奏東西堂施局脚牀，[3]金塗釘，[4]上不許。使用直脚牀，釘用鐵。廣州嘗獻入筒細布，[5]一端八丈，帝惡其精麗勞人，即付有司彈太守，以布還之，并制嶺南禁作此布。帝素有熱病，[6]并患金創，末年尤劇，坐卧常須冷物，後有人獻石牀，寢之，極以爲佳，乃歎曰："木牀且費，而况石邪。"即令毁之。制諸主出適，遣送不過二十萬，無錦繡金玉。内外奉禁，莫不節儉。性尤簡易，常著連齒木屐，[7]好出神武門内左右逍遥，[8]從者不過十餘人。時徐羡之住西州，[9]嘗思羡之，便步出西掖門，羽儀絡驛追隨，已出西明門矣。[10]諸子旦問起居，入閤脱公服，止著裙帽，如家人之禮焉。

[1]政：同"正"。衹，僅僅。

[2]寧州：州名。晉時治所在今雲南昆明市晉寧區東北晉城鎮。南朝宋時移治味縣，在今雲南曲靖市。　武魄：即"虎魄"。亦作"琥珀"。松柏樹脂的化石。《本草綱目》卷三下《百病主治藥·瘀血》："琥珀，並消瘀血。"卷四中《百病主治藥·金鏃竹木傷》："琥珀，金瘡悶絶，尿服一錢。"

[3]局脚牀：局脚，曲腿。魏晉以來，盛行在坐榻上裝上彎曲形的高脚，稱局脚牀，又稱曲脚床。

[4]金塗釘：用金粉鍍飾的釘子。

[5]入筒細布：謂布之尤細薄者，能捲一匹入竹筒中。

[6]帝素有熱病：殿本同，大德本、汲古閣本"熱"作"勢"。

[7]常：大德本、汲古閣本、殿本作"嘗"。

[8]左右逍遥：大德本同，汲古閣本、殿本作"逍遥左右"。逍遥，從容漫步，散步。

[9]西州：城名。東晋築，因位於臺城西南，故名。在今江蘇南京市朝天宫一帶。

[10]西明門：城門名。建康都城的西門。

微時躬耕於丹徒，及受命，耨耜之具頗有存者，皆命藏之，以留於後。及文帝幸舊宫，見而問焉，左右以實對，文帝色慙。有近侍進曰："大舜躬耕歷山，伯禹親事土木，陛下不覩列聖之遺物，何以知稼穡之艱難，何以知先帝之至德乎。"及孝武大明中，[1]壞上所居陰室，[2]於其處起玉燭殿，與群臣觀之，牀頭有土障，[3]壁上挂葛燈籠、麻繩拂，[4]侍中袁顗盛稱上儉素之德，[5]孝武不答，獨曰："田舍公得此，以爲過矣。"故能光有天下，克成大業，盛矣哉。

[1]大明：南朝宋孝武帝劉駿年號（457—464）。

[2]陰室：《資治通鑑》卷一二九《宋紀十一》孝武帝大明七年胡三省注："江左諸帝既崩，以其所居殿爲陰室，藏諸御服。"

[3]土障：以泥土修建的類似屏風的設施。

[4]麻繩拂：以麻繩所造之拂塵。

[5]袁顗：字景章，陳郡陽夏（今河南太康縣）人。本書卷二六有附傳，《宋書》卷八四有傳。

少帝諱義符，小字車兵，武帝長子也。母曰張夫人，[1]晋義熙二年，生帝於京口。時武帝年踰不惑，尚未有男，及帝生，甚悦。年一歲，拜豫章公世子。[2]帝膂力絶人，善騎射，解音律。宋臺建，拜宋世子。元熙元年，進爲宋太子。武帝受禪，立爲皇太子。

[1]張夫人：本書卷一一、《宋書》卷四一有傳。

[2]年一歲，拜豫章公世子：大德本、汲古閣本、殿本“一”作“十”。中華本校勘記云：“孫虨《宋書考論》：‘按《五行志》言拜授世子，皆義熙七年事，則此云十歲，誤。’今按：義符於晋義熙二年生，則至七年當爲六歲。”檢本書及《宋書》，並無晋安帝義熙七年（411）義符拜授豫章公世子之記述。

永初三年五月癸亥，武帝崩，是日太子即皇帝位，大赦，制服三年，尊皇太后曰太皇太后。

六月壬申，以尚書僕射傅亮爲中書監、尚書令，[1]司空徐羡之、領軍將軍謝晦及亮輔政。戊子，太尉長沙王道憐薨。

[1]中書監：官名。與中書令共爲中書省長官，唯入朝時班次略高於令。典尚書奏事，掌朝政機密，草擬及發布詔令。南朝時中書令、監多用作重臣加官。宋三品。

秋九月丁未，有司奏武皇帝配南郊，[1]武敬皇后配北郊。[2]

[1]配南郊：皇帝南郊祭天時，使劉裕享受配祭。《漢書·郊祀志下》：“王者尊其考，欲以配天。”

[2]武敬皇后：宋武帝皇后臧愛親。本書卷一一、《宋書》卷四一有傳。　配北郊：皇帝北郊祭地時，使劉裕皇后享受配祭。《漢書·郊祀志下》：“天地合祭，先祖配天，先妣配墬，其誼一

也。”墬，“地”的籀文。

冬十一月戊午，有星孛于營室。[1]

[1]有星孛于營室：有彗星見於營室。營室，星宿名。即室宿。二十八宿之一。

十二月庚戌，魏軍剋滑臺。[1]

[1]滑臺：城名。在今河南滑縣東舊滑縣。其地控制河津，險固可恃，東晉、南北朝時爲軍事争奪要地。

景平元年春正月己亥朔，[1]大赦，改元，文武賜位二等。辛丑，祀南郊。魏軍攻金墉城。癸卯，河南郡失守。[2]乙卯，有星孛于東壁。[3]

[1]景平：南朝宋少帝劉義符年號（423—424）。

[2]河南：郡名。治洛陽縣，在今河南洛陽市東北。

[3]有星孛于東壁：有彗星見於東壁。東壁，星宿名。即壁宿。因在天門之東而得名，二十八宿之一。

二月丁丑，太皇太后崩。鎮軍大將軍大且渠蒙遜、河南鮮卑吐谷渾阿豺並遣使朝貢。[1]庚辰，進蒙遜驃騎大將軍，封河西王。以阿豺爲安西將軍、沙州刺史，[2]封澆河公。[3]

［1］吐谷（yù）渾：古族名、國名。遼東鮮卑慕容部西遷的一支，因其在今青海境内黄河之南，又稱河南。本書卷七九、《晋書》卷九七有傳。　阿豺：又作“阿犲”“阿柴”。吐谷渾王（？—426年在位）。始與南朝通貢，接受官爵。死於宋文帝元嘉三年（426）。事見本書卷七九《河南傳》、《宋書》卷九六《鮮卑吐谷渾傳》、《北史》卷九六《吐谷渾傳》。

［2］沙州：州名。十六國前凉置，治所在今甘肅敦煌市。

［3］澆河公：封爵名。澆河，郡名。在今青海貴德縣南。

三月壬寅，[1]孝懿皇后祔葬于興寧陵。[2]是月，高麗國遣使朝貢。

［1］三：大德本、汲古閣本同，殿本作“二”。

［2］孝懿皇后：蕭文壽。宋武帝劉裕繼母。本書卷一一、《宋書》卷四一有傳。　興寧陵：劉裕父親劉翹的陵墓，又稱京陵。在今江蘇鎮江市丹徒區。

夏閏四月己未，魏軍剋武牢。[1]

［1］武牢：關名。即虎牢。在今河南滎陽市汜水鎮西。山嶺夾峙，爲歷代兵家必争之地。武，大德本、汲古閣本、殿本作“虎”。

秋七月癸酉，尊所生張夫人爲皇太后。丁丑，赦五歲刑以下。

冬十月己未，有星孛于氐。[1]

［1］有星孛于氐：有彗星見於氐。氐，星宿名。二十八宿之一，

東方蒼龍七宿的第三宿，也稱天根。

是歲，魏明元皇帝崩。[1]

[1]魏明元皇帝：拓跋嗣。北魏第二代君主。在位十五年（409—423）。《魏書》卷三、《北史》卷二有紀。

二年春二月己卯朔，[1]日有蝕之。廢南豫州刺史廬陵王義真爲庶人，徙新安郡。[2]乙巳，大風，天有雲五色，占者以爲有兵。執政使使者誅皇弟義真于新安。高麗國遣使朝貢。時帝居處所爲多乖失。[3]

[1]己卯：中華本改作“癸巳”，其校勘記云：“按是年二月癸巳朔，無己卯，據《宋書·五行志》改。”

[2]新安郡：郡名。治始新縣，在今浙江淳安縣西北。

[3]乖失：大德本、殿本同，汲古閣本作“乖戾”。

夏五月己酉，[1]皇太后令暴帝過惡，廢爲營陽王。一依漢昌邑、晋海西故事。[2]奉迎鎮西將軍宜都王義隆入纂皇統。

[1]己酉：中華本改作“乙酉”，其校勘記云：“按是月辛酉朔，二十五日乙酉，無己酉，據宋書改。”

[2]一依漢昌邑、晋海西故事：完全按照漢代處理昌邑王、晋代處理海西公的事例辦理。昌邑，即漢武帝孫昌邑王劉賀。昭帝死，無子，大將軍霍光立昌邑王劉賀爲帝，即位後二十七日，因行淫亂，霍光奏請孝昭皇后廢黜。事見《漢書》卷六八《霍光傳》。

海西，即晋海西公司馬奕。晋哀帝死，無子，立弟琅邪王司馬奕爲帝，立六年，被桓温所廢。事見《晋書》卷九八《桓温傳》。

始徐羡之、傅亮將廢帝，諷王弘、檀道濟求赴國許，[1]弘等來朝，使中書舍人邪安泰、潘盛爲内應。[2]是旦，道濟、謝晦領兵居前，羡之等隨後，因東掖門開，入自雲龍門，[3]盛等先戒宿衛，莫有禦者。時帝於華林園爲列肆，親自酤賣，又開瀆聚土，以象破岡埭，[4]與左右引船唱呼，以爲歡樂。夕游天泉池，[5]即龍舟而寢。其朝未興，兵士進，殺二侍者於帝側，傷帝指，扶出東閤，就收璽綬。[6]群臣拜辭送于東宫，遂幽于吴郡。[7]是日，赦死罪以下。[8]太后令奉還璽紱，檀道濟入守朝堂。

[1]國許：大德本同，汲古閣本、殿本作“國計”。中華本改作“國訃”，其校勘記云:“‘國訃’元大德本作‘國許’，各本作‘國計’，據《宋書》改。王懋竑《讀書記疑》以‘國訃’爲是。”

[2]中書舍人：官名。中書省屬官。南朝諸帝引用寒門人士，入直禁中。出納詔命，處理機密而權力漸重，架空了中書省長官。宋八品（参見周一良《魏晋南北朝史札記》，第146頁）。　邪安泰：大德本、汲古閣本、殿本作“邢安泰”。下文亦爲“邢安秦”，底本誤。邢安泰，曾任吏部令史、都令史、平原太守、散騎侍郎等職，與徐羡之關係密切，餘不詳。　潘盛：因廢少帝功進位員外散騎侍郎、建安太守，宋文帝元嘉三年（426）有罪伏誅。

[3]雲龍門：城門名。建康宫城（臺城）的東門。

[4]破岡埭：亦稱破岡瀆、破墩、破墩瀆。三國吴所開鑿。在今江蘇南部，西起句容市東南，通赤山湖及秦淮河，東至丹陽市西南延陵鎮西，是一條人工運河。溝通了都城建鄴（後改建康，今江

蘇南京市）與三吴地區的水運。

[5]天泉池：即“天淵池”，避唐高祖李淵諱改。在今江蘇南京市雞籠山南古臺城内。《建康實録》卷一二云：元嘉二十三年擴建華林園時，“鑿池，名天淵”。

[6]璽綬：中華本改作“璽紱”，其校勘記云：“‘紱’各本作‘綬’，據《宋書》改。按下文‘太后令奉還璽紱’，則作‘紱’爲是。”

[7]吴郡：郡名。治吴縣，在今江蘇蘇州市。

[8]以下：大德本、殿本同，汲古閣本作“以”。

六月癸丑，徐羨之等使中書舍人邢安泰弑帝於金昌亭。[1]帝有勇力，不即受制，突走出昌門，追以門關踣之致殞，時年十九。

[1]金昌亭：又作金閶亭，在今江蘇蘇州市閶門外。

論曰：晉自社稷南遷，王綱弛紊，[1]朝權國命，遞歸台輔，君道雖存，主威久謝。桓温雄才蓋世，勳高一時，移鼎之業已成，天人之望將改。自斯以後，帝道彌昏，道子開其禍端，元顯成其釁宋。[2]桓玄乘時藉運，加以先資，革命受終，人無異望。宋武地非齊、晉，衆無一旅，曾不浹旬，[3]夷凶翦暴，誅内清外，功格上下。若夫樂推所歸，謳歌所集，校之魏、晉，可謂收其實矣。然武皇將涉知命，弱嗣方育，顧有慈顔，前無嚴訓。少帝體易染之質，禀可下之姿，外物莫犯其心，所欲必從其志，嶮縱非學而能，[4]危亡不期而集，其至顛沛，非不幸也。悲哉！

[1]弛紊：鬆弛紊亂。

[2]宋：大德本、汲古閣本、殿本作“末”。

[3]浹旬：十天，一旬。比喻時間之短。

[4]嶮縱：奸邪放縱。

南史　卷二

宋本紀中第二

太祖文皇帝諱義隆,[1]小字車兒，武帝第三子也。[2]晋義熙三年,[3]生於京口。[4]十一年，封彭城縣公。[5]永初元年,[6]封宜都郡王,[7]位鎮西將軍、荆州刺史,[8]加都督,[9]時年十四。長七尺五寸,[10]博涉經史，善隸書。是歲來朝，會武帝當聽訟，仍遣上訊建康獄囚,[11]辯斷稱旨，武帝甚悦。

[1]太祖文皇帝諱義隆：劉義隆廟號太祖，謚號爲文，故稱太祖文皇帝。《宋書》卷五有紀。按，古代帝王及大臣死後，朝廷根據他們的生平行爲，給予一種稱號，以褒貶善惡，稱爲謚或謚號。

[2]武帝：南朝宋武帝劉裕。彭城（今江蘇徐州市）人。低級士族出身，公元 420 年篡東晋建宋（參見祝總斌《劉裕門第考》,《北京大學學報》1982 年第 1 期）。

[3]義熙：東晋安帝司馬德宗年號（405—418）。

[4]京口：地名。在今江蘇鎮江市。

[5]彭城：縣名。治所在今江蘇徐州市。

[6]永初：南朝宋武帝劉裕年號（420—422）。

[7]宜都：郡名。治夷道縣，在今湖北枝江市。

[8]鎮西將軍：官名。東漢末置，多授持節都督，出鎮方面。

宋三品。如爲持節都督，則進爲二品。　荆州：州名。治江陵縣，在今湖北荆州市荆州區。

[9]都督：官名。地方軍政長官。魏晋以後，都督諸州軍事多兼任駐地州刺史，爲該地區的軍政長官。分使持節、持節、假節三種，職權各有不同。

[10]七尺五寸：約合今184釐米。南朝度制，一尺約合今24.5釐米，一尺十寸。

[11]建康：東晋、南朝都城，在今江蘇南京市。

景平初，[1]有黑龍見西方，五色雲隨之。二年，江陵城上有紫雲。[2]望氣者皆以爲帝王之符，當在西方。其年少帝廢，[3]百官議所立，徐羡之、傅亮等以禎符所集，[4]備法駕奉迎，[5]入奉皇統。行臺至江陵，[6]尚書令傅亮奉表進璽紱，[7]州府佐吏並稱臣，請題榜諸門，一依宫省，上皆不許。教州、府、國紀綱宥所統内見刑。[8]是時，[9]司空徐羡之等新有弑害，[10]及鑾駕西迎，人懷疑懼，惟長史王曇首、司馬王華、南蠻校尉到彦之共期朝臣未有異志。[11]帝曰："諸公受遺，不容背貳；[12]且勞臣舊將，内外充滿，今兵力又足以制物，夫何所疑！"

[1]景平：南朝宋少帝劉義符年號（423—424）。

[2]江陵：城名。在今湖北荆州市荆州區。

[3]少帝：南朝宋少帝劉義符。宋武帝長子。在位二年。本書卷一、《宋書》卷四有紀。

[4]徐羡之：字宗文，東海郯（今山東郯城縣）人。與劉裕一起起兵，宋時官至司空。武帝卒後，與謝晦、傅亮等廢黜少帝，迎

立文帝，後爲文帝所誅。本書卷一五、《宋書》卷四三有傳。　傅亮：字季友，北地靈州（今寧夏吴忠市北武市）人。本書卷一五、《宋書》卷四三有傳。

[5]法駕：天子的車駕。

[6]行臺：臺爲中央政府代稱，此處行臺是專爲迎立皇帝設置的臺省機構，代中央行使權力。

[7]尚書令：官名。兩晋、南朝爲尚書臺省長官，綜理全國政務。參議大政。宋三品。　璽紱：天子之印稱璽，繫印之絲帶稱紱。璽紱即天子之印。

[8]紀綱：州郡右曹大吏别稱。指别駕、治中、功曹、主簿等，因綜理府事，地位較高。

[9]是時：大德本、殿本同，汲古閣本無"時"字。

[10]司空：官名。三公之一，爲名譽宰相，多爲大臣加官。宋一品。

[11]長史：官名。爲所在官署掾屬之長，故有元僚之稱。　王曇首：琅邪臨沂（今山東臨沂市）人，王弘之弟。本書卷二二、《宋書》卷六三有傳。　司馬：官名。此指王府高級幕僚，管理府内武職，與長史共參府務。　王華：字子陵，琅邪臨沂（今山東臨沂市）人。本書卷二三有附傳，《宋書》卷六三有傳。　南蠻校尉：官名。立府於江陵，統兵。掌荆州及江州少數民族事務。宋四品。　到彦之：字道豫，彭城武原（今江蘇邳州市）人。本書卷二五有傳。

[12]不容背貳：殿本同，大德本、汲古閣本"背"作"皆"。

甲戌，[1]乃發江陵，命王華知州府，留鎮陜西，[2]令到彦之監襄陽。[3]車駕在道，有黑龍躍負上所乘舟，[4]左右莫不失色，上謂王曇首曰："此乃夏禹所以受天命，我何德以堪之。"及至都，群臣迎拜於新亭。[5]先謁初寧陵,[6]還次中堂,[7]百官奉璽紱，沖讓未受,[8]勸請數四，乃從之。

[1]甲戌：中華本校勘記云:“按上文僅出景平二年，則此甲戌竟不知屬何月。當據《宋書》補‘七月’二字。”應據補。

[2]陜西：指荆州。東晋、南朝時，荆州、揚州最爲重要，有荆爲外閫、揚爲内户之説，故效周成王時周公和召公分陜而治的典故，以荆州爲陜西，揚州爲陜東。

[3]襄陽：郡名。治襄陽縣，在今湖北襄陽市。

[4]有黑龍躍負上所乘舟：爲帝王受命瑞應。《竹書紀年·帝禹夏后氏》記載:“（大禹）南巡狩，濟江，中流有二黄龍負舟，舟人皆懼。禹笑曰:‘吾受命于天，屈力以養人。生，性也。死，命也。奚憂懼哉!’龍于是曳尾而逝。”

[5]新亭：地名。在今江蘇南京市西南。地近江濱，依山築城壘，六朝爲軍事和交通重地。

[6]初寧陵：宋武帝劉裕陵墓。在今江蘇南京市東麒麟門外麒麟街道。

[7]中堂：地名。又名南皇堂、中皇堂。東晋、南朝時在建康城宣陽門外。在今江蘇南京市内。

[8]沖讓：謙讓。

元嘉元年秋八月丁酉,[1]皇帝即位于中堂，備法駕入宫，御太極前殿,[2]大赦，改元，文武賜位二等。戊戌，拜太廟。[3]詔追復廬陵王先封,[4]奉迎靈柩。辛丑，謁臨川烈武王陵。[5]癸卯，進司空徐羡之位司徒,[6]江州刺史王弘位司空,[7]尚書令傅亮左光禄大夫、開府儀同三司。[8]甲辰,[9]追尊所生胡婕妤爲章皇太后,[10]封皇弟義恭爲江夏王，[11] 義宣爲竟陵王，[12] 義季爲衡陽王。[13] 己酉，減荆、湘二州今年税布之半。[14]

[1]元嘉：南朝宋文帝劉義隆年號（424—453）。

[2]太極前殿：宫殿名。太極殿主體建築之一。太極殿爲建康宫城主殿，由前殿、東堂、西堂等建築組成。在今江蘇南京市古臺城遺址内。

[3]太廟：天子爲祭祀其祖先而興建的廟宇。

[4]廬陵王：劉義真。宋武帝第二子。本書卷一三、《宋書》卷六一有傳。廬陵，郡名。治石陽縣，在今江西吉水縣東北。

[5]臨川烈武王：劉道規。宋武帝少弟。本書卷一三、《宋書》卷五一有傳。臨川，郡名。治臨汝縣，在今江西撫州市臨川區西。

[6]司徒：官名。三公之一，爲名譽宰相。魏晋以降，多爲大官之榮銜或加銜。其府屬官仍辦理日常行政事務，掌全國户籍，督課州郡官吏。宋一品。

[7]江州：州名。治柴桑縣，在今江西九江市西南。　王弘：字休元，琅邪臨沂（今山東臨沂市）人。琅邪王氏代表人物。本書卷二一、《宋書》卷四二有傳。

[8]左光禄大夫：官名。作爲在朝顯職的加官，以示優崇。其地位在光禄大夫之上。宋二品。　開府儀同三司：官名。爲大臣加號，指禮制、待遇與三公相同，許開設府署，自辟僚屬。係給非三公官員以三公待遇。

[9]甲辰：大德本、殿本同，汲古閣本作“甲申”。《宋書》卷五《文帝紀》亦作“甲辰”。

[10]所生：指親母。　胡婕妤：名道安，淮南（今安徽壽縣）人。本書卷一一、《宋書》卷四一有傳。

[11]義恭：劉義恭。宋武帝第五子。本書卷一三、《宋書》卷六一有傳。　江夏：郡名。治夏口城，在今湖北武漢市武昌區。

[12]義宣：劉義宣、宋武帝第六子。本書卷一三、《宋書》卷六八有傳。　竟陵：郡名。治石城，在今湖北鍾祥市。

[13]義季：劉義季。宋武帝第七子。本書卷一三、《宋書》卷六一有傳。　衡陽：郡名。治湘西縣，在今湖南株洲市西南。

[14]湘州：州名。治臨湘縣，在今湖南長沙市。

九月景子，[1]立妃袁氏爲皇后。[2]

[1]景子：大德本、汲古閣本、殿本作“丙子”，本書避唐高祖李淵父李昞諱改。本卷下同，不另注。

[2]袁氏：宋文帝皇后袁齊嬀。陳郡陽夏（今河南太康縣）人。本書卷一一、《宋書》卷四一有傳。

是歲，魏太武皇帝始光元年。[1]

[1]魏太武帝：拓跋燾。北魏第三代君主。小字佛貍。在位二十八年（424—452），廟號世祖。《魏書》卷四、《北史》卷二有紀。　始光：北魏太武帝拓跋燾年號（424—428）。

二年春正月景寅，司徒徐羡之、尚書令傅亮奉表歸政，上始親覽萬機。辛未，祀南郊，[1]大赦。

[1]南郊：指帝王祭天的大禮。劉宋南郊壇在建康宮城正南的牛頭山（今牛首山）下（參見張學鋒《南朝建康的都城空間與葬地》，《中華文史論叢》2019年第3期）。

秋八月乙酉，驃騎將軍、南徐州刺史彭城王義康以本號開府儀同三司，[1]改授司空王弘車騎大將軍、開府儀同三司。[2]

[1]驃騎將軍：官名。居諸名號將軍之首，僅作爲軍府名號，加授大臣或重要州郡長官。宋二品。　南徐州：州名。治京口城，在今江蘇鎮江市。　義康：劉義康。宋武帝第四子。本書卷一三、《宋書》卷六八有傳。

[2]車騎大將軍：官名。魏晋制度，驃騎、車騎、衛三將軍皆爲重號將軍，高於諸名號大將軍，本無須加"大"，其後將軍名號愈授愈濫，遂又增置此號，多加權臣元老，以示尊崇。開府置僚屬，不領兵。南朝沿置。宋一品。

冬十一月庚午，[1]以武都王世子楊玄爲北秦州刺史，[2]襲封武都王。

[1]冬十一月庚午：《宋書》卷五《文帝紀》作"癸酉"，中華本據《宋書》改。

[2]武都王：此指楊盛。略陽清水（今甘肅清水縣）人。東晋十六國時期氐人首領，仇池國君主。宋武帝永初三年（422）封武都王。武都，郡名。治下辨縣，在今甘肅成縣西。王，大德本、殿本同，汲古閣本無此字。　楊玄：氐族首領。父楊盛割據仇池，父卒後繼位。事見《宋書》卷九八《氐胡傳》。　北秦州：州名。當時南秦州治漢中縣，故以武都爲北秦州。

是歲，赫連屈丏死。[1]

[1]赫連屈丏：即赫連勃勃。匈奴族鐵弗部人。十六國時夏國

君主。《晋書》卷一三〇有載記，《魏書》卷九五、《北史》卷九三有傳。

三年春正月景寅，司徒徐羡之、尚書令傅亮有罪伏誅。遣中領軍到彦之、征北將軍檀道濟討荆州刺史謝晦，[1]上親率六師西征。大赦。丁卯，以江州刺史王弘爲司徒、録尚書事。[2]

[1]中領軍：官名。南朝時掌禁衛軍及京都諸軍，爲禁衛軍最高統帥。資深者稱領軍將軍，資淺者爲中領軍。宋三品。　征北將軍：官名。四征將軍之一。宋三品，爲持節都督則進爲二品。　檀道濟：高平金鄉（今山東嘉祥縣）人。本書卷一五、《宋書》卷四三有傳。　謝晦：字宣明，陳郡陽夏（今河南太康縣）人。時任荆州刺史，因挾重兵居藩鎮，爲朝廷所忌，遂擁兵作亂，兵敗被誅。本書卷一九、《宋書》卷四四有傳。

[2]録尚書事：官名。魏晋南北朝多以公卿權重者居之，總領尚書省政務，位在三公上。又有録尚書六條事、關尚書七條事等名義。

二月戊午，以金紫光禄大夫王敬弘爲尚書左僕射，[1]豫章太守鄭鮮之爲右僕射。[2]戊辰，到彦之、檀道濟大破謝晦於隱磯。[3]景子，車駕自蕪湖反旆。[4]己卯，禽晦於延頭，[5]送都伏誅。

[1]金紫光禄大夫：官名。指光禄大夫加金印紫綬者，待遇同特進。宋二品。　王敬弘：王裕之。字敬弘，琅邪臨沂（今山東臨沂市）人。宋文帝元嘉年間，歷尚書僕射、尚書令。本書卷二四、

《宋書》卷六六有傳。　尚書左僕射：官名。尚書省次官，與尚書令同居宰相之任。左僕射位在右僕射上，輔助尚書令執行政務，參議大政，諫諍得失，監察糾彈百官，可封還詔旨，常受命主管官吏選舉。宋三品。

[2]豫章：郡名。治南昌縣，在今江西南昌市。　鄭鮮之：字道子，滎陽開封（今河南開封市）人。本書卷三三、《宋書》卷六四有傳。　右僕射：官名。尚書省次官。右僕射位次左僕射，皆輔助尚書令執行政務，參議大政，諫諍得失，監察糾彈百官，可封還詔旨，常受命主管官吏選舉。南朝尚書令爲宰相之任，位尊權重，不親庶務，尚書省日常政務常由僕射主持，諸曹奏事由左、右僕射審議聯署。右僕射與祠部尚書通職，不並置，置則領祠部、儀曹二郎曹。宋三品。

[3]隱磯：又稱隱圻。在今湖南臨湘市東北、長江南岸。

[4]蕪湖：地名。在今安徽蕪湖市。按，東晉安帝義熙年間省蕪湖入襄垣。　反旆：班師。反，同“返”。

[5]延頭：戍名。在今湖北大悟縣東南。

夏五月乙未，以征北將軍、南兗州刺史檀道濟爲征南大將軍、開府儀同三司、江州刺史。乙巳，驃騎大將軍、凉州牧大且渠蒙遜改爲車騎大將軍。[1]詔大使巡行四方，觀省風俗。景午，臨延賢堂聽訟，自是每歲三訊。秋，旱且蝗。

[1]大且渠蒙遜：即沮渠蒙遜。臨松（今甘肅肅南縣）盧水胡人。十六國時北凉的建立者，在位三十三年（401—433）。《晋書》卷一二九有載記，《宋書》卷九八有傳。

冬十二月，前吴郡太守徐佩之謀反，伏誅。[1]

[1]徐佩之：徐羡之侄。事見本書卷一五、《宋書》卷四三之《徐羡之傳》。

四年春正月乙亥朔，曲赦建鄴百里内。[1]辛巳，祀南郊。

[1]建鄴：即建業。在今江蘇南京市。西晋武帝太康三年（282）改“業”爲“鄴”。建興元年（313）因避晋愍帝諱，改名建康。

二月乙卯，行幸丹徒，[1]謁京陵。[2]

[1]丹徒：縣名。治所在今江蘇鎮江市丹徒區。

[2]京陵：指皇陵。宋武帝劉裕父母陵墓，後又名之興寧陵。

三月景子，宴丹徒宫，帝鄉父老咸與焉。蠲丹徒今年租布，原五歲刑以下。丁亥，車駕還宫。戊子，尚書右僕射鄭鮮之卒。壬寅，採富陽令諸葛闡議，[1]禁斷夏至日五絲命縷之屬。[2]

[1]富陽：縣名。東晋孝武帝太元中改富春縣置。治所在今浙江杭州市富陽區。

[2]五絲命縷：長命縷。長命縷爲五色絲，舊俗於端午節繫臂，傳説可祈福消灾。

夏五月，都下疾疫，遣使存問，給醫藥，死無家屬者，賜以棺器。

六月癸卯朔，日有蝕之。

五年春正月乙亥，詔以陰陽愆序，[1]求讜言。[2]甲申，臨玄武館閲武。戊子，都下大火，遣使巡尉振恤。

[1]愆序：時序失調。

[2]讜言：正直之言。

夏六月庚戌，司徒王弘降爲衛將軍、開府儀同三司。都下大水。乙卯，遣使檢行振贍。

十二月，天竺國遣使朝貢。[1]

[1]天竺國：國名。古印度别稱。

是歲，魏神䴥元年，[1]太武皇帝伐赫連昌，[2]滅之。乞伏熾盤死。[3]

[1]神䴥：北魏太武帝拓跋燾年號（428—431）。

[2]赫連昌：赫連勃勃子。十六國時夏國君主。在位三年（425—427）。《魏書》卷九五、《北史》卷九三有附傳。

[3]乞伏熾盤：鮮卑族。十六國時西秦國君主。《晋書》卷一二五有載記，《魏書》卷九九有傳。按，盤，《晋書》《魏書》作“磐”。

六年春正月辛丑，[1]祀南郊。癸丑，以荆州刺史彭城王義康爲司徒、録尚書事。

[1]辛丑：大德本、殿本同，汲古閣本作“辛巳”。《宋書》卷五《文帝紀》作“辛丑”。

三月丁巳，立皇子劭爲皇太子。[1]戊午，大赦，賜文武位一等。

[1]皇子劭：劉劭。字休遠，宋文帝長子，年六歲，拜爲皇太子。與弟始興王劉濬、女巫嚴道育等行巫蠱，事泄，文帝欲廢其位，乃與濬弑文帝自立，改年號爲太初。諸方鎮紛紛起兵討伐，兵敗自殺。本書卷一四、《宋書》卷九九有傳。

夏四月癸亥，以尚書左僕射王敬弘爲尚書令，丹陽尹臨川王義慶爲尚書左僕射，[1]吏部尚書江夷爲右僕射。[2]

[1]丹陽尹：官名。京畿行政長官，屬於既機要又顯貴之職。宋三品。　義慶：劉義慶。宋武帝侄。本書卷一三、《宋書》卷五一有附傳。

[2]吏部尚書：官名。尚書省吏部曹長官。掌官吏銓選、任免等事宜。東晋、南朝尚書中以吏部爲最貴。《資治通鑑》卷一一九《宋紀一》少帝景平元年胡三省注：“自晋以來，謂吏部尚書爲大尚書，以其在諸曹之右，且其權任要重也。”宋三品。　江夷：字茂遠，濟陽考城（今河南民權縣）人。本書卷三六、《宋書》卷五三有傳。

五月壬辰朔，日有蝕之。

秋七月，百濟國遣使朝貢。[1]

[1]百濟國：古國名。在今朝鮮半島西南部。本書卷七九及南北朝諸史有傳。

冬十一月己丑朔，日有蝕之，星晝見。

十二月，西河、河南國並遣使朝貢。[1]

[1]西河：大德本、汲古閣本、殿本同。據本書卷一《宋少帝紀》景平元年二月“庚辰，進蒙遜驃騎大將軍，封河西王”，此應指河西王沮渠蒙遜。作“河西”是。　河南國：指吐谷渾王慕瓚。吐谷渾，遼東鮮卑慕容部西遷的一支，因其在今青海境内黄河之南，又稱河南。本書卷七九、《晋書》卷九七有傳。

七年春二月壬戌，雪且雷。

三月戊子，遣左將軍到彦之侵魏。[1]

[1]左將軍到彦之：《宋書》卷五《文帝紀》“左將軍”作“右將軍”，按，下文云“右將軍到彦之自滑臺奔退”，則作“右”是。應據《宋書》改。

夏六月己卯，封氐楊難當爲武都王。[1]

[1]楊難當：楊玄弟。南北朝時氐族首領。事見本書卷七九《西戎傳》、《宋書》卷九八《氐胡傳》。

冬十月戊午，立錢署，[1]鑄四銖錢。戊寅，魏剋金墉城。[2]

［1］錢署：官署名。掌鑄錢。此爲魏晋以來第一次設立錢署。

［2］金墉：城名。在今河南洛陽市東北。城小而固，爲攻戰戍守要地。北魏初爲河南四鎮之一。

十一月癸未，又剋武牢。[1]壬辰，遣征南大將軍檀道濟拒魏，右將軍到彦之自滑臺奔退。[2]

［1］武牢：即虎牢。本書避唐高祖李淵祖父李虎諱改。在今河南滎陽市汜水鎮西。山嶺夾峙，爲歷代兵家必争之地。

［2］滑臺：城名。在今河南滑縣東南。其地控制河津，險固可恃，東晋、南北朝時爲軍事要地。

十二月，都下火，延燒于太社北牆。[1]

［1］太社：古代天子爲群姓祈福、報功而設立的祭祀土神、穀神的場所。

是歲，馮跋死。[1]倭、百濟、呵羅單、林邑、呵羅他、師子等國並遣使朝貢。[2]吴興、晋陵、義興大水，[3]遣使巡行振恤。

［1］馮跋：十六國時北燕國君，在位二十二年（409—430）。《魏書》卷九七、《北史》卷九三有傳。

［2］倭：中國古代對日本的稱呼。　呵羅單：古國名。又作呵

羅旦。一説在今印度尼西亞的蘇門答臘島或爪哇島，一説在今馬來半島。　林邑：古國名。在今越南中南部。　呵羅他：古國名。又作呵羅陁。　師子：古國名。即今斯里蘭卡國。

[3]吴興：郡名。治烏程縣，在今浙江湖州市。　晉陵：郡名。治晉陵縣，在今江蘇常州市。　義興：郡名。治陽羡縣，在今江蘇宜興市。

八年春二月辛酉，魏剋滑臺。癸酉，檀道濟引軍還，自是河南復亡。

三月，大雩。[1]

[1]大雩（yú）：古代爲求雨而舉行的一種祭祀。

夏六月乙丑，大赦，旱故。又大雩。[1]

[1]乙丑：大德本、汲古閣本同，殿本作“己丑”。《宋書》卷五《文帝紀》作“乙丑”。

閏六月乙巳，遣使省行獄訟，簡息徭役。

九年春二月辛卯，詔曰：“故太傅長沙景王、故大司馬臨川烈武王、故司徒南康文宣公穆之、衛將軍華容公弘、征南大將軍永脩公道濟、故左將軍龍陽侯鎮惡，[1]或履道廣深、執德沖邈；或雅量高劭，風鑒明遠；或識準弘正，才略開邁。咸文德以弘帝載，武功以隆景業。而太常未銘，從祀闕享，寤寐屬慮，永言興懷。便宜配祭廟庭，勒功天府。”

[1]長沙景王：劉道憐。宋武帝中弟。本書卷一三、《宋書》卷五一有傳。　穆之：劉穆之。字道和，小字道民，東莞莒（今山東莒縣）人，遷居京口（今江蘇鎮江市）。建謀畫策，甚爲劉裕所倚重。本書卷一五、《宋書》卷四二有傳。　龍陽侯：大德本、殿本同。汲古閣本無"龍"字，誤。　鎮惡：王鎮惡。北海劇（今山東壽光市）人，前秦相王猛之孫。爲劉裕部將，晋安帝義熙十二年（416）北伐後秦，率部先攻入長安。性貪財聚斂，居功自傲，爲諸將忌殺。宋朝建立，追謚壯侯。本書卷一六、《宋書》卷四五有傳。

三月庚戌，進衛將軍王弘爲太保。[1]丁巳，加江州刺史檀道濟爲司空。

[1]太保：官名。南朝除蕭齊外皆置，位雖尊榮，無實權職事，多用以安置元老勳舊。宋一品。

夏五月壬申，新除太保王弘薨。[1]

[1]薨（hōng）：古代稱諸侯或有爵位的大官去世。《禮記·曲禮下》："天子死曰崩，諸侯曰薨。"

六月癸未，置積射、彊弩將軍官。[1]乙未，以征西將軍、沙州刺史吐谷渾慕璝爲征西大將軍、西秦河二州刺史、隴西王。壬寅，以撫軍將軍江夏王義恭爲征北將軍、開府儀同三司、南兖州刺史。[2]

[1]積射、彊弩將軍：二官名。南朝宋以來多以軍功得官，無

員限。宋皆五品。

[2]南兖州：州名。東晋僑立兖州，宋時改爲南兖州，初治京口，在今江蘇鎮江市。宋文帝元嘉八年（431）移治廣陵縣，在今江蘇揚州市西北蜀岡上。

秋七月庚午，以領軍將軍殷景仁爲尚書僕射。[1]

[1]殷景仁：陳郡長平（今河南西華縣）人。本書卷二七、《宋書》卷六三有傳。　尚書僕射：官名。尚書省次官，置一人稱尚書僕射，置二人則稱左、右僕射。南朝尚書令爲宰相之任，位尊權重，不親庶務，尚書省日常政務常由僕射主持。宋三品。

冬十二月庚寅，立皇子紹爲廬陵王，[1]奉孝獻王祀；[2]江夏王義恭子朗爲南豐王，奉營陽王祀。[3]

[1]紹：劉紹。字休胤，宋文帝第五子，出繼劉義真。本書卷一三、《宋書》卷六一有附傳。

[2]孝獻王：孝獻是廬陵王劉義真的謚號。

[3]營陽王：宋少帝劉義符。後被廢爲營陽王。本書卷一、《宋書》卷四有紀。

是歲，魏延和元年。[1]

[1]延和：北魏太武帝拓跋燾年號（432—434）。

十年春正月甲寅，改封竟陵王義宣爲南譙王。[1]己未，大赦。

[1]南譙：郡名。治山桑縣，在今安徽巢湖市東南。

夏，林邑、闍婆娑州、訶羅單國並遣使朝貢。[1]

[1]闍（shé）婆娑州：古國名。即闍婆國。約在今印度尼西亞爪哇島或蘇門答臘島，或兼稱這兩島。中華本校勘記云："'闍婆娑州'《宋書》作'闍婆州'。按下文十二年，《宋書》及本書又出'闍婆娑達國'，而《宋書·夷蠻傳》、本書《夷貊傳》並有'闍婆達國'傳。疑衍'娑'字，脱'達'字，'州'爲'國'之誤。當以傳爲正。"

秋七月戊戌，曲赦益、梁、秦三州。[1]

[1]益：州名。治成都縣，在今四川成都市。　梁、秦：雙頭州名。梁爲實土，秦爲僑治。治南鄭縣，在今陝西漢中市東。高敏《南北史掇瑣》云："按《南史》所載，曲赦益、梁、秦三州之原因不明。查《建康實録》卷一二《文帝紀》……這年七月之所以'曲赦益、梁、秦三州'，應與趙廣等的起義有關。"（中州古籍出版社 2003 年版，第 9 頁）

冬十一月，氐楊難當據有梁州。是月，且渠蒙遜死。

十一年夏四月，梁、秦二州刺史蕭思話破氐，[1]梁州平。

[1]蕭思話：南蘭陵（今江蘇常州市武進區）人，宋武帝蕭皇后侄。本書卷一八、《宋書》卷七八有傳。

五月丁卯，曲赦梁、南秦二州劍閣以北。[1]戊寅，以大且渠茂虔爲征西大將軍、梁州刺史，[2]封西河王。[3]

[1]劍閣：地名。在今四川劍閣縣東北劍門鎮劍門關。

[2]大且渠茂虔：沮渠蒙遜之子。宋文帝元嘉十六年（439），投降北魏，北凉亡。《魏書》卷九九、《北史》卷九三有附傳。茂虔，《魏書》《北史》作“牧犍”。

[3]西河王：大德本、汲古閣本、殿本同。應作“河西王”。參見前注。本卷下同，不另注。

是歲，林邑、扶南、訶羅單國並遣使朝貢。[1]

[1]扶南：古國名。在今柬埔寨至越南南部西貢一帶。本書卷七八、《晋書》卷九七有傳。

十二年春正月辛酉，大赦。辛未，祀南郊。癸酉，封馮弘爲燕王。[1]

[1]馮弘：馮跋弟。十六國時北燕國君，在位六年（431—436）。《魏書》卷九七、《北史》卷九三有附傳。

夏四月景辰，詔内外舉士。都下地震。

六月，禁酒。師子國遣使朝貢。丹陽、淮南、吴、吴興、義興大水，[1]都下乘船。己酉，以徐豫南兖三州、會稽宣城二郡米穀百萬斛，[2]賜五郡遭水人。

[1]丹陽：郡名。亦作丹揚。治建康縣，在今江蘇南京市。

淮南：僑郡名。治于湖縣，在今安徽當塗縣。　吴：郡名。治吴縣，在今江蘇蘇州市。大德本、殿本同，汲古閣本無此字。

[2]徐：州名。治彭城縣，在今江蘇徐州市。　豫：僑州名。治壽陽縣，在今安徽壽縣。　會稽：郡名。治山陰縣，在今浙江紹興市。　宣城：郡名。治宛陵縣，在今安徽宣城市宣州區。

秋七月辛酉，闍婆娑達、扶南國並遣使朝貢。

八月乙亥，[1]原除遭水郡諸逋負。

[1]八月乙亥：中華本校勘記云："按元嘉十二年八月丙戌朔，是月無乙亥。"

九月，蜀賊張尋爲寇。[1]

[1]張尋：趙廣的部將。益州刺史劉道濟委任非人，傷政害民，激起趙廣、張尋起義。宋文帝元嘉九年（432）九月起事，元嘉十四年四月平定。事見本書卷一七、《宋書》卷四五之《劉道濟傳》等。

是歲，魏太延元年。[1]

[1]太延：北魏太武帝拓跋燾年號（435—440）。

十三年春正月癸丑朔，上有疾，不朝會。

三月己未，誅司空江州刺史檀道濟。庚申，大赦。

夏六月，高麗、武都等國並遣使朝貢。[1]

［1］高麗：國名。也稱高句麗國。其先是扶餘族別支，東漢時興起於東北，後占有今遼寧南部、朝鮮北部之地，傳二十八世，爲唐高宗所滅。本書卷七九及南北朝諸史有傳。　武都：即氐族楊氏所建仇池地方政權，在今甘肅南部嘉陵江上流山區。本書卷七九、《宋書》卷九八有傳。

秋七月己未，零陵王太妃殂，[1]追崇爲晋皇后，葬以晋禮。

［1］零陵王太妃：晋恭帝皇后褚靈媛，河南陽翟（今河南禹州市）人。《晋書》卷三二有傳。

九月癸丑，立皇子濬爲始興王、駿爲武陵王。[1]

［1］濬：劉濬。字休明，宋文帝第二子。本書卷一四、《宋書》卷九九有傳。

是歲，馮弘奔高麗。[1]

［1］馮弘奔高麗：宋文帝元嘉十三年（436）四月，北魏滅北燕。

十四年春正月辛卯，祀南郊，大赦。戊戌，鳳皇二見于都下，衆鳥隨之，改其地曰鳳皇里。

夏四月，蜀賊張尋、趙廣降，遷之建鄴。

冬十二月辛酉，初停賀雪。河南、西河、訶羅軍國並遣使朝貢。[1]

[1]軍：大德本、汲古閣本、殿本作“單”。底本誤。

十五年春正月，[1]以平東將軍吐谷渾慕延爲鎮西將軍、秦河二州刺史，封隴西王。

[1]正月：中華本校勘記云："'二月'各本作'正月'。據《宋書》改。按《宋書》'十五年春二月'下有'丁未'二字。是年二月辛丑朔，有丁未。正月辛未朔，無丁未，故當從《宋書》作'二月'。"

秋七月辛未，地震。新作東宫。

是歲，武都、河南、高麗、倭、扶南、林邑等國並遣使朝貢。立孺學館于北郊，[1]命雷次宗居之。[2]

[1]孺：大德本、汲古閣本、殿本作“儒”。底本誤。

[2]雷次宗：字仲倫，豫章南昌（今江西南昌市）人。本書卷七五、《宋書》卷九三有傳。

十六年春正月戊寅，閲武于北郊。庚寅，進彭城王義康爲大將軍、領司徒，[1]以開府儀同三司江夏王義恭爲司空。

[1]大將軍：從三國到南北朝，執政大臣多兼大將軍之銜。南朝不常授，或以爲贈官。宋一品。

夏六月己酉，改封隴西王吐谷渾慕延爲河南王。

秋八月庚子，立皇子鑠爲南平王。[1]

[1]鑠：劉鑠。宋休玄，宋文帝第四子。本書卷一四、《宋書》卷七二有傳。

九月，魏滅且渠茂虔。

冬十二月乙亥，皇太子冠，[1]大赦。

[1]冠：指古代男子成年時舉行的加冠禮。

是歲，武都、河南、林邑、高麗等國並遣使朝貢。上好孺雅，[1]又命丹楊尹何尚之立玄素學，[2]著作佐郎何承天立史學，[3]司徒參軍謝元立文學，[4]各聚門徒，多就業者。江左風俗，[5]於斯爲美，後言政化，稱元嘉焉。

[1]孺：大德本、汲古閣本、殿本作“儒”。

[2]何尚之：字彥德，廬江灊（今安徽霍山縣）人。本書卷三〇、《宋書》卷六六有傳。　玄素學：僅此一見。王懋竑《讀書記疑》云：“素字衍文。”王説是（參見張憲華《何尚之年譜稿》，《敦煌學輯刊》2005年第2期）。

[3]著作佐郎：官名。屬著作省（局），掌搜集史料，供著作郎撰史。宋六品。　何承天：東海郯（今山東郯城縣）人。本書卷三三、《宋書》卷六四有傳。

[4]謝元：字有宗，謝靈運從祖弟。有才學。事見《宋書》卷六四《何承天傳》。

[5]江左：一名江東。古人在地理上以東爲左，以西爲右，故江東又名江左。清魏禧《日録雜説》：“江東稱江左，江西稱江右，

蓋自江北視之，江東在左，江西在右耳。”三國孫吴、東晋、南朝皆建都南京，故習慣以江左爲六朝政權之代稱。

十七年夏四月戊午朔，日有蝕之。

秋七月壬子，皇后袁氏崩。

八月，徐、兖、青、冀四州大水，[1]遣使振恤。

[1]兖：州名。治瑕丘城，在今山東濟寧市兖州區。　青：州名。治東陽城，在今山東青州市。　冀：州名。南朝宋文帝元嘉九年（432）僑置，治歷城縣，在今山東濟南市。宋明帝泰始六年（470）與青州合僑置於鬱洲，在今江蘇連雲港市東雲臺山一帶。

九月壬子，葬元皇后于長寧陵。[1]

[1]元：大德本同，殿本、汲古閣本作“袁”。按“元”爲袁皇后謚號，本書卷一四《始興王濬傳》亦云“元皇后”。

冬十月戊午，前丹楊尹劉湛有罪伏誅。[1]大赦，文武賜爵一級。以大將軍、領司徒、録尚書事彭城王義康爲江州刺史，大將軍如故。甲戌，以司空江夏王義恭爲司徒、録尚書事。

[1]劉湛：字弘仁，小字班虎，南陽涅陽（今河南鄧州市）人。當時劉義康專執朝權，湛以舊情爲義康心腹。帝忌之，下獄死。本書卷三五、《宋書》卷六九有傳。

十一月，尚書僕射、楊州刺史殷景仁卒。[1]

［1］楊州刺史：官名。南朝諸代均以揚州刺史爲京輦重任，往往由宰相兼領，其職權甚至重於尚書令和尚書僕射。

十二月癸亥，以光禄大夫王球爲尚書僕射。[1]戊辰，[2]武都、河南、百濟等國並遣使朝貢。

［1］王球：字蒨玉，琅邪臨沂（今山東臨沂市）人。性簡貴，不交游。居選職，不受請託，爲時人所稱。本書卷二三有附傳，《宋書》卷五八有傳。

［2］戊辰：中華本校勘記云："《宋書》'戊辰'下有'以南豫州刺史始興王濬爲揚州刺史'等三十八字；'武都'上有'是歲'二字。此於'戊辰'下删去三十八字，而入之以武都諸國並遣使朝貢，致諸國使來同在'戊辰'一日之内，非是，當據《宋書》以正。"

是歲，魏太平真君元年。[1]

［1］太平真君：北魏太武帝拓跋燾年號（440—451）。

十八年春二月庚子，[1]雨雹。戊申，置尚書删定郎官。[2]

［1］二月：大德本、汲古閣本、殿本作"三月"。

［2］尚書删定郎：官名。尚書省删定曹長官通稱。掌官吏考核事。宋六品。

夏五月壬午，衛將軍南兖州刺史臨川王義慶、征北將軍南徐州刺史南譙王義宣，並開府儀同三司。甲申，河水汎溢，[1]害居人。

[1]河水：中華本改作"沔水"，其校勘記云："'沔水'各本作'河水'，誤，據《宋書》改。"

六月戊辰，遣使巡行振贍。

冬十月戊子，[1]尚書僕射王球卒。己亥，以丹楊尹孟顗爲尚書僕射。[2]氐楊難當寇漢川。

[1]十月：大德本、汲古閣本、殿本作"十一月"。《宋書》卷五《文帝紀》亦作"十一日"。

[2]孟顗：字彦重，平昌安丘（今山東安丘市）人，孟昶弟。事見本書卷一九《謝靈運傳》。

十二月，晋寧太守爨松子舉兵反，[1]寧州刺史徐循討平之。[2]

[1]晋寧：郡名。治建伶縣，在今雲南昆明市晋寧區。　爨：音 cuàn。

[2]寧州：州名。治味縣，在今雲南曲靖市。

是歲，河南、肅特、高麗、蘇塵黎、林邑等國並遣使來朝貢。[1]

[1]肅特：應即粟特。當時以粟特名稱通使的應即康國。在今烏兹别克斯坦撒馬爾罕一帶（參見唐長孺《魏晋南北朝史論拾

遺》，中華書局 1983 年版，第 169 頁）。　蘇摩黎：大德本、汲古閣本、殿本作“蘇摩黎”。蘇摩黎，古國名。在今印度尼西亞蘇門答臘島北部。　來：大德本、殿本同，汲古閣本無此字。

十九年夏四月甲戌，上以久疾愈，始奉初祠，[1]大赦。

[1]初祠：中華本據《册府元龜》卷二〇七改爲“初礿”。中華本《宋書》據《册府元龜》改作“礿祠”。

五月庚寅，梁秦二州刺史劉真道、龍驤將軍裴方明破楊難當，[1]仇池平。

[1]劉真道：劉懷肅侄。本書卷一七、《宋書》卷四七有附傳。　裴方明：河東（今山西夏縣）人。初爲益州刺史劉道濟中兵參軍，在蜀立功，後爲龍驤將軍。宋文帝元嘉十九年（442）率部攻滅仇池國。以貪占仇池金銀寶貨，獲罪被殺。事見《宋書》卷四七《劉懷肅傳》。

閏月，都下水，遣使巡行振恤。

六月，以大且渠無諱爲征西大將軍、涼州刺史，封西河王。[1]

[1]大且渠無諱：即沮渠無諱。沮渠茂虔之弟。高昌北涼政權建立者。《魏書》卷九九有附傳。

秋七月甲戌晦，日有蝕之。

九月景辰，有客星在北斗，[1]因爲彗，[2]入文昌，[3]貫五車，[4]埽畢，[5]拂天節，[6]經天苑，[7]季冬乃滅。

[1]客星：對天空中新出現的星的統稱，如新星、超新星等。北斗：指北斗星。

[2]彗：彗星的出現，古人認爲是兵灾的凶象。

[3]文昌：星座名。共有六星，如半月形，在北斗魁前。

[4]五車：星名。亦稱五潢，屬畢宿，共有五星。

[5]畢：星座名。二十八宿之一。西方白虎七宿的第五宿。

[6]天節：星名。《晋書·天文志上》："畢附耳南八星曰天節，主使臣之所持者也。"

[7]天苑：星名。《史記·天官書》張守節正義："天苑十六星，如環狀，在畢南，天子養禽獸所。"

冬十二月景申，詔奉聖之胤，[1]速議承襲；及令脩廟，四時饗祀；并命蠲近墓五家供洒埽，栽松柏六百株。[2]

[1]奉聖：此指奉聖亭侯。孔子後裔的封爵號。

[2]栽：同"栽"。大德本、汲古閣本、殿本作"栽"。

是歲，蠕蠕、河南、扶南、婆皇國並遣使朝貢。[1]西凉武昭王孫李寶始歸于魏。[2]

[1]蠕蠕：即柔然。主要游牧於今蒙古國鄂爾渾河流域。後爲突厥所滅。本書卷七九、《魏書》卷一〇三、《北史》卷九八有傳。婆皇國：古國名。在今馬來西亞的彭亨一帶。

［2］李寶：字懷素，隴西狄道（今甘肅臨洮縣）人，祖西涼王李暠。《魏書》卷三九有傳，《北史》卷一〇〇有附傳。

二十年春正月辛亥，祀南郊。

二月甲申，閲武於白下。[1]魏軍剋仇池。

夏四月甲午，立皇子誕爲廣陵王。[2]

［1］白下：地名。東晋、南朝時爲建康西北濱江要地。南朝宋末，李安民於此治城隍，後名白下城。在今江蘇南京市北金川門外。

［2］誕：劉誕。字休文，宋文帝第六子。本書卷一四、《宋書》卷七九有傳。

秋七月癸丑，以楊文德爲征西將軍、北秦州刺史，封武都王。[1]

［1］楊文德：氐族首領楊保宗弟。家族世代割據仇池，後爲宋所滅，其地復陷於北魏。事見本書卷七九《西戎傳》、《宋書》卷九八《氐胡傳》。

冬十月，雷。

十二月壬午，置藉田。[1]

［1］藉田：亦作籍田。古時帝王於春耕前親耕農田，以示對農業的重視。藉，通“籍”。南朝宋、齊均在正月用事。梁武帝改用二月，陳因而不改。

是歲，河西、高麗、百濟、倭國並遣使朝貢。自去歲至是，諸州郡水旱傷稼。人大飢，遣使開倉振恤。

二十一年春正月己亥，南徐、南兖、南豫州、楊州之浙江西，[1]並禁酒。辛酉，親耕藉田，大赦。

[1]南豫州：州名。治歷陽縣，在今安徽和縣。　楊州：州名。治建康縣，在今江蘇南京市。　浙江：即今錢塘江。位於今浙江西北部。源出安徽休寧縣西南，向東北流到浙江海鹽縣澉浦鎮至餘姚市西三閘連綫處入杭州灣。

二月己丑，司徒、録尚書事江夏王義恭進位太尉，[1]領司徒。[2]辛卯，立皇子宏爲建平王。[3]

[1]太尉：官名。東漢時位列三公之首，魏晋南北朝爲名譽宰相。宋一品。

[2]領：兼任。

[3]宏：劉宏。字休度，宋文帝第七子。本書卷一四、《宋書》卷七二有傳。

秋八月戊辰，以荆州刺史衡陽王義季爲征北大將軍、開府儀同三司、南兖州刺史。

九月甲辰，以大且渠安周爲征西將軍、凉州刺史，[1]封河西王。

[1]大且渠安周：即沮渠安周。沮渠蒙遜之子，沮渠無諱之弟。事見《魏書》卷九九《盧水胡沮渠蒙遜傳》。

冬十月己亥，命刺史郡守脩東耕。[1]景子，雷且雹。

[1]東耕：春耕。

二十二年春正月辛卯朔，改用御史中丞何承天《元嘉新曆》。[1]

[1]御史中丞：官名。主管監察、執法。南朝亦稱南司，其職雖重，世族名士多不樂爲之。宋四品。　《元嘉新曆》：古曆名。何承天創立。於宋文帝元嘉二十二年（445）推行全國。

二月甲戌，立皇子禕爲東海王，昶爲義陽王。[1]

[1]禕：劉禕。字休秀，宋文帝第八子。本書卷一四、《宋書》卷七九有傳。　昶：劉昶。字休道，宋文帝第九子。本書卷一四、《宋書》卷七二有傳。

秋七月己未，以尚書僕射孟顗爲左僕射，中護軍何尚之爲右僕射。九月己未，開酒禁。癸酉，宴于武帳堂，[1]上將行，敕諸子且勿食，至會所賜饌。日旰，[2]食不至，有飢色。上誡之曰："汝曹少長豐佚，不見百姓艱難，今使爾識有飢苦，知以節儉期物。"

[1]武帳堂：《資治通鑑》卷一二四《宋紀六》文帝元嘉二十二年作"武帳岡"，胡三省注："杜佑曰：武帳岡在廣莫門外宣武場，設行宫殿便坐於其上，因名。"《建康實録》卷一二亦作"武帳岡"，且時間爲"九月乙酉"。

［2］日旰：天色已晚。

冬十二月乙未，太子詹事范曄謀反，[1]及黨與皆伏誅。丁酉，免大將軍彭城王義康爲庶人，絶屬籍。[2]

［1］太子詹事：官名。總領東宫官屬、庶務，爲太子官屬之長。兩晋南北朝東宫位重，置官擬於朝廷，時號宫朝。常設重兵，故權任甚重，或參預朝政。宋三品。　范曄：字蔚宗，順陽（今河南淅川縣）人。因涉及孔熙先等欲迎立劉義康事，被殺。本書卷三三有附傳，《宋書》卷六九有傳。

［2］屬籍：指宗室譜籍。

是冬，浚淮，[1]起湖熟廢田千餘頃。[2]

［1］淮：今江蘇南京市秦淮河。

［2］湖熟：縣名。治所在今江蘇南京市江寧區湖熟街道。

二十三年夏四月丁未，大赦。

六月癸未朔，日有蝕之。[1]交州刺史檀和之伐林邑國，[2]剋之。

［1］蝕：大德本、汲古閣本同，殿本作“食”。

［2］交州：州名。治龍編縣，在今越南北寧省仙游縣東。　檀和之：高平金鄉（今山東嘉祥縣）人。京口起兵舊人檀憑之子。爲交州刺史、南兖州刺史。事見本書卷七八、《宋書》卷九七之《林邑國傳》。

是歲，大有年。築北堤，立玄武湖於樂游苑北，[1]興景陽山于華林園，[2]役重人怨。

[1]玄武湖：在今江蘇南京市東北玄武門外。　樂遊苑：皇家園林名。又名北苑。在今江蘇南京市九華山一帶。

[2]華林園：宮苑名。前身是孫吴宮苑，東晋仿洛陽園名，改爲華林園。南朝宋文帝元嘉間進行了大規模的擴建。在今江蘇南京市雞鳴寺南古臺城内。

二十四年春正月甲戌，大赦，賜文武位一等。

夏四月，河、濟俱清。[1]

[1]河：黄河。　濟：濟水。包括黄河南、北兩部分。河北部分源出今河南濟源市王屋山，下游屢經變遷。河南部分本係黄河所分支流，其分流處在今河南滎陽市北，流經河南、山東入渤海。現在黄河下游的河道就是原來濟水的河道。

六月，都下疫癘，使巡省給醫藥。以貨貴，制大錢，一當兩。

秋八月乙未，徐州刺史衡陽王義季薨。

冬十一月甲寅，立皇子渾爲汝陽王。[1]

[1]渾：劉渾。字休淵，本書避唐高祖李淵諱作“休深”，宋文帝第十子。本書卷一四、《宋書》卷七九有傳。　汝陽王：大德本、殿本同，汲古閣本作“汝陰王”。本書卷一四、《宋書》卷七九《武昌王渾傳》皆云宋文帝文嘉二十四年（447）封汝陰王。底本誤。

是歲，徐、兖、青、冀四州大水。

二十五年春閏二月己酉，大蒐於宣武場。[1]

[1]大蒐：春獵爲蒐，秋獵爲狩。古代用蒐、狩訓練兵戰。宣武場：《資治通鑑》卷一二五《宋紀七》文帝元嘉二十五年胡三省注："建康倣洛都之制，築宣武場於臺城北。"

三月庚辰，校獵。

夏四月乙巳，新作閶闔、廣莫二門，[1]改先廣莫門曰承明，開陽門曰津陽。

[1]閶闔、廣莫二門：城門名。此二門是建康都城之門（參見周一良《魏晋南北朝史札記》，中華書局1985年版，第188頁）。

五月乙卯，[1]罷當兩大錢。

[1]乙卯：中華本據《宋書》卷五《文帝紀》改爲"己卯"，其校勘記云："按五月辛未朔，初九日己卯，無乙卯。"

六月庚戌，零陵王司馬元瑜薨。景寅，加荆州刺史南譙王義宣位司空。

八月甲子，立皇子彧爲淮陽王。[1]

[1]彧：劉彧。字休炳，即宋明帝。本書避唐高祖李淵父李昞諱作"休景"，宋文帝第十一子。本書卷三、《宋書》卷八有紀。

九月辛未，以尚書右僕射何尚之爲左僕射。

冬，青州城南遠望，見地中如水，有影，謂之“地鏡”。

二十六年春正月辛巳，祀南郊。

二月己亥，幸丹徒，謁京陵。

三月丁巳，[1]宴于丹徒宮，大赦；復丹徒縣僑舊今歲租布之半，[2]行所經過，蠲田租之半。癸亥，使祭晋故司空忠肅公何無忌墓。[3]壬午，至自丹徒。景戌，婆皇國，[4]壬辰，婆達國並遣使朝貢。[5]

[1]三月丁巳：中華本校勘記云：“按元嘉二十六年三月丁卯朔，無丁巳，四月丙申朔，二十二日丁巳。疑‘三月’爲‘四月’之譌。”

[2]租布：租指田租，布指丁布（或户布）。租布亦稱租調。

[3]何無忌：東海郯（今山東郯城縣）人。與劉裕起兵擊敗桓玄。後領兵鎮壓盧循，被盧循所殺，謚忠肅。《晋書》卷八五有傳。

[4]婆皇國：大德本、殿本同，汲古閣本無“婆”字。

[5]婆達國：古國名。亦稱闍婆達、闍婆。在今印度尼西亞爪哇島。

冬十月庚子，改封廣陵王誕爲隨郡王。癸卯，彗星見于太微。[1]甲辰，以楊州刺史始興王濬爲征北將軍、開府儀同三司、徐兖二州刺史。

[1]太微：星官名。三垣之一。在北斗之南，軫宿和翼宿之北。古以爲天庭。

二十七年春正月辛卯，百濟國遣使朝貢。

二月，魏軍攻縣瓠。[1]以軍興，減百官奉禄三分之一。

[1]縣瓠：城名。即懸瓠。在今河南汝南縣。懸瓠城控帶潁洛，當時視爲淮泗屏蔽。東晋、南北朝爲南北軍事争奪要地。

三月乙丑，淮南太守諸葛闡求減俸禄，同内百官，於是諸州郡縣丞尉並悉同減。戊寅，罷國子學。

秋七月庚午，遣寧朔將軍王玄謨拒魏，[1]太尉江夏王義恭出次彭城，[2]總統諸軍。

[1]寧朔將軍：官名。雜號將軍。掌征伐或駐守。宋四品。王玄謨：字彦德，太原祁（今山西祁縣）人。本書卷一六、《宋書》卷七六有傳。

[2]彭城：郡名。治彭城縣，在今江蘇徐州市。

冬十一月丁未，大赦。

十二月庚午，魏太武帝率大衆至瓜步，[1]聲欲渡江，[2]都下震懼，咸荷擔而立。[3]壬午，内外戒嚴，緣江六七百里舳艫相接。始議北侵，朝士多有不同，至是，帝登烽火樓極望，不悦，謂江湛曰：[4]“北伐之計，同議者少，今日士庶勞怨，不得無慙。貽大夫之憂，在予過矣。”甲申，使饋百牢于魏。[5]

[1]瓜步：山名。又作瓜埠山。在今江蘇南京市六合區東南。

古時南臨大江，南北朝時屢爲軍事争奪要地。

[2]渡：大德本、汲古閣本、殿本作“度”。

[3]荷擔而立：挑著行李站著，即做好逃跑的準備。

[4]江湛：字徽淵，濟陽考城（今河南民權縣）人。本書避唐高祖李淵諱作“徽深”，爲宋文帝起草廢太子劉劭詔書，被劉劭所殺。本書卷三六有附傳，《宋書》卷七一有傳。

[5]百牢：牢原指祭祀時所用之犧牲，牛、羊、豕三牲齊備稱“太牢”，羊、豕稱“少牢”。此處所謂“百牢”，當指犒勞士兵的一百頭大牲畜。

二十八年春正月丁亥，魏太武帝自瓜步退歸，俘廣陵居人萬餘家以北，[1]徐、豫、青、冀、二兖六州殺略不可勝筭，[2]所過州郡，赤地無餘。

[1]廣陵：郡名。治廣陵縣，在今江蘇揚州市西北蜀岡上。

[2]二兖：南兖州、兖州。

二月甲戌，降太尉、領司徒江夏王義恭爲驃騎將軍、開府儀同三司。壬午，幸瓜步。是日，解嚴。

三月乙酉，車駕還宫。景申，拜初寧陵。大旱。

夏四月癸酉，婆達國遣使朝貢。己卯，[1]彗星見于昴。[2]是月，都下疾疫，使巡省給醫藥。[3]

[1]己卯：大德本、汲古閣本同，殿本作“乙卯”。

[2]昴：星宿名。二十八宿之一，西方白虎七宿的第四宿。又名髦頭、旄頭。

[3]巡省：大德本、汲古閣本同，殿本作“巡視”。

五月乙酉，亡命司馬順則自號齊王，據梁鄒城。[1]丁巳，婆皇國，戊戌，河南國並遣使朝貢。戊申，以尚書左僕射何尚之爲尚書令，太子詹事徐湛之爲左僕射、護軍將軍。[2]壬子，彗星見太微中，對帝坐。

[1]梁鄒城：城名。在今山東鄒平縣東北。

[2]徐湛之：字孝源，東海郯（今山東郯城縣）人。宋武帝外孫。以廢立事爲太子劉劭所害。本書卷一五有附傳，《宋書》卷七一有傳。　護軍將軍：官名。禁衛軍長官，略低於領軍將軍。資歷深者爲護軍將軍，資歷淺者爲中護軍。宋三品。

秋七月甲辰，進安東將軍倭王綏濟爲安東大將軍。

八月癸亥，[1]梁鄒平，斬司馬順則。是秋，猛獸入郭内爲灾。

[1]癸亥：大德本同，汲古閣本、殿本作“癸酉”。《宋書》卷五《文帝紀》亦作“癸亥”。

冬十月癸亥，高麗國遣使朝貢。

十一月壬寅，曲赦二兗、徐、豫、青、冀六州，徙彭城流人於瓜步，淮西流人于姑熟，[1]合萬許家。

[1]姑熟：地名。又作姑孰、南洲（南州）。在今安徽當塗縣。因臨姑孰溪得名。東晉時築城，地當長江津要，東晉、南朝爲京師建康西南藩籬。

是歲，魏正平元年。[1]

[1]正平：北魏太武帝拓跋燾年號（451—452）。

二十九年春正月甲午，詔經寇六州，仍逢災澇，可量加救贍。

二月乙卯，雷且雪。戊午，立皇子休仁爲建安王。[1]

[1]休仁：劉休仁。宋文帝第十二子。本書卷一四、《宋書》卷七二有傳。

三月壬午，大風拔木，都下火。

夏四月戊午，訶羅單國遣使朝貢。

秋七月壬辰，改封汝陰王渾爲武昌王，淮陽王彧爲湘東王。丁酉，省大司農、太子僕、廷尉監官。[1]

[1]大司農：官名。東晋、南北朝國家財政歸尚書省主管，大司農或置或省，所掌唯倉儲園苑及供膳之庶務。宋三品。大德本、殿本同，汲古閣本作“大司馬”。《宋書》卷五《文帝紀》作“大司農”。　太子僕：官名。掌管輿馬和親族，與家令、率更令並稱太子三卿。宋五品。　廷尉監：官名。屬廷尉，執行具體逮捕任務。亦參議案例，與廷尉正、廷尉平互相監督。宋六品。

九月丁亥，[1]以平西將軍吐谷渾拾寅爲安西將軍、秦河二州刺史，封河南王。

［1］丁亥：大德本、汲古閣本、殿本作“乙亥”。中華本校勘記云:“‘丁亥’各本作‘乙亥’，按是月壬午朔，初六日丁亥，無乙亥，據《宋書》改。”底本是。

冬十一月壬寅，楊州刺史廬陵王紹薨。

十二月戊辰，黄霧四塞。辛未，以南兖州刺史江夏王義恭爲大將軍、南徐州刺史，録尚書如故。

是歲，魏中常侍宗愛構逆，太武皇帝崩，乃奉南安王余爲帝，改元爲承平，後又賊余；於是殿中尚書長孫渴侯、尚書陸麗奉皇孫，是爲文成皇帝，[1]改元曰興安。[2]

［1］文成皇帝：北魏文成帝拓跋濬。太武帝長孫。在位十四年（452—465）。《魏書》卷五、《北史》卷二有紀。

［2］興安：北魏文成帝拓跋濬年號（452—454）。安，大德本、殿本同。汲古閣本作“元”，誤。

三十年春正月乙亥朔，會群臣於太極前殿，有青黑氣從東南來，覆映宫上。戊寅，以司空、荆州刺史南譙王義宣爲司徒、中軍將軍、楊州刺史。[1]壬午，以南徐州刺史始興王濬爲衛將軍、開府儀同三司、荆州刺史。戊子，使江州刺史武陵王駿統衆軍伐西陽蠻。[2]

［1］中軍將軍：官名。南朝置爲重號將軍，宋位比四鎮將軍。宋三品。

［2］西陽蠻：又稱五水蠻。兩晋、南朝時分布在今鄂東及皖西南的大别山區與長江之間。居地爲水陸要衝，生産發達。南朝宋、

齊於其地設立左郡、左縣。與漢人雜居，逐漸融合。

二月甲子，元凶劭搆逆，帝崩于合殿，時年四十七。謚景皇帝，廟號中宗。三月癸巳，葬長寧陵。孝武帝踐祚，[1]追改謚曰文帝，廟號太祖。

[1]踐祚：即位，登基。

帝聰明仁厚，雅重文儒，躬勤政事，孜孜無怠，[1]加以在位日久，惟簡靖爲心。[2]于時政平訟理，朝野悦睦，自江左之政，所未有也。又性存儉約，不好奢侈。車府令嘗以輦篷故，[3]請改易之；又輦席舊以烏皮緣故，欲代以紫皮，上以竹篷未至於壞，紫色貴，並不聽改。其率素如此云。

[1]怠：大德本、殿本同，汲古閣本作“忌”。

[2]靖：大德本、殿本同，汲古閣本作“静”。

[3]車府令：官名。掌乘輿諸車。東晋、南朝皆隸尚書省駕部。輦篷：爲車上篷蓋，用竹做成穹形架於車上，覆以席布。篷，同“篷”。故：舊。

世祖孝武皇帝，諱駿，字休龍，小字道人，[1]文帝第三子也。元嘉七年八月庚午夜生，有光照室。少機穎，神明爽發，讀書七行俱下，才藻甚美，雄决愛武，長於騎射。

[1]道人：《宋書》卷六《孝武帝紀》作“道民”，本書避唐太宗李世民諱改。

十二年，立爲武陵王，二十二年，累遷雍州刺史。[1]自晋江左以來，襄陽未有皇子重鎮，時文帝欲經略關、河，[2]故有此授。及魏太武大舉至淮南，時帝鎮彭城，魏使尚書李孝伯至，[3]帝遣長史張暢與語，[4]而帝改服觀之。孝伯目帝不輟，及出，謂人曰：“張侯側有人風骨視瞻，非常士也。”二十八年，爲都督、江州刺史。時緣江蠻爲寇，文帝遣太子步兵校尉沈慶之等伐之，[5]使上總統衆軍。

[1]雍州：州名。治襄陽縣，在今湖北襄陽市。

[2]關、河：關指關中，河指黄河。泛指中原地區。

[3]魏：大德本、殿本同，汲古閣本無此字。　李孝伯：趙郡平棘（今河北趙縣）人。《魏書》卷五三、《北史》卷三三有傳。

[4]張暢：字少微，吴郡吴（今江蘇蘇州市）人。時爲安北將軍長史，受命與北魏尚書李孝伯交語，言詞敏捷，爲時人所稱。本書卷三二有附傳，《宋書》卷五九有傳。

[5]太子步兵校尉：官名。掌東宫護衛。南朝宋置，員七人，爲太子三校之一。　沈慶之：字弘先，吴興武康（今浙江德清縣）人。本書卷三七、《宋書》卷七七有傳。

三十年正月，出次西陽之五洲，[1]會元凶弑逆，上率衆入討。荆州刺史南譙王義宣、雍州刺史臧質並舉義兵。[2]

[1]西陽：郡名。僑寄西陽縣，在今湖北黄岡市黄州區東。五洲：一名伍洲。在今湖北浠水縣西南巴河口與浠水口之間的長江中。江中五洲相接，故名。

[2]臧質：字含文，東莞莒（今山東莒縣）人。宋武帝臧皇后之侄。本書卷一八有附傳，《宋書》卷七四有傳。

三月乙未，建牙于軍門。[1]是時多不悉舊儀，有一翁斑白，自稱少從武帝征伐，頗悉其事，因使指麾，事畢，忽失所在。自冬至春，常東北風，連陰不霽，其日牙立之後，風轉而西南，景色開霽，[2]有紫雲二蔭于牙上。

[1]建牙：謂出師前樹立軍旗。

[2]開霽：天空放晴。

四月辛酉，上次溧州。[1]景寅，次江寧。[2]丁卯，大將軍江夏王義恭來奔，奉表上尊號。戊辰，上至新亭。己巳，即皇帝位，大赦，改文帝號謚。以大將軍江夏王義恭爲太尉、南徐州刺史。庚午，以荆州刺史南譙王義宣爲中書監、丞相、楊州刺史，[3]並録尚書六條事。以安東將軍隨王誕爲衛將軍、荆州刺史。加雍州刺史臧質車騎將軍。並開府儀同三司。以江州刺史撫軍將軍蕭思話爲尚書左僕射。[4]壬申，以征虜將軍王僧達爲右僕射。[5]改新亭爲中興亭。

[1]溧州：又作洌洲。在今江蘇南京市西南長江中。《宋書》

卷六《孝武帝紀》作“溧洲”。

［2］江寧：縣名。治所在今江蘇南京市江寧區江寧街道。

［3］中書監：官名。與中書令共爲中書省長官，唯入朝時班次略高於令。典尚書奏事，掌朝政機密，草擬及發布詔令。南朝時中書令、監多用作重臣加官。宋三品。　丞相：官名。魏晋南北朝時設時廢，多用以位置權臣。宋一品。

［4］加雍州刺史臧質車騎將軍。並開府儀同三司。以江州刺史撫軍將軍蕭思話爲尚書左僕射：大德本、殿本同，汲古閣本“並”字在“車”字前。中華本改作“加雍州刺史臧質車騎將軍、江州刺史。並開府儀同三司。撫軍將軍蕭思話爲尚書左僕射”，其校勘記云：“‘江州刺史’上各本有‘以’字，在‘並開府儀同三司’下。按《宋書》作‘安東將軍隨王誕爲衛將軍、開府儀同三司、荆州刺史；雍州刺史臧質爲車騎將軍、開府儀同三司、江州刺史’。此不當有‘以’字，今據删。‘江州刺史’亦移在‘並’字上。‘並’謂隨王誕、臧質並爲儀同三司。”所説是。

［5］王僧達：琅邪臨沂（今山東臨沂市）人，王弘子，臨川王劉義慶婿。本書卷二一有附傳，《宋書》卷七五有傳。

夏五月乙亥，輔國將軍朱脩之剋東府。[1]景申，剋建鄴，二凶及同逆並伏誅。[2]庚辰，詔分遣大使巡省方俗。是日解嚴。辛巳，幸東府城。甲申，尊所生路淑媛爲皇太后。[3]乙酉，立妃王氏爲皇后。[4]壬辰，以太尉江夏王義恭爲太傅，[5]領大司馬。[6]甲午，謁初寧陵，曲赦建鄴二百里内，并蠲今年租税。戊戌，以撫軍將軍南平王鑠爲司空，建平王宏爲尚書左僕射。

［1］輔國將軍：官名。東漢置，掌征伐。南朝沿置。宋三品。

朱脩之：字恭祖，義陽平氏（今河南桐柏縣）人。本書卷一六、《宋書》卷七六有傳。　東府：城名。南臨秦淮河，爲南朝宰相兼揚州刺史的府第。在今江蘇南京市通濟門附近。

[2]二凶：指太子劉劭與始興王劉濬。

[3]路淑媛：名惠男，丹陽建康（今江蘇南京市）人。宋文帝妃，孝武帝生母。本書卷一一、《宋書》卷四一有傳。

[4]王氏：宋孝武帝皇后王憲嫄，琅邪臨沂（今山東臨沂市）人。本書卷一一、《宋書》卷四一有傳。

[5]太傅：官名。南朝時太傅名義尊崇而實無職事，多用以安置元老勳臣。宋一品。

[6]大司馬：官名。南朝不常授，多用作贈官。宋一品。

六月景午，車駕還宫。初置殿門及上閤門屯兵。庚午，[1]以丹陽尹褚湛之爲尚書右僕射。[2]庚申，詔有司論功班賞各有差。辛酉，安西將軍、西秦河二州刺史吐谷渾拾寅進號鎮西大將軍、開府儀同三司。辛未，改封南譙王義宣爲南郡王，[3]隨王誕爲竟陵王。

[1]庚午：中華本校勘記云："下有辛未。按元嘉三十年六月壬寅朔，辛未爲三十日，庚午當在辛未之前，即二十九日。"

[2]褚湛之：字休玄，河南陽翟（今河南禹州市）人。本書卷二八、《宋書》卷五二有附傳。

[3]南郡：郡名。治江陵縣，在今湖北荆州市荆州區。

閏月景子，遣兼散騎常侍樂詢等十五人巡行風俗。[1]庚申，[2]加太傅江夏王義恭録尚書事，以荆州刺史竟陵王誕爲侍中、驃騎大將軍、開府儀同三司、揚州刺史。[3]甲申，蠲尋陽、西陽郡租布三年。[4]是月，置衛尉官。[5]

[1]遣：大德本、殿本同，汲古閣本無此字。　兼：官制術語。南北朝時凡祭祀、奉使等臨時委官代行某職，皆曰兼某職。　散騎常侍：官名。東晋時參掌機密，選望甚重，職任比於侍中。南朝以後隸屬集書省，掌管圖書文翰。地位驟降，用人漸輕。宋三品。

[2]庚申：中華本校勘記云："按元嘉三十年閏六月壬申朔，初五日丙子，中間有九日庚辰，十三日甲申，無庚申。疑'庚申'爲'庚辰'之訛。"

[3]侍中：官名。侍中省長官。職掌典内侍署、文武侍從、掌璽參乘，乃至封駁、平尚書奏事等。宋三品。

[4]尋陽：郡名。治柴桑縣，在今江西九江市西南。

[5]衛尉：官名。掌宫門宿衛屯兵。東晋省，南朝宋復置。宋三品。梁、陳稱衛尉卿。

秋七月辛丑朔，日有蝕之。辛酉，詔崇儉約，禁淫侈。己巳，司空南平王鑠薨，以侍中南郡王世子恢爲尚書右僕射。

冬十月癸未，聽訟於閲武堂。

十一月景辰，停臺省衆官朔望問訊。[1]景寅，高麗國遣使朝貢。

[1]問訊：大德本、汲古閣本、殿本作"問記"。

十二月甲戌，省都水使者官，[1]置水衡令官。[2]癸未，以將置東宫，省太子率更令、步兵、翊軍校尉、旅賁中郎將、冗從僕射、左右積弩將軍官。[3]中庶子、中舍人、庶子、舍人、洗馬各減舊員之半。[4]

[1]都水使者：官名。管理全國河渠灌溉水運事務。宋四品。

[2]水衡令：官名。南朝宋孝武帝初置，以代都水使者之職，旋復故。

[3]太子率更令：官名。掌太子宫殿門衛及賞罰等事，隸太子詹事。宋五品。　翊軍校尉：官名。太子翊軍校尉。南朝宋置，員七人，太子三校之一，隸太子左、右衛率。　旅賁中郎將、冗從僕射：二官名。合稱太子二將，掌東宫護衛。　左右積弩將軍：二官名。太子左積弩將軍、太子右積弩將軍。南朝宋置，爲東宫侍從武官，員二人。

[4]中庶子：官名。即太子中庶子。掌東宫管記。宋五品。　中舍人：官名。太子中舍人。與中庶子共掌文翰，位在中庶子下，洗馬之上。宋六品。　庶子：官名。即太子庶子。爲太子的親近侍從官，獻納規諫。宋五品。　舍人：官名。即太子舍人。掌文章書記。宋七品。　洗馬：官名。即太子洗馬。掌文翰。宋七品。馬宗霍《南史校證》云："按劭爲太子時，東宫置兵與羽林等，遂促成其篡弑之謀。孝武减省東宫官員，故胡注云懲元凶劭之禍。"（湖南教育出版社 2008 年版，第 45 頁）

孝建元年春正月己亥朔，[1]祀南郊，大赦，改元。壬戌，更鑄四銖錢。景寅，立皇子子業爲皇太子，賜天下爲父後者爵一級。是月，起正光殿。

[1]孝建：南朝宋孝武帝劉駿年號（454—456）。

二月庚子，[1]豫州刺史魯爽，[2]車騎將軍、江州刺史臧質，丞相、荆州刺史南郡王義宣，兗州刺史徐道寶舉兵反。[3]壬午，曲赦豫州。

[1]庚子：中華本改作“庚午”，其校勘記云：“‘庚午’各本作‘庚子’。按是月戊辰朔，初三日庚午，無庚子，據《宋書》改。”

[2]魯爽：小名女生，扶風郿（今陝西眉縣）人。本書卷四〇、《宋書》卷七四有傳。

[3]徐道寶：《宋書》卷六《孝武帝紀》作“徐遺寶”。中華本校勘記云：“‘遺’各本作‘道’。張森楷《南史校勘記》：‘《宋書》“道”作“遺”，據義宣及垣護之傳並作“遺寶”，則“道”字誤也。’按《建康實録》作‘遺’，今據改。”應據改。徐遺寶，初爲荆州刺史劉義宣參軍，爲前鋒討劉劭，以功遷兗州刺史。劉義宣謀反，起兵響應，兵敗被殺。事見《宋書》卷六八《武二王傳》。

三月癸亥，[1]内外戒嚴。

[1]癸亥：中華本改作“己亥”，其校勘記云：“‘己亥’各本作‘癸亥’。《宋書》‘癸亥’下出‘辛丑’，《通鑑考異》云：‘按長曆是月戊戌朔，癸亥二十六日，辛丑乃四日也。當作己亥。’按是月己亥爲初二日。《考異》説是，今從改。”

夏五月甲寅，義宣等攻梁山，[1]左衛將軍王玄謨大破之。[2]己未，解嚴。癸亥，以吴興太守劉延孫爲尚書右僕射。[3]

[1]梁山：山名。在今安徽蕪湖市北長江濱。東梁山與對岸西

梁山相對峙，合稱天門山。自古爲江防要地。

[2]左衛將軍：官名。掌宫廷宿衛。領宿衛營兵，爲禁衛軍長官之一。宋四品。

[3]劉延孫：彭城吕（今江蘇徐州市銅山區）人。本書卷一七有附傳，《宋書》卷七八有傳。

六月戊辰，臧質走至武昌，[1]爲人所斬，傳首建鄴。甲戌，撫軍將軍柳元景進號撫軍大將軍，[2]及鎮北大將軍沈慶之並開府儀同三司。癸未，罷南蠻校尉官。戊子，省録尚書官。庚寅，義宣於江陵賜死。

[1]武昌：郡名。治武昌縣，在今湖北鄂州市。

[2]撫軍將軍：官名。南朝宋時，此職與中軍將軍、鎮軍將軍位比四鎮將軍。宋三品。　柳元景：字孝仁，河東解（今山西臨猗縣）人。本書卷三八、《宋書》卷七七有傳。

秋七月景申朔，日有蝕之，既。[1]景辰，大赦，賜文武爵一級。

[1]既：指日全食。《春秋》桓公三年云："秋七月壬辰朔，日有食之，既。"楊伯峻注："既，盡也。日全食也。"

冬十月戊寅，詔開建仲尼廟，制同諸侯之禮，詳擇爽塏，[1]厚給祭秩。

[1]爽塏：高爽乾燥的地方。

十一月癸卯，復置都水使者官。始課南徐州僑人租。

是歲，魏興光元年。[1]

[1]興光：北魏文成帝拓跋濬年號（454）。

二年春二月己丑，婆皇國遣使朝貢。景寅，以南兗州刺史沈慶之爲左光禄大夫、開府儀同三司。

夏四月壬申，河南國遣使朝貢。

五月乙未，熒惑入南斗。[1]戊戌，以湘州刺史劉遵考爲尚書右僕射。[2]

[1]熒惑：指火星。因隱現不定，令人迷惑，故名。古人迷信，認爲熒惑運行到某一星宿，與這一星宿相應的州郡就要發生禍殃。　南斗：星名。南斗六星，總稱斗宿。

[2]湘州：州名。治臨湘縣，在今湖南長沙市。嚴耕望云："自晋以來，湘州屢置屢廢，至宋孝武帝孝建元年復置以後，其事始定。"〔參見嚴耕望《中國地方行政制度史·魏晋南北朝地方行政制度（上）》，上海古籍出版社 2007 年版，第 62 頁〕　劉遵考：宋武帝族弟。本書卷一三、《宋書》卷五一有傳。

六月甲子，以國哀除釋，大赦。

秋七月癸巳，立皇弟休祐爲山陽王、休茂爲海陵王、休業爲鄱陽王。[1]己酉，槃槃國遣使朝貢。[2]

[1]休祐：劉休祐。宋文帝第十三子。本書卷一四、《宋書》卷七二有傳。　休茂：劉休茂。宋文帝第十四子。本書卷一四、

《宋書》卷七九有傳。　休業：劉休業。宋文帝第十五子。本書卷一四、《宋書》卷七二有傳。

[2]槃槃國：古國名。一譯盤盤。在今泰國南部萬倫灣沿岸。或以爲在馬來半島北部。

八月庚申，雍州刺史武昌王渾有罪，廢爲庶人，自殺。辛酉，斤陀利國遣使朝貢。[1]三吴飢，[2]詔所在振貸。

[1]斤陀利國：古國名。又名干陀利。在今印度尼西亞蘇門答臘島的巨港一帶。

[2]三吴：古地區名。東晋、南朝時所指不一：一説爲吴郡、吴興、會稽，一説爲吴郡、吴興、義興。

九月丁亥，[1]閲武於宣武場。

[1]九月丁亥：中華本校勘記云："按孝建二年九月己丑朔，是月無丁亥。"

冬十月壬午，以楊州刺史竟陵王誕爲司空、南徐州刺史，以尚書左僕射建平王宏爲尚書令。

十一月辛亥，高麗國遣使朝貢。

是歲，魏太安元年。[1]

[1]太安：北魏文成帝拓跋濬年號（455—459）。

三年春正月庚寅，立皇弟休範爲順陽郡王，休若爲巴陵郡王。[1]戊戌，立皇子子尚爲西陽郡王。[2]辛丑，[3]祀南郊。以驃騎將軍建昌忠公到彦之，衛將軍、左光禄大夫新建文宣侯王華，豫寧文侯王曇首配饗文帝廟庭。壬子，皇太子納妃。甲寅，大赦。群臣上禮。

[1]休範：劉休範。宋文帝第十八子。本書卷一四、《宋書》卷七九有傳。　休若：劉休若。宋文帝第十九子。本書卷一四、《宋書》卷七二有傳。

[2]子尚：劉子尚。宋孝武帝第二子。本書卷一四、《宋書》卷八〇有傳。

[3]辛丑：大德本、殿本同，汲古閣本作"辛巳"。

二月丁丑，制朔望臨西堂，[1]接群下，受奏事。

[1]西堂：宫殿名。南朝建康宫（臺城）的政治中心爲太極殿（正殿），太極殿兩旁之東、西朝堂（便殿）作爲日常朝宴之所。

閏三月癸酉，鄱陽王休業薨。

夏四月甲子，[1]初禁人車及酒肆器用銅。

[1]夏四月甲子：中華本校勘記云："按孝建三年四月乙酉朔，是月無甲子。"

五月辛酉，制荆、徐、兖、豫、雍、青、冀七州統内，家有馬一疋者，蠲復一丁。

秋九月壬戌，以丹陽尹劉遵考爲尚書左僕射。[1]

［1］尚書左僕射：中華本改爲“尚書右僕射”，其校勘記云：“‘右’各本作‘左’。按《宋書》大明三年春正月己丑紀：‘尚書右僕射劉遵考爲領軍將軍’，則作‘右’是，據《通鑑》改。”

冬十月景午，太傅江夏王義恭進位太宰，領司徒。[1]

［1］太宰：官名。東晋、南朝用作贈官，多用以安置元老勳舊，名義尊榮，無職掌。宋一品。

大明元年春正月辛亥朔，[1]大赦，改元。庚午，都下雨水。辛未，遣使檢行，賜以樵米。

［1］大明：南朝宋孝武帝劉駿年號（457—464）。　辛亥：大德本、殿本同，汲古閣本作“乙亥”。《宋書》卷六《孝武帝紀》亦作“辛亥”。

三月壬戌，制大臣加班劍者不得入宫城門。[1]

［1］班劍：飾有花紋的木劍。漢制，朝服帶劍。至晋代之以木，謂之班劍，虎賁持之，用作儀仗，是皇帝對王公大臣的一種恩賜。

夏四月，都下疾疫。景申，遣使巡，賜給醫藥；死而無收斂者，官爲斂埋。

五月，吴興、義興大水，人飢。乙卯，遣使開倉振恤。癸酉，[1]聽訟于華林園。自是，非巡狩軍役，則車駕歲三臨訊。景寅，芳香琴堂東西有雙橘連理，[2]景陽樓上層西南梁栱間有紫氣，清景殿西甍鴉尾中央生嘉禾，[3]一株五莖。改景陽樓爲慶雲樓，清景殿爲嘉禾殿，芳香琴堂爲連理堂。乙亥，以輔國將軍梁瑾葱爲河州刺史，[4]封宕昌王。

[1]癸酉：中華本校勘記云："下有丙寅。按大明元年五月己酉朔，十八日丙寅，二十五日癸酉，癸酉不應在丙寅前。"

[2]芳香：大德本、汲古閣本同，殿本作"芳春"。

[3]清景殿：大德本同，汲古閣本、殿本作"清暑殿"。本卷下同，不另注。　鴉尾：古代宮殿屋脊兩端瓦製的獸形裝飾物。外形略如鴟尾，因稱。鴉，同"鴟"。　生：大德本、殿本同，汲古閣本作"主"。　嘉禾：一莖多穗的禾，古人認爲是祥瑞的徵兆。

[4]梁瑾葱：羌族。宕昌王。地在仇池以西，天水以南。其政治中心宕昌在今甘肅宕昌縣。後爲北周所滅，以其地置宕州。瑾，大德本、殿本同，汲古閣本此處爲墨釘。葱，大德本、汲古閣本、殿本作"蔥"。

秋七月辛未，土斷雍州諸僑郡縣。[1]

[1]土斷：東晋、南朝整理僑州郡縣，使僑寓户口編入所在郡縣的政策。令北方流亡的士民，就所居地作爲土著，户口編入所在郡縣，向朝廷納租税，服徭役。實行土斷法，目的在於增加國家財政收入。

九月，建康、秣陵二縣各置都官從事一人，[1]司水、火、劫、盜。

［1］建康：縣名。治所在今江蘇南京市。按，建康爲京邑二縣之一。所轄秦淮河北岸一帶。　秣陵：縣名。治所在今江蘇南京市。按，秣陵爲京邑二縣之一。所轄秦淮河南岸平原一帶。　都官從事：官名。職掌水、火、劫、盜的防控。類似今天的城管系統。

冬十月甲辰，以百濟王餘慶爲鎮東大將軍。

十二月丁亥，改封順陽王休範爲桂陽王。

二年春正月辛亥，祀南郊。景辰，復郡縣田秩，[1]并九親禄奉。壬戌，拜初寧陵。

［1］田秩：即田禄。指地方官俸禄。

二月景戌，衛將軍、尚書令建平王宏以本號開府儀同三司，以丹陽尹褚湛之爲尚書左僕射。

三月丁未，尚書令建平王宏薨。乙卯，以田農要月，命太官停殺牛。[1]

［1］太官：官署名。掌宫廷膳食，由令、丞主之。

夏四月甲申，立皇子子綏爲安陸王。[1]辛丑，地震。

［1］子綏：劉子綏。宋孝武帝第四子。事見本書卷一四《孝武諸子傳》、《宋書》卷六一《江夏文獻王義恭傳》。

六月戊寅，增置吏部尚書一人，[1]省五兵尚書官。[2]丁亥，加左光禄大夫何尚之開府儀同三司。

[1]增置吏部尚書一人：《通典·選舉典二》云：宋孝武帝“不欲重權在下，乃分吏部置兩尚書以散其權”。

[2]五兵尚書：官名。主管全國軍事行政，領中兵、外兵、騎兵、别兵、都兵五郎曹。宋、齊僅領中兵、外兵二曹。宋三品。隋以後改爲“兵部尚書”。

秋八月景戌，中書令王僧達下獄死。[1]

[1]中書令：官名。中書省長官之一，典尚書奏事，掌朝政機密，出納詔命。南朝時期中書令清閑無事，多用作重臣加官。宋三品。

九月壬戌，襄陽大水，遣使巡行振恤。庚午，置武衛將軍、武騎常侍官。[1]

[1]武衛將軍：官名。三國魏、吴皆置，掌宿衛禁軍。宋孝武帝復置，代殿中將軍之任，比員外散騎常侍，權任漸輕。　武騎常侍：官名。宋孝武帝復置，用以安置閑散，隸中領軍（領軍將軍），位比奉朝請，爲禁衛低級武官。

冬十一月己亥，[1]制諸王及妃主庶姓位從公者，喪事聽設凶門，[2]餘悉斷。

[1]十一月：大德本、汲古閣本、殿本作“十二月”。《宋書》卷六《孝武帝紀》作“十二月”。

[2]凶門：舊時辦喪事在門外用白絹或白布結扎成門形，稱“凶門”。

是歲，河南、高麗、林邑等國並遣使朝貢。

三年春正月己丑，以領軍將軍柳元景爲尚書令。

二月乙卯，以楊州所統六郡爲王畿，[1]以東楊州爲楊州。[2]甲子，復置廷尉監官。

[1]楊州所統六郡：此六郡爲丹陽、淮南、宣城、吴郡、吴興、義興。

[2]東楊州：州名。宋孝武帝孝建元年（454）分揚州置。治山陰縣，在今浙江紹興市。管轄會稽、東陽、永嘉、臨海、新安五郡。前廢帝永光元年（465）廢。

夏四月乙卯，司空、南兖州刺史竟陵王誕有罪，貶爵，誕不受命，據廣陵反。以沈慶之爲車騎大將軍、開府儀同三司、南兖州刺史，討誕。

秋八月己巳，[1]剋廣陵城，斬誕，悉誅城内男丁，以女口爲軍賞。是日解嚴。辛未，大赦。景子，以丹陽尹劉秀之爲尚書右僕射。[2]景戌，加南兖州刺史沈慶之位司空。

[1]秋八月己巳：中華本據《宋書》卷六《孝武帝紀》改作“秋七月己巳”。

[2]劉秀之：字道寶，東莞莒（今山東莒縣）人。本書卷一五有附傳，《宋書》卷八一有傳。

九月壬辰，於玄武湖北立上林苑。[1]甲午，移南郊壇於牛頭山，[2]以正陽位。

[1]上林苑：又名西苑。宋孝武帝大明三年（459）九月建，位置在玄武湖北。大致在今江蘇南京市小紅山動物園一帶。

[2]牛頭山：又名牛首山。在今江蘇南京市西南。

冬十一月甲子，立皇后蠶宫於西郊。

十二月辛酉，置謁者僕射官。[1]

[1]謁者僕射：官名。職掌朝會司儀，或奉命出使，職權較漢代爲輕。宋五品。

是歲，婆皇、河西、高麗、肅慎等國各各遣使朝貢。西域獻儛馬。[1]

[1]儛：同“舞”。

四年春正月辛未，祀南郊。甲戌，宕昌國遣使朝貢。乙亥，親耕藉田，大赦。庚寅，立皇子子勛爲晋安王，[1]子房爲尋陽王，[2]子頊爲歷陽王，[3]子鸞爲襄陽王。[4]

[1]子勛：劉子勛。字孝德，宋孝武帝第三子。本書卷一四、《宋書》卷八〇有傳。

[2]子房：劉子房。字孝良，宋孝武帝第六子。本書卷一四、《宋書》卷八〇有傳。

[3]子頊：劉子頊。字孝烈（《宋書》作“孝列”），宋孝武帝第七子。本書卷一四、《宋書》卷八〇有傳。

[4]子鸞：劉子鸞。字孝羽，宋孝武帝第八子。本書卷一四、

《宋書》卷八〇有傳。

三月甲申，皇后親桑于西郊。

夏四月景午，詔四時供限，詳減太半。辛亥，太宰江夏王義恭等表請封岱宗，[1]詔不從。辛酉，[2]詔以都下疾疫，遣使存問，并給醫藥。其亡者隨宜振恤。

[1]岱宗：即泰山。古代帝王常在泰山舉行封禪大典。

[2]辛酉：大德本、汲古閣本同，殿本作"辛丑"。

五月景戌，尚書左僕射褚湛之卒。

秋七月甲戌，光禄大夫、開府儀同三司何尚之薨。[1]

[1]光禄大夫：中華本據《宋書》卷六《孝武帝紀》補爲"左光禄大夫"。

八月，雍州大水，甲寅，遣加振恤。

九月丁亥，改封襄陽王子鸞爲新安王。

冬十月庚寅，遣遣新除司沈慶之討緣江蠻。[1]

[1]遣遣：大德本、汲古閣本、殿本作"遣"。底本誤。　司：大德本、汲古閣本、殿本作"司空"。底本誤。

十一月戊辰，改細作署令爲左右御府令。[1]景戌，復置大司農官。

［1］細作署：官署名。南朝劉裕始建宋朝，將原相府細作署劃歸宫廷，設令、丞，掌監製供奉御用精美器玩之物，隸門下省。後改名御府。齊、梁、陳復名細作，梁、陳改隸少府卿。

十二月辛丑，幸廷尉寺，[1]宥繫囚。魏遣使通和。丁未，幸建康縣，原放獄囚。倭國遣使朝貢。

［1］廷尉：官名。掌司法刑獄。南朝又置建康三官，分掌刑法審判，廷尉職權較漢代爲輕。宋三品。

是歲，魏和平元年。[1]

［1］和平：北魏文成帝拓跋濬年號（460—465）。

五年春正月戊午朔，華雪降，散爲六出，上悦，以爲瑞。

二月癸巳，閲武，軍幢以下，普加班錫，多所原宥。

三月甲戌，行幸江乘，[1]遣祭故太保王弘、光禄大夫王曇首墓。

［1］江乘：縣名。治所在今江蘇句容市北。

夏四月癸巳，改封西陽王子尚爲豫章王。景申，加尚書令柳元景左光禄大夫、開府儀同三司。景午，雍州刺史海陵王休茂殺司馬庾深之，[1]舉兵反，參軍尹玄慶起義，[2]斬之，傳首建鄴。

[1]庾深之：新野（今河南新野縣）人。爲海陵王劉休茂司馬，行府事。休茂性急疾，欲自專。深之屢諫，爲休茂所殺。事見本書卷四九《庾杲之傳》、《宋書》卷七九《海陵王休茂傳》。

[2]尹玄慶：本書卷一四作“尹玄度”。《宋書》《資治通鑑》並作“尹玄慶”。

五月，起明堂於國學南景巳之地。[1]癸亥，制帝室朞親，[2]官非禄官者，月給錢十萬。

[1]明堂：古代帝王宣明政教的地方。凡朝會、祭祀、慶賞、選士、養老、教學等大典，都在此舉行。

[2]朞親：服喪一年的親屬。朞，同“期”。

秋七月丁卯，高麗國遣使朝貢。庚午，曲赦雍州。

八月戊子，立皇子子仁爲永嘉王，[1]子真爲始安王。[2]己丑，詔以來歲脩葺庠序，旌延國冑。庚寅，制方鎮所假白板郡縣，[3]年限依臺除，食禄三分之一，不給送故。[4]衛將軍東海王禕以本號開府儀同三司。

[1]子仁：劉子仁。字孝和，宋孝武帝第九子。本書卷一四、《宋書》卷八〇有傳。

[2]子真：劉子真。字孝貞，宋孝武帝第十一子。本書卷一四、《宋書》卷八〇有傳。

[3]白板郡縣：指不由吏部正式任命，而由地方軍政長官自行選用的郡縣官職。

[4]送故：魏晋南北朝時，州郡長官遷轉離任，其屬僚隨之遷轉，繼續服務。或者地方上饋贈金銀財物，包括運送船隻等。對這種白板郡縣，除食禄只給朝命官吏的三分之一以外，去職時還不能享受朝命官吏能够享受的"送故"特權。

九月甲寅，日有蝕之。丁卯，行幸琅邪郡，[1]原遣囚繫。庚午，河、濟清。

[1]琅邪郡：僑郡名。初治金城，在今江蘇句容市西北。齊武帝永明元年（483）移治白下城，在今江蘇南京市北金川門外幕府山南麓。

閏月景申，初立馳道，[1]自閶闔門至于朱雀門，[2]又自承明門至于玄武湖。[3]壬寅，改封歷陽王子頊爲臨海王。

[1]馳道：古代供君王行駛車馬的快速道路。
[2]閶闔門：城門名。建康宫的南門。　朱雀門：又稱大航門。建康都城的南門。在今江蘇南京市中華門内，秦淮河邊。
[3]承明門：城門名。臺城（宫城）六門之一。

冬十月甲寅，以南徐州刺史劉延孫爲尚書左僕射。

十二月壬申，以領軍將軍劉遵考爲尚書右僕射。甲戌，制天下人户歲輸布四匹。

六年春正月辛卯，祀南郊。是日，又宗祀文皇帝于明堂，以配上帝。大赦。乙未，置五官中郎將、左右中郎將官。[1]

[1]五官中郎將、左右中郎將：官名。南朝復置，爲侍從武官，分司丹禁，改隸中領軍（領軍將軍）。宋四品。

二月乙卯，復百官禄。[1]

[1]復百官禄：宋文帝元嘉二十七年（450）以軍興減内外百官俸禄三分之一，今始恢復。

三月庚寅，立皇子子元爲邵陵王。[1]壬寅，以倭世子興爲安東將軍、倭國王。

[1]子元：劉子元。字孝善，宋孝武帝第十三子。本書卷一四、《宋書》卷八〇有傳。

夏四月庚申，新作大航門。

五月景戌，置凌室于覆舟山，[1]脩藏冰之禮。

[1]覆舟山：又名玄武山、九華山。在今江蘇南京市城區東北，太平門内西側。

六月辛酉，尚書左僕射劉延孫卒。

秋七月甲申，地震，有聲如雷，兖州尤甚，於是魯郡山摇者二。[1]乙未，立皇子子雲爲晋陵王。[2]

[1]魯郡：郡名。治鄒縣，在今山東鄒城市東南。

[2]子雲：劉子雲。字孝舉，宋孝武帝第十九子。本書卷一四、《宋書》卷八〇有傳。

八月乙丑，置清臺令官。[1]

[1]清臺令：官名。宋孝武帝大明六年（462）置。職掌不詳。朱銘盤《南朝宋會要》：序在太常下。

九月，制沙門致敬人主。乙未，以尚書右僕射劉遵考爲左僕射，以丹陽尹王僧朗爲右僕射。[1]

[1]王僧朗：王彧父，琅邪臨沂（今山東臨沂市）人。宋明帝時以皇后父，官至侍中、特進。事見本書卷二三《王彧傳》、《宋書》卷八五《王景文傳》。

冬十月丁卯，詔上林苑内士庶丘墓欲還合葬者，勿禁。

十一月己卯，陳留王曹虔秀薨。[1]

[1]陳留王曹虔秀：魏武帝七世孫。南朝宋所封二王後之一。

七年春正月癸未，詔剋日於玄武湖大閲水師，并巡江右，講武校獵。丁亥，以右衛將軍顔師伯爲尚書左僕射。[1]

[1]右衛將軍：官名。隸屬領軍將軍（中領軍），掌宫廷宿衛營兵。位在左衛將軍下。宋四品。　顔師伯：字長淵，本書避唐高祖李淵諱作“長深”，琅邪臨沂（今山東臨沂市）人。本書卷三四有附傳，《宋書》卷七七有傳。

二月甲寅，車駕巡南豫、南兖二州。丁巳，校獵烏江。[1]己未，登烏江縣六合山。[2]壬戌，大赦，行幸所經，無出今年租布，賜人爵一級，女子百户牛酒，[3]郡守邑宰及人夫從蒐者，普加霑賚。又詔蠲歷陽郡租輸三年，[4]遣使巡慰，問人疾苦。癸亥，行幸尉氏，[5]觀温泉。壬申，車駕至都，拜二廟，乃還宫。

[1]烏江：縣名。治所在今安徽和縣烏江鎮。

[2]六合山：又名方山、如方山。即今安徽和縣西北如花山。

[3]女子百户牛酒：政府對女性户主家庭的賞賜，其標準是每百户賞賜一頭牛、十石酒，每户折合百錢左右。

[4]歷陽：郡名。治歷陽縣，在今安徽和縣。

[5]尉氏：僑縣名。東晋安帝時僑置，爲秦郡治。治所在今江蘇南京市六合區。

夏四月甲子，詔自今非臨軍戰陣，一不得專殺；其罪人重辟者，[1]皆依舊先上須報，有司嚴加聽察，犯者以殺人罪論。

[1]其罪人重辟者：中華本改“人”作“入”，以爲形近而譌。

五月景子，詔自今刺史守宰動人興軍，皆須手詔施行；[1]惟邊隅外警及姦釁内發，變起倉卒者，不從此例。

[1]手詔：大德本、汲古閣本、殿本作“守詔”。按，《宋書》卷六《孝武帝紀》亦作“手詔”，中華本據《宋書》改。

六月戊申，蠕蠕、高麗等國並遣使朝貢。

秋七月乙亥，進高麗王高璉位車騎大將軍、開府儀同三司。

八月乙丑，立皇子子孟爲淮南王、子産爲臨賀王。[1]車駕幸建康、秣陵縣訊獄囚。

[1]子孟：劉子孟。字孝光，宋孝武帝第十六子。本書卷一四、《宋書》卷八〇有傳。　子産：劉子産。字孝仁，宋孝武帝第十八子。事見本書卷一四、《宋書》卷七二之《南平穆王鑠傳》。

九月庚寅，以南徐州刺史新安王子鸞爲兼司徒。乙未，幸廷尉訊獄囚。景申，立皇子子嗣爲東平王。

冬十月壬寅，皇太子冠，賜王公以下帛各有差。戊申，車駕巡南豫州，奉太后以行。癸丑，行幸江寧縣訊獄囚。[1]加車騎將軍、楊州刺史豫章王子尚開府儀同三司。癸亥，以開府儀同三司東海王禕爲司空，加中軍將軍義陽王昶開府儀同三司。己巳，校獵於姑熟。

[1]獄囚：大德本、汲古閣本同，殿本作“縣囚”。

十一月景子，曲赦南豫州殊死以下。[1]巡幸所經，詳減今歲田租。乙酉，詔祭晋大司馬桓温、征西將軍毛璩墓。[2]上於行所訊溧陽、永世、丹陽縣囚。[3]癸巳，祀梁山，大閲水師。於中江，[4]有白雀二集華蓋，有司奏改元爲神雀，詔不許。乙未，原放行獄徒繫。浙江東諸郡大旱。

[1]殊死：斬首的死刑。

[2]桓温：字元子，譙國龍亢（今安徽懷遠縣）人。東晋權臣。《晋書》卷九八有傳。　毛璩：字叔璉，滎陽陽武（今河南原陽縣）人。《晋書》卷八一有附傳。

[3]溧陽：縣名。治所在今江蘇溧陽市西北。　永世：縣名。治所在今江蘇溧陽市南。　丹陽：縣名。治所在今安徽馬鞍山市博望區丹陽鎮。

[4]中江：古水名。《漢書·地理志》指自今安徽蕪湖東經江蘇高淳、東壩、溧陽至宜興通太湖的水道（此水在東壩附近穿越茅山餘脉，當出於人工開鑿，明時築斷東壩，不再通流）。

十二月壬寅，遣使開倉振恤，聽受雜物當租。景午，行幸歷陽。甲寅，大赦，賜歷陽郡女子百户牛酒，蠲郡租十年。己未，加太宰江夏王義恭尚書令。於博望梁山立雙闕。癸未，[1]至自歷陽。

[1]癸亥：中華本校勘記云："'癸亥'各本作'癸未'。按十二月辛丑朔，二十三日癸亥，無癸未。據《宋書》改。"

八年春正月辛巳，祀南郊。是日，還宗祀文帝于明堂。甲戌，詔曰："東境去歲不稔，宜廣商貨，遠近販鬻米粟者，可停道中雜税。其以仗自防，[1]悉勿禁。"

[1]其以：大德本、殿本同，汲古閣本作"以其"。

夏閏五月壬寅，以太宰江夏王義恭領太尉。庚申，帝崩於玉燭殿，時年三十五。七月景午，葬于丹陽秣陵縣巖山景寧陵。[1]

[1]巖山：一名龍山。在今江蘇南京市西南。

帝末年爲長夜之飲，每旦寢興，[1]盥嗽畢，仍復命飲，俄頃數斗，憑几惛睡，[2]若大醉者。或外有奏事，便肅然整容，無復酒色。外内服其神明，莫敢弛惰。[3]

[1]寢興：卧起。

[2]惛：同“昏”。

[3]“帝末年爲長夜之飲”至“莫敢弛惰”：此條爲《宋書》卷六《孝武帝紀》所無，本書補（參見高敏《南北史掇瑣》，中州古籍出版社2003年版，第20頁）。

前廢帝諱子業，小字法師，孝武帝長子也。元嘉二十六年正月甲申生。孝武鎮尋陽，帝留都下。三十年，孝武入伐，元凶囚帝於侍中下省，[1]將加害者數矣，卒得無恙。及孝武踐祚，立爲皇太子。始未之東宫，中庶子、二率並入直永福省。[2]大明二年，出東宫。[3]七年，加元服。[4]

[1]侍中下省：位於神虎門外。神虎門爲宫城（臺城）西門。南朝門下省與侍中省合而爲一，一般稱門下省，有時亦稱侍中省（參見祝總斌《兩漢魏晋南北朝宰相制度研究》，中國社會科學出版社1990年版，第292頁）。

[2]二率：官名。即太子左衛率、太子右衛率。掌東宫護衛。宋五品。　永福省：南朝宋太子幼年之居所。在禁中，與東宫

有别。

[3]出東宫：中華本據《册府元龜》卷二六七補作“出居東宫”。

[4]元服：指冠。古稱行冠禮爲加元服。

八年閏五月庚午，[1]孝武崩，其日，太子即皇帝位，大赦。加驃騎大將軍柳元景尚書令。甲子，置録尚書官，以太宰江夏王義恭録尚書事，加驃騎大將軍柳元景開府儀同三司。

[1]庚午：本書本卷《孝武帝紀》作“庚申”，中華本據改。

秋七月庚戌，婆皇國遣使朝貢。崇皇太后爲太皇太后，皇后曰皇太后。乙卯，罷南北二馳道，改孝建以來所變制度，還依元嘉。景辰，追崇獻妃爲獻皇后。[1]

[1]獻皇后：何令婉。廬江灊（今安徽霍山縣）人。本書卷一一、《宋書》卷四一有傳。

八月乙丑，皇太后崩。[1]

[1]乙丑：中華本據《建康實録》及《資治通鑑》改作“己丑”。

九月乙卯，文穆皇后祔葬景寧陵。[1]

[1]祔葬：合葬。亦謂葬於先塋之旁。

冬十二月乙酉，以尚書右僕射顔師伯爲尚書僕射。[1]壬辰，以王畿諸郡爲楊州，以楊州爲東楊州。癸巳，加車騎將軍、楊州刺史豫章王子尚位司徒。

[1]以尚書右僕射顔師伯爲尚書僕射：中華本改“右”爲“左”，其校勘記云：“‘左’各本作‘右’。按孝武大明七年春正月丁亥紀：‘以右衛將軍顔師伯爲尚書左僕射’。今據改。”尚書僕射，據《通典·職官典四》：僕射“經魏至晋，迄於江左，省置無恒。置二，則爲左、右僕射。或不兩置，但曰尚書僕射。令闕，則左爲省主。若左右並闕，則置尚書僕射以主左事，置祠部尚書以掌右事”。又曰：“宋尚書僕射勝右減左，右居二者之間。”據此，則宋世僕射位次，首爲左僕射，次則僕射，又次爲右僕射（參見馬宗霍《南史校證》，第54頁）。

去歲及是歲，東諸郡大旱，甚者米一斗數百，都下亦至百餘，餓死者十六七。孝建以來，又立錢署鑄錢，百姓因此盜鑄，錢轉僞小，商貨不行。

景和元年春正月乙未朔，[1]大赦，改元爲永光。[2]乙巳，省諸州臺傳。[3]

[1]景和：南朝宋前廢帝劉子業年號（465）。

[2]爲：大德本、殿本同，汲古閣本作“曰”。　永光：南朝宋前廢帝劉子業年號（465）。按是歲正月改元永光，八月改元景和，廢帝既弑，改元泰始，一年之内凡三改元。

[3]臺傳：中央政府派遣催督地方郡縣租賦的官吏，時稱宫禁

爲臺，故名。

二月乙丑，減州郡縣田禄之半。庚寅，鑄二銖錢。

夏五月，魏文成皇帝崩。

秋八月庚午，以尚書僕射顔師伯爲左僕射，吏部尚書王景文爲右僕射。[1]癸酉，帝自率宿衛兵誅太宰江夏王義恭、尚書令柳元景、左僕射顔師伯、廷尉劉德願。[2]改元爲景和。甲戌，以司徒、楊州刺史豫章王子尚領尚書令。乙亥，帝釋素服，御錦衣。以始興公沈慶之爲太尉。[3]庚辰，以石頭城爲長樂宫，東府城爲未央宫。甲申，以北邸爲建章宫，南第爲長揚宫。己丑，復立南北二馳道。

[1]王景文：王彧。字景文，避宋明帝諱以字行，琅邪臨沂（今山東臨沂市）人。本書卷二三有附傳，《宋書》卷八五有傳。

[2]劉德願：彭城（今江蘇徐州市）人，劉懷慎子。事見本書卷一七《劉懷慎傳》。

[3]太尉：大德本、汲古閣本同，殿本作“大尉”。

九月癸巳，幸湖熟，奏鼓吹。戊戌，還宫。帝自以爲昔在東宫，不爲孝武所愛，及即位，將掘景寧陵，太史言於帝不利而止。乃縱糞於陵，肆罵孝武帝爲“齇奴”，[1]又遣發殷貴嬪墓，[2]忿其爲孝武所寵。初，貴嬪薨，武帝爲造新安寺，乃遣壞之。又欲誅諸遠近僧尼。辛丑，免南徐州刺史新安王子鸞爲庶人，賜死。丁未，加衛將軍湘東王彧開府儀同三司。己酉，車駕討徐州刺史義陽王昶，内外形嚴，[3]昶奔魏。戊午，解嚴。開百姓鑄錢。[4]

[1]皻（zhā）：鼻子上的小紅疱。俗稱"酒糟鼻"。

[2]殷貴嬪：大德本、殿本同，汲古閣本"貴"後有"妃"字。

[3]形：大德本、汲古閣本、殿本作"戒"。按，底本誤，應據諸本改。

[4]開：允許，准許。

冬十月癸亥，曲赦徐州。丁卯，東陽太守王藻下獄死。[1]以文帝第十女新蔡公主爲貴嬪夫人，改姓謝氏。加武賁鈒戟，[2]鸞輅龍旂，出警入蹕。矯言公主薨，空設喪事焉。乙酉，以豫州刺史山陽王休祐爲鎮軍大將軍、開府儀同三司。

[1]東陽：郡名。治長山縣，在今浙江金華市。　王藻：琅邪臨沂（今山東臨沂市）人，宋孝武帝王皇后兄。本書卷二三有附傳。

[2]加：大德本、汲古閣本、殿本作"以"。《宋書》卷七《前廢帝紀》亦作"加"。

十一月壬辰，寧朔將軍何邁下獄死。[1]癸巳，殺新除太尉沈慶之。壬寅，立皇后路氏，四厢奏樂。曲赦楊、南徐二州。丁未，皇子坐，[2]少府劉曚之子也。大赦，贓污淫盜，悉皆原蕩，賜爲父後者爵一級。壬子，以護軍將軍建安王休仁爲驃騎大將軍、開府儀同三司。

戊午，南平王敬猷、廬陵王敬先、安南侯敬深並賜死。[3]

[1]何邁：宋前廢帝何皇后兄，尚文帝女新蔡公主。本書卷一一有附傳。

[2]坐：大德本、汲古閣本、殿本作“生”。

[3]敬深：《宋書》卷七《前廢帝紀》作“敬淵”，本書避唐高祖李淵諱改。

時帝凶悖日甚，誅殺相繼，内外百司，[1]不保首領。先是，訛言相中出天子，[2]帝將南巡荆、湘以厭之，期旦誅除四叔，然後發引。是夜湘東王彧與左右阮佃夫、王道隆、李道兒密結帝左右壽寂之、姜產之等十一人，[3]謀共廢帝。先是，帝好遊華林園竹林堂，使婦人裸身相逐，有一婦人不從念，[4]斬之。經少時，夜夢游後堂，有一女子罵曰：“帝悖虐不道，明年不及熟矣。”帝怒，於宫中求得似所夢者一人戮之。其夕復夢所戮女罵曰：“汝枉殺我，已訴上帝。”至是，巫覡云“此堂有鬼”。帝與山陰公主及六宫綵女數百人隨群巫捕鬼，[5]屏除侍衛，帝親自射之。事畢，將奏靡靡之聲，壽寂之懷刀直入，姜產之爲副，諸姬迸逸，廢帝亦走。追及之，大呼：“寂！寂！”如此者三，手不能舉，乃崩於華光殿，時年十七。太皇太后令奉湘東王彧纂承皇統。於是葬帝於丹陽秣陵縣南郊壇西。[6]

[1]百司：大德本、汲古閣本、殿本作“百官”。《宋書》卷七

《前廢帝紀》亦作“百司”。

[2]相：大德本、汲古閣本、殿本作“湘”。底本誤。

[3]阮佃夫：會稽諸暨（今浙江諸暨市）人。本書卷七七、《宋書》卷九四有傳。　王道隆：吴興烏程（今浙江湖州市）人。本書卷七七、《宋書》卷九四有附傳。　壽寂之：吴興（今浙江湖州市）人。本書卷七七、《宋書》卷九四有附傳。　姜産之：南彭城（今江蘇鎮江市）人。本書卷七七、《宋書》卷九四有附傳。　李道兒：臨淮（今江蘇盱眙縣）人。《宋書》卷九四有附傳。

[4]念：大德本、汲古閣本、殿本作“命”。

[5]山陰公主：劉楚玉。宋前廢帝姐。自請前廢帝爲置面首三十人。事見本書本卷、《宋書》卷七《前廢帝紀》、卷八〇《豫章王子尚傳》。

[6]秣陵：大德本、汲古閣本、殿本、百衲本“秣”作“秣”。按，底本誤。

帝蠭目鳥喙，[1]長頸鋭下，幼而狷急，在東宫每爲孝武所責。孝武西巡，帝啓參承起居，書迹不謹，上詰讓之曰：“書不長進，此是一條耳。聞汝比素業都懈，狷戾日甚，何以頑固乃爾！”初踐阼，受璽紱，傲然無哀容。蔡興宗退而歎曰：[2]“昔魯昭不戚，叔孫請死，[3]國家之禍，其在此乎。”帝始猶難諸大臣及戴法興等，[4]既殺法興，諸大臣莫不震慴。於是又誅群公，元、凱以下，皆被毆捶牽曳，内外危懼，殿省騷然。太后疾篤，遣呼帝，[5]帝曰：“病人間多鬼，可畏，那可往！”太后怒，語侍者曰：“將刀來破我腹，那得生寧馨兒！”[6]及太后崩後數日，帝夢太后謂曰：“汝不仁不孝，本無人君之相，子尚愚悖如此，亦非運祚所及。孝武險虐滅道，怨結人神，[7]兒子雖多，[8]並無天命；大命所歸，應還文帝之子。”故帝聚諸叔都下，慮在外爲患。

[1]蠢目：眼珠突出。蠢，大德本同，殿本作“螽”，汲古閣本作“蠭”。　鳥喙：鳥嘴。常用來形容尖凸的人嘴。

[2]蔡興宗：濟陽考城（今河南民權縣）人，蔡廓子。本書卷二九、《宋書》卷五七有附傳。

[3]昔魯昭不戚，叔孫請死：春秋時魯昭公即位，居喪無哀容。魯大夫叔孫豹反對立他。後魯昭公被逐在外，不終於位。事見《左傳》襄公三十年。

[4]難：畏懼，害怕。　戴法興：會稽山陰（今浙江紹興市）人。宋孝武帝時，任南臺侍御史，兼中書通事舍人，執掌朝政内務，權重當時。本書卷七七、《宋書》卷九四有傳。

[5]遣：大德本、殿本同，汲古閣本無此字。

[6]寧馨兒：晋宋時俗語，猶言這樣的孩子。

[7]神：大德本、汲古閣本同，殿本作“鬼”。

[8]兒子：大德本、殿本同，汲古閣本作“兒孫”。

山陰主淫恣過度，謂帝曰：“妾與陛下雖男女有殊，俱託體先帝，陛下後宮數百，妾惟駙馬一人，事不均平，一何至此！”帝乃爲立面首左右三十人，[1]進爵會稽郡長公主，秩同郡王，湯沐邑二千户，給鼓吹一部，[2]加班劍二十人。帝每出，公主與朝臣常共陪輦。

[1]面首左右：男寵。

[2]鼓吹：演奏鼓吹樂的樂隊。鼓吹樂源自北方民族，主要樂器有鼓、鉦、簫、笳等。本用於軍中。漢朝宫廷鹵簿亦用之，甚隆

重。或以賜有功大臣，遂成爲皇帝賜予臣下的一種禮遇。東漢邊將及萬人將軍始有，位不及者僅得假之。魏晋其賜甚輕，牙門督將五校均得用之。南北朝復重，唯賜大臣及有功者。

帝少好讀書，頗識古事，粗有文才，自造孝武帝誄及雜篇章，往往有辭采。以魏武有發丘中郎將、摸金校尉，[1]乃置此二官，以建安王休仁、山陽王休祐領之，其餘事迹，分見諸列傳。

[1]發丘中郎將、摸金校尉：官名。掌發掘墳墓，搜括金銀珠寶。摸，大德本、殿本同，汲古閣本作“模”。

論曰：文帝幼年特秀，自禀君德。及正位南面，[1]歷年長久，綱維備舉，條禁明密，罰有恒科，爵無濫品。故能内清外晏，四海謐如。而授將遣師，事乖分閫。才謝光武，而遥制兵略，至於攻戰日時，咸聽成旨，雖覆師喪旅，將非韓、白，[2]而延寇蹙境，抑此之由。及至言泄衾衽，難結凶豎，雖禍生非慮，蓋亦有以而然。夫盡人命以自養，蓋惟桀、紂之行；觀夫大明之世，其將盡人命乎。雖周公之才之美，亦當終之以亂，由此言之，得殁亦爲幸矣。至如廢帝之事，行著于篇，假以中才之君，有一於此，足以致實，[3]况乎兼斯衆惡，不亡其可得乎！

[1]南面：古代以坐北朝南爲尊位，故帝王諸侯見群臣，皆面向南而坐。因借指居帝王之位。

［2］韓、白：指漢將韓信、秦將白起。二人皆以善用兵著稱。韓信，秦末漢初淮陰（今江蘇淮安市淮陰區）人。助劉邦破項羽建立漢朝。《史記》卷九二、《漢書》卷三四有傳。白起，戰國時秦國郿（今陝西眉縣）人。曾大破趙軍於長平，帥秦軍攻六國，威震諸侯。《史記》七三有傳。

［3］霣（yǔn）：同“殞”。死亡。

南史　卷三

宋本紀下第三

太宗明皇帝諱彧，字休景，[1]小字榮期，文帝第十一子也。元嘉十六年十月生。二十五年，封淮陽王，二十九年改封湘東王。孝武踐祚，[2]累遷鎮軍將軍、雍州刺史。[3]

[1]休景：《宋書》卷八《明帝紀》作“休炳”，本書避唐高祖李淵父李昞諱改。

[2]踐祚：天子即位。

[3]鎮軍將軍：官名。主要爲中央軍職，亦可出任地方軍事長官，並領刺史等地方官，兼理民政。宋三品。　雍州：州名。治襄陽縣，在今湖北襄陽市。高敏《南北史掇瑣》據《宋書·明帝紀》以爲：“宋明帝之爲雍州刺史，在前廢帝永光元年，而非‘孝武踐阼’時之孝建元年；且‘鎮軍將軍’一官，在劉彧的歷官中未曾見之；以雍州刺史而言，也‘未拜’，即未成爲事實，因知爲《南史》因删致誤。”（中州古籍出版社 2003 年版，第 23 頁）

是歲入朝，時廢帝疑畏諸父，以上付廷尉，[1]明日將加禍害，上乃與腹心阮佃夫、李道兒等密謀。[2]時廢帝左右直閤將軍宋越、譚金、童太一等是夜並外宿，[3]

佃夫、道兒因結壽寂之等，[4]十一月十九日，[5]弒廢帝於後堂。建安王休仁便稱臣，[6]奉引升西堂，[7]登御坐。事出倉卒，上失履，跣，猶著烏紗帽，休仁呼主衣以白紗代之。[8]未即位，凡衆事悉稱令書。[9]己未，司徒豫章王子尚、山陰公主並賜死，[10]宋越、譚金、童太一伏誅。

[1]廷尉：官名。掌司法刑獄。南朝時政令仰承尚書省，職權漸輕。宋三品。

[2]阮佃夫：會稽諸暨（今浙江諸暨市）人。臺小史出身。本書卷七七、《宋書》卷九四有傳。　李道兒：臨淮（今江蘇盱眙縣）人。宋明帝時官至中書通事舍人、給事中。《宋書》卷九四有附傳。

[3]直閤將軍：官名。掌警衛宫廷。出入省閤，侍衛皇帝。屬於中層禁衛武官。宋四品至五六品（參見張金龍《魏晋南北朝禁衛武官制度研究》，中華書局2004年版）。　宋越：汲古閣本、殿本同。《宋書》卷八《明帝紀》作"宗越"。應據《宋書》改。本卷下同，不另注。宗越，南陽葉（今河南葉縣）人。宋前廢帝時，甚受信用。明帝時潛欲謀反，事泄被殺。本書卷四〇、《宋書》卷八三有傳。　譚金：爲宋前廢帝腹心爪牙，封平都縣男，遷驍騎將軍。宋明帝立，被誅。本書卷四〇、《宋書》卷八三有附傳。　童太一：東莞（今山東莒縣）人。勇力過人。爲宋前廢帝所用，助帝殺戮大臣，因功遷左將軍，封宜陽縣男。前廢帝景和元年（465）子業被廢，太一等謀反，被誅。本書卷四〇、《宋書》卷八三有附傳。

[4]壽寂之：吴興（今浙江湖州市）人。本侍宋前廢帝左右。本書卷七七、《宋書》卷九四有附傳。

[5]十一月十九日：《宋書·明帝紀》"十九"作"二十九"，中華本據《宋書》補"二"字，其校勘記云："'二'各本皆脱。按

廢帝死於景和元年十一月戊午。是月庚寅朔，戊午爲二十九日，據《廢帝紀》訂補。”

[6]建安王休仁：劉休仁。宋文帝第十二子。本書卷一四、《宋書》卷七二有傳。

[7]西堂：宫殿名。南朝建康宫（臺城）的政治中心爲太極殿（正殿），太極殿兩旁之東、西朝堂（便殿）作爲日常朝宴之所。

[8]白紗：此處應指白紗製作的高頂帽。自晋至南朝梁皇帝平時所戴。《宋書·明帝紀》作“白帽”。《資治通鑑》卷一三〇《宋紀十二》明帝泰始元年胡三省注：“江南，天子宴居著白紗帽。”

[9]令書：一般指太子所下達的命令，與皇帝詔書相别。此時宋明帝劉彧尚未即位，其所下之命不能稱詔書，故稱“令書”，爲一時權宜之計。

[10]豫章王子尚：劉子尚。字孝師，宋孝武帝第二子。本書卷一四、《宋書》卷八〇有傳。　山陰公主：劉楚玉。宋前廢帝姐。自請前廢帝爲置面首三十人。事見本書卷二《宋前廢帝紀》、《宋書》卷七《前廢帝紀》、卷八〇《豫章王子尚傳》。

十二月庚申朔，令書以東海王禕爲中書監、太尉，[1]以晋安王子勛爲車騎將軍、開府儀同三司。[2]癸亥，以建安王休仁爲司徒、尚書令、揚州刺史。[3]乙丑，改封安陸王子綏爲江夏王。[4]

[1]東海王禕：劉禕。字休秀，宋文帝第八子。後改封廬江王。本書卷一四、《宋書》卷七九有傳。　中書監：官名。與中書令共爲中書省長官，唯入朝時班次略高於令。典尚書奏事，掌朝政機密，草擬及發布詔令。南朝時中書令、監多用作重臣加官。宋三品。　太尉：官名。東漢時位列三公之首，魏晋南北朝爲名譽宰相。宋一品。

［2］晋安王子勛：劉子勛。字孝德，宋孝武帝第三子。本書卷一四、《宋書》卷八〇有傳。　車騎將軍：官名。位次驃騎將軍，多作爲軍府名號，以加授大臣或重要州郡長官。宋二品。　開府儀同三司：官名。爲大臣加號，指禮制、待遇與三公相同，許開設府署，自辟僚屬。係給非三公官員以三公待遇。

［3］司徒：官名。三公之一，爲名譽宰相。魏晋以降，多爲大官之榮銜或加銜。宋一品。　尚書令：官名。兩晋、南朝爲尚書省長官，綜理全國政務，參議大政。宋三品。　揚州刺史：官名。南朝諸代均以揚州刺史爲京輦重任，往往由宰相兼領，其職權甚至重於尚書令和尚書僕射。

［4］子綏：劉子綏。宋孝武帝第四子。出嗣安陸王劉叡，後參與晋安王子勛“義嘉之難”，被殺。事見本書卷一四《孝武諸子傳》、《宋書》卷六一《江夏文獻王義恭傳》。

泰始元年即大明九年也，[1]魏和平六年。冬十二月丙寅，皇帝即位于太極前殿，大赦，改元。辛未，改封臨賀王子産爲南平王，[2]晋熙王子輿爲廬陵王。[3]壬申，以王景文爲尚書僕射。[4]乙亥，追尊所生沈婕妤曰宣皇太后。[5]戊寅，改太皇太后爲崇憲太后，[6]立皇后王氏。罷二銖錢。

［1］泰始元年即大明九年也：王鳴盛《十七史商榷》卷五四《魏和平六年》：“世祖孝武帝大明之號終於八年，是歲在甲辰，閏五月，帝崩……然則大明本無九年，何得自相矛盾？復以泰始元年爲即大明九年，此句謬不可言。”泰始，南朝宋明帝劉彧年號（465—471）。

［2］子産：劉子産。字孝仁，宋孝武帝第十八子。出繼南平王劉鑠，未拜即被殺。《宋書》卷七二有附傳。

[3]子輿：劉子輿。宋孝武帝第二十一子。出嗣劉紹，封廬陵王，未拜即爲明帝所殺。《宋書》卷六一有附傳。

[4]王景文：王彧。字景文，避宋明帝諱以字行，琅邪臨沂（今山東臨沂市）人。本書卷二三、《宋書》卷八五有傳。　尚書僕射：官名。尚書省次官。置一人則稱尚書僕射，置二人，則稱左、右僕射，若尚書令缺，則以左僕射爲尚書省長官。宋三品。

[5]沈婕妤：宋明帝生母。本書卷一一、《宋書》卷四一有傳。

[6]崇憲太后：路太后。名惠男，宋孝武帝生母。本書卷一一、《宋書》卷四一有傳。中華本據《宋書》卷八《明帝紀》補作"崇憲皇太后"。

江州刺史晋安王子勛舉兵反，[1]鎮軍長史袁顗赴之，鄧琬爲其謀主。[2]壬午，謁太廟。[3]甲申，郢州刺史安陸王子綏、會稽太守尋陽王子房、臨海王子頊並舉兵同逆。[4]

[1]江州：州名。治柴桑縣，在今江西九江市西南。　子勛：劉子勛。字孝德，宋孝武帝第三子。本書卷一四、《宋書》卷八〇有傳。

[2]鎮軍長史袁顗（yǐ）赴之，鄧琬爲其謀主：《宋書》卷八《明帝紀》作"鎮軍長史鄧琬爲其謀主，雍州刺史袁顗率衆赴之"。馬宗霍《南史校證》云："據《宋書》袁顗本傳，顗除鎮軍長史在孝武大明七年，未行，此時但爲雍州刺史，非鎮軍長史也，當從《宋書》。"（湖南教育出版社 2008 年版，第 59 頁）袁顗，字景章，陳郡陽夏（今河南太康縣）人。本書卷二六有附傳，《宋書》卷八四有傳。鄧琬，字元琰，《宋書》作"元琬"，豫章南昌（今江西南昌市）人。時任晋安王子勛鎮軍長史、行江州事，奉子勛即位。發兵攻建康，兵敗被殺。本書卷四〇、《宋書》卷八四有傳。

[3]太廟：天子爲祭祀其祖先而興建的廟宇。

[4]郢州：州名。南朝宋孝武帝孝建元年（454）分荆、湘、江、豫四州置。治夏口城，在今湖北武漢市武昌區。　會稽：郡名。治山陰縣，在今浙江紹興市。　子房：劉子房。字孝良，宋孝武帝第六子。本書卷一四、《宋書》卷八〇有傳。　子頊：劉子頊。字孝烈，宋孝武帝第七子。時爲荆州刺史。本書卷一四、《宋書》卷八〇有傳。

二年春正月乙未，[1]晉安王子勛僭即僞位於尋陽，[2]年號義嘉。[3]壬辰，徐州刺史薛安都舉兵反。[4]甲午，内外戒嚴，司徒建安王休仁都督諸軍南討。丙戌，徐州刺史申令孫、司州刺史龐孟虯、豫州刺史殷琰、青州刺史沈文秀、冀州刺史崔道固、湘州行事何慧文、廣州刺史袁曇、益州刺史蕭惠開、梁州刺史柳元怡並同逆。[5]丙午，車駕親御六軍，頓中興堂。辛亥，南豫州刺史山陽王休祐改爲豫州刺史，[6]西討。吴郡太守顧琛、吴興太守王曇生、義興太守劉延熙、晉陵太守袁標、山陽太守程天祚並舉兵反。[7]鎮東將軍巴陵王休若統軍東討。[8]壬子，崇憲皇太后崩。

[1]二年春正月乙未：中華本校勘記云："下有任辰、甲午。按泰始二年正月己丑朔，初四日壬辰，初六日甲午，初七日乙未，乙未不應在壬辰、甲午前。"

[2]尋陽：郡名。治柴桑縣，在今江西九江市西南。

[3]義嘉：宋明帝泰始二年（466），鄧琬奉晉安王子勛爲帝，改年號爲義嘉，署置百官。一時徐州、冀州、青州諸刺史響應，四方貢計皆歸尋陽。八月，沈攸之諸軍至，子勛兵敗被殺，時年十

一。史稱義嘉之難。

［4］徐州：州名。治彭城縣，在今江蘇徐州市。　薛安都：字休達，河東汾陰（今山西萬榮縣）人。舉兵響應晋安王子勛，宋明帝遣蕭道成、張永等討伐，安都兵敗，北走降魏。本書卷四〇、《宋書》卷八八有傳。

［5］"丙戌"至"並同逆"：汲古閣本、殿本同，中華本據《宋書》卷八《明帝紀》改"丙戌"作"丙申"，"袁曇"作"袁曇遠"，"柳元怡"作"柳元怙"。申令孫，宋明帝任命爲徐州刺史，率軍討叛將薛安都，至淮陽與薛安都合兵。又勸説弟申闡歸降薛安都，後與弟俱爲薛安都所殺。事見本書卷七〇《申恬傳》。司州，州名。宋明帝泰始初置。寄治義陽郡平陽縣，在今河南信陽市。豫州，僑州名。治壽陽縣，在今安徽壽縣。青州，州名。治東陽城，在今山東青州市。冀州，僑州名。南朝宋文帝元嘉九年（432）僑置，治歷城縣，在今山東濟南市。宋明帝泰始六年與青州合僑置於鬱洲，在今江蘇連雲港市東雲臺山一帶。湘洲，州名。治臨湘縣，在今湖南長沙市。行事，代行州軍府長官職權者的稱謂。由於當時多以年幼皇子爲將軍、刺史出鎮諸州，以其長史爲行事，實際負責軍府和州府的軍政事務，權力很大。廣州，州名。治番禺縣，在今廣東廣州市。益州，州名。治成都縣，在今四川成都市。梁州，州名。治南鄭縣，在今陝西漢中市東。

［6］南豫州：州名。南朝宋武帝永初三年（422）分豫州淮河以南地置。治歷陽縣，在今安徽和縣。　休祐：劉休祐。宋文帝第十三子。本書卷一四、《宋書》卷七二有傳。

［7］吴郡：郡名。治吴縣，在今江蘇蘇州市。　吴興：郡名。治烏程縣，在今浙江湖州市。　義興：郡名。治陽羡縣，在今江蘇宜興市。　晋陵：郡名。治晋陵縣，在今江蘇常州市。　山陽：郡名。寄治山陽縣，在今江蘇淮安市。

［8］休若：劉休若。宋文帝第十九子。本書卷一四、《宋書》卷七二有傳。

二月乙丑，以蔡興宗爲尚書右僕射。[1]壬申，吴興太守張永、右將軍蕭道成東討，[2]平晋陵。丁亥，建武將軍吴喜公率諸軍破賊於吴興、會稽，[3]平定三郡，同逆皆伏誅。輔國將軍蕭道成前鋒北討，[4]輔國將軍劉勔前鋒西討。[5]劉胡衆四萬據赭圻。[6]

[1]蔡興宗：濟陽考城（今河南民權縣）人，蔡廓子。本書卷二九、《宋書》卷五七有附傳。　尚書右僕射：官名。尚書省次官，與尚書令同居宰相之任。右僕射位次左僕射，輔助尚書令執行政務，參議大政，諫諍得失，監察糾彈百官，可封還詔旨，常受命主管官吏選舉。宋三品。

[2]張永：字景雲，吴郡吴（今江蘇蘇州市）人。本書卷三一、《宋書》卷五三有附傳。　右將軍：中華本據《宋書》卷八《明帝紀》補作"右軍將軍"。按，本書卷四《齊高帝紀》云："宋明帝即位，爲右軍將軍。"　蕭道成：即齊高帝。南蘭陵（今江蘇常州市武進區）人。南朝齊開國君主。乘宋皇族自相殘殺，執掌軍政大權。本書卷四，《南齊書》卷一、卷二有紀。

[3]吴喜公：本名喜公，宋明帝改名喜，吴興臨安（今浙江杭州市臨安區）人。本書卷四〇、《宋書》卷八三有傳。　吴興、會稽：此衹二郡，與下文云三郡不符，《宋書》卷八《明帝紀》還有吴郡，中華本據補爲"吴、吴興、會稽"，應據補。

[4]輔國將軍：官名。將軍名號。掌征伐。宋明帝曾改名輔師將軍，後廢帝復舊。宋三品。

[5]劉勔：字伯猷，彭城（今江蘇徐州市）人。本書卷三九、《宋書》卷八六有傳。

[6]劉胡：本名坳胡，後改名，南陽涅陽（今河南鄧州市）人。晋安王子勛在尋陽稱帝，授以輔國將軍、豫州刺史。率兵攻建康，兵敗逃奔石城，爲竟陵丞所殺。本書卷四〇、《宋書》卷八四

有附傳。　赭圻：城名。在今安徽蕪湖市繁昌區西北、長江南岸。東晋桓温所築，爲江防重鎮。

三月庚寅，撫軍將軍殷孝祖攻赭圻，[1]死之。以輔國將軍沈攸之代爲南討前鋒。[2]賊衆稍盛，袁顗頓鵲尾，[3]連營至濃湖，[4]衆十餘萬。丙申，南徐州刺史桂陽王休範總統北討諸軍事。[5]戊戌，貶尋陽王子房爵爲松滋縣侯。癸卯，令人入米七百石者除郡，減此各有差。壬子，斷新錢，專用古錢。

[1]撫軍將軍：官名。南朝宋時，此職與中軍將軍、鎮軍將軍位比四鎮將軍。宋三品。　殷孝祖：陳郡長平（今河南西華縣）人。率軍攻赭圻，中流矢死。本書卷三九、《宋書》卷八六有傳。

[2]沈攸之：字仲達，吴興武康（今浙江德清縣）人。後爲荆州刺史。時蕭道成專政，起兵反道成，兵敗而死。本書卷三七有附傳，《宋書》卷七四有傳。

[3]鵲尾：地名。在今安徽銅陵市、無爲市、蕪湖市繁昌區間長江沿岸。

[4]濃湖：古湖名。在今安徽蕪湖市繁昌區西荻港鎮附近。今湮廢。

[5]休範：劉休範。宋文帝第十八子。本書卷一四、《宋書》卷七九有傳。

夏五月甲寅，葬崇憲皇太后於脩寧陵。

秋七月丁酉，以仇池太守楊僧嗣爲北秦州刺史，[1]封武都王。

[1]楊僧嗣：氐族首領，楊元和從弟。家族世代割據仇池，後爲宋所滅，其地復陷於北魏。事見本書卷七九《西戎傳》、《宋書》卷九八《氐胡傳》。

八月己卯，司徒建安王休仁率衆軍大破賊，斬僞尚書僕射袁顗，進討江、郢、荆、湘、雍五州，[1]平之。晋安王子勛、安陸王子綏、臨海王子頊、邵陵王子元並賜死，[2]同黨皆伏誅。諸將帥封賞各有差。

[1]荆：州名。治江陵縣，在今湖北荆州市荆州區。

[2]子元：劉子元。字孝善，宋孝武帝第十三子。本書卷一四、《宋書》卷八〇有傳。

九月癸巳，六軍解嚴。戊戌，以王玄謨爲左光禄大夫、開府儀同三司，[1]領護軍將軍。[2]

[1]王玄謨：字彦德，太原祁（今山西祁縣）人。宋明帝時官至車騎將軍、南豫州刺史。本書卷一六、《宋書》卷七六有傳。左光禄大夫：官名。作爲在朝顯職的加官，以示優崇。其地位在光禄大夫之上。宋二品。

[2]護軍將軍：官名。禁衛軍長官，略低於領軍將軍。資歷深者爲護軍將軍，資歷淺者爲中護軍。宋三品。

冬十月乙卯，永嘉王子仁、始安王子真、淮南王子孟、南平王子産、廬陵王子輿、松滋侯子房並賜死。[1]丁卯，以沈攸之爲中領軍，[2]與張永俱北討。戊寅，立皇子昱爲皇太子。

[1]子仁：劉子仁。字孝和，宋孝武帝第九子。本書卷一四、《宋書》卷八〇有傳。　子真：劉子真。字孝真，宋孝武帝第十一子。本書卷一四、《宋書》卷八〇有傳。　子孟：劉子孟。字孝光，宋孝武帝第十六子。本書卷一四、《宋書》卷八〇有傳。按，宋孝武帝二十八子，病死或早夭者十人，前廢帝殺二人，宋明帝殺十六人。《資治通鑑》卷一三一《宋紀十三》明帝泰始二年胡三省注："蕭齊易姓，劉氏殲焉，骨肉相殘，禍至此極。有國有家者其鑒于兹！"陳垣説："右數條皆言宋世骨肉相殘之事。自取司馬家以至簒于蕭氏，不過五十九年，子孫屠戮之慘，爲前史所罕有，蓋猶是八王、十六國之餘風也。内亂頻仍，不能恢復中原，亦由於此。"（《通鑑胡注表微·倫紀篇第十三》，科學出版社 1958 年版，第 252 頁）

[2]中領軍：官名。南朝時掌禁衛軍及京都諸軍，爲禁衛軍最高統帥。資歷深者稱領軍將軍，資歷淺者爲中領軍。宋三品。

十一月壬辰，立建平王景素子延年爲新安王。[1]

[1]景素：劉景素。宋建平王劉宏子。後廢帝時爲鎮軍將軍、南徐州刺史。元徽末，景素於京口舉兵，兵敗被斬。本書卷一四、《宋書》卷七二有附傳。

十二月，薛安都要引魏軍，張永、沈攸之大敗，於是遂失淮北四州及豫州淮西地。[1]

[1]淮北四州：指青州、冀州、徐州、兖州。　豫州淮西地：指汝南、新蔡、汝陽、汝陰、陳郡、南頓、潁川等郡。按，隋唐以前，從中原地區通往長江下游一般都在今安徽壽縣附近渡淮，這段淮水的流向爲自南而北，所以習稱今皖北、豫東淮河北岸一帶爲淮西。

是歲，魏天安元年。[1]

[1]天安：北魏獻文帝拓跋弘年號（466—467）。

三年春正月庚子，以農役將興，詔太官停宰牛。[1]癸卯，曲赦豫、南豫二州。

[1]太官：官署名。掌宮廷膳食，由令、丞主之。

閏正月庚午，都下大雨雪，遣使巡行，振貸各有差。[1]

[1]振：通“賑”。殿本同，汲古閣本作“賑”。

二月甲申，爲戰亡將士舉哀。丙申，曲赦青、冀二州。

夏四月丙戌，詔以故丞相江夏文獻王、故太尉巴東忠烈公柳元景、故司空始興襄公沈慶之、故征西將軍洮陽肅侯宗慤陪祭孝武廟庭。[1]庚子，立桂陽王休範第三子德嗣爲廬陵王，[2]立侍中劉韞第三子銑爲南豐王，[3]以奉廬江昭王、南豐哀王祀。

[1]江夏文獻王：劉義恭。宋武帝第五子。本書卷一三、《宋書》卷六一有傳。　柳元景：字孝仁，河東解（今山西臨猗縣）人。本書卷三八、《宋書》卷七七有傳。　沈慶之：字弘先，吳興武康（今浙江德清縣）人。本書卷三七、《宋書》卷七七有傳。

宗慤：字元幹，南陽涅陽（今河南鄧州市）人。官至雍州刺史。本書卷三七、《宋書》卷七六有傳。

[2]第三子：殿本同，汲古閣本作“第二子”。《宋書》卷八《明帝紀》亦作“第二子”。馬宗霍《南史校證》云：“休範二子：德宣、德嗣，則德嗣正爲第二，此當從《宋書》。”（第62頁）

[3]劉韜第三子銑：《宋書·明帝紀》作“劉韞第二子銑”，馬宗霍《南史校證》云：“此當從《宋書》。殿本《宋書考證》亦謂《南史》誤。”（第63頁）劉韞，宋武帝中弟劉道憐孫。本書卷一三、《宋書》卷五一有附傳。

五月丙辰，詔宣太后崇寧陵禁内墳瘞遷徙者給葬直，蠲復其家。壬戌，以太子詹事袁粲爲尚書僕射。[1]

[1]太子詹事：官名。總領東宫官屬、庶務，爲太子官屬之長。兩晋南北朝東宫位重，置官擬於朝廷，時號宫朝。常設重兵，故權任甚重，或參預朝政。宋三品。　袁粲：字景倩，又名愍孫，陳郡陽夏（今河南太康縣）人。宋明帝死，爲顧命大臣。順帝時，遷至中書監、司徒。時執政蕭道成欲代宋自立，他與荆州刺史沈攸之等謀起兵誅道成，事泄被殺。本書卷二六有附傳，《宋書》卷八九有傳。

秋八月壬寅，以中領軍沈攸之行南兖州刺史，率衆北伐。[1]

[1]南兖州：州名。東晋僑立兖州，宋時改爲南兖州，初治京口，在今江蘇鎮江市。宋文帝元嘉八年（431）移治廣陵縣，在今江蘇揚州市西北蜀岡上。

九月戊午，以皇后六宫以下雜衣千領、金釵千枚，賜北伐將士。

冬十月壬午，改封新安王延年爲始平王。辛丑，以鎮西大將軍、西秦河二州刺史吐谷渾拾寅爲征西大將軍。[1]

[1]拾寅：吐谷渾族首領。慕延從弟。事見本書卷七九《西戎傳》、《宋書》卷九六《鮮卑吐谷渾傳》。

十一月，立建安王休仁第二子伯猷爲江夏王。

是歲，魏皇興元年。[1]

[1]皇興：北魏獻文帝拓跋弘年號（467—471）。

四年春正月丙辰朔，[1]雨草于宫。乙亥，零陵王司馬勗薨。

[1]正月丙辰朔：按陳垣《二十史朔閏表》，推是月丁未朔，丙辰爲初十，非朔日。此丙辰之朔字當爲訛衍〔參見牛繼清、張林祥《〈南史〉時誤補校（上）》，《文史》第四十九輯，中華書局1999年版〕。

二月乙巳，左光禄大夫、開府儀同三司王玄謨薨。[1]

[1]薨（hōng）：古代稱諸侯或有爵位的大官去世。《禮記·曲

禮下》:“天子死曰崩，諸侯曰薨。”

三月，交州人李長仁據州叛。[1]祅賊攻廣州，殺刺史羊希，[2]龍驤將軍陳伯紹討平之。[3]

［1］交州：州名。治龍編縣，在今越南北寧省仙游縣東。

［2］羊希：字泰聞，泰山南城（今山東平邑縣）人。羊玄保侄。本書卷三六、《宋書》卷五四有附傳。

［3］龍驤將軍：官名。南朝時以龍驤將軍爲加官、散官性質的將軍。宋三品。

夏四月丙申，改封東海王禕爲廬江王，山陽王休祐爲晋平王。

秋九月戊辰，詔定黥刖之制。[1]有司奏:“自今凡劫竊執官仗、拒戰邏司、攻剽亭寺及傷害吏人，[2]并監司將吏自爲劫，皆不限人數，悉依舊制斬刑。若遇赦，黥及兩頰‘劫’字，斷去兩脚筋，徙付交、梁、寧州。[3]五人以下止相逼奪者，亦依黥作‘劫’字，斷去兩脚筋，徙付遠州。若遇赦，原斷徒猶黥面，依舊補治士。[4]家口應及坐，悉依舊結讁。”[5]及上崩，其例乃寢。庚午，上備法駕幸東宫。

［1］黥：古代在人臉上刺字並塗墨之刑。　刖：古代的一種酷刑，把脚砍掉。

［2］傷害吏人：汲古閣本、殿本同。《宋書》卷八《明帝紀》此句作“害吏民者”。

［3］寧州：州名。南朝宋移治味縣，在今雲南曲靖市。

[4]補冶士：六朝刑罰之一。罰作礦山冶煉鑄造的刑徒。《宋書》卷五四《孔季恭傳》："律文，子賊殺傷毆父母，梟首；罵詈，棄市；謀殺夫之父母，亦棄市。值赦，免刑補冶。"

[5]結讁：即補兵。指罰充兵役（參見王仲犖《魏晋南北朝史》上册，上海人民出版社1979年版，第435頁）。汲古閣本同，殿本作"詰讁"。

冬十月癸酉朔，日有蝕之，發諸州兵北伐。

五年春正月癸亥，親耕藉田。[1]乙丑，魏剋青州，執刺史沈文秀以歸。[2]

[1]藉田：古時帝王於春耕前親耕農田，以示對農業的重視。藉，通"籍"。南朝宋、齊均在正月用事。梁武帝改用二月，陳因而不改。

[2]沈文秀：字仲遠，吴興武康（今浙江德清縣）人。沈慶之侄。北魏遣數萬軍圍青州城，堅守三年，至明帝泰始五年（469）城破被俘，後病死於北魏懷州刺史任。本書卷三七有附傳，《宋書》卷八八、《魏書》卷六一、《北史》卷四五有傳。

二月丙申，以廬江王禕爲車騎將軍、開府儀同三司、南豫州刺史。

夏六月辛未，立晋平王休祐子宣曜爲南平王。

秋七月壬戌，改輔國將軍爲輔師將軍。

九月甲寅，立長沙王纂子延之爲始平王。

冬十月丁卯朔，日有蝕之。

十一月丁未，魏人來聘。

十二月庚申，分荆、益之五郡置三巴校尉。[1]

［1］三巴校尉：官名。宋明帝泰始五年（469），分益州之巴郡、巴西郡、梓潼郡，荆州之巴東郡、建平郡，共五郡之地，置三巴校尉，治白帝城，在今重慶奉節縣。齊高帝建元二年（480）罷，升爲巴州。

六年春正月乙亥，初制間二年一祭南郊，[1]間一年一祭明堂。[2]

［1］南郊：指帝王祭天的大禮。劉宋南郊壇在建康宫城正南的牛頭山（今牛首山）下（參見張學鋒《南朝建康的都城空間與葬地》，《中華文史論叢》2019年第3期）。

［2］明堂：古代帝王宣明政教的地方。凡朝會、祭祀、慶賞、選士、養老、教學等大典，都在此舉行。

夏四月癸亥，立皇子燮爲晋熙王。

六月癸卯，以王景文爲尚書左僕射、揚州刺史，以袁粲爲右僕射。己未，改臨賀郡爲臨慶郡。[1]

［1］臨賀郡：郡名。治臨賀縣，在今廣西賀州市東南。宋明帝改名臨慶。齊復名臨賀郡。按錢大昕《廿二史考異》卷三五云："'賀'與'禍'音相似，故改之，猶改'騧'爲'駈'也。"

秋七月丙戌，臨慶王智井薨。

九月戊寅，立總明觀，[1]徵學士以充之。置東觀祭酒、訪舉各一人，舉士二十人，分爲儒、道、文、史、陰陽五部學，言陰陽者遂無其人。[2]

[1]總明觀：國立學校名。宋明帝以國學廢，立總明觀，隸太常。設總明觀祭酒一人。分玄、儒、文、史四科。齊沿置，武帝永明三年（485）國學建，省。

[2]舉士二十人，分爲儒、道、文、史、陰陽五部學："舉士"疑當作"學士"。玄即道也（參見馬宗霍《南史校證》，第65頁）。

冬十月辛卯，立皇子贊爲武陵王。[1]

[1]皇子贊：《資治通鑑》卷一三二《宋紀十四》明帝泰始六年《考異》云："《宋本紀》作'智贊'，《宋略》作'贊'，《列傳》作'智隨'。按太宗生子皆筮之，以卦爲其字，今從《列傳》。"

十二月癸巳，以邊難未息，制父母隔在異域者，悉使婚宦。

七年春正月甲戌，置散騎奏舉郎。[1]

[1]散騎奏舉郎：官名。宋明帝置，職掌不詳，旋廢。

二月癸丑，征西將軍、荆州刺史巴陵王休若進號征西大將軍，及征南大將軍、江州刺史桂陽王休範並開府儀同三司。甲寅，南徐州刺史晋平王休祐薨。

三月辛酉，魏人來聘。

夏五月戊午，鴆司徒建安王休仁。[1]庚午，以袁粲爲尚書令，褚彦回爲右僕射。[2]丙戌，追免晋平王休祐爲庶人。

[1]鴆（zhèn）：傳説中的一種毒鳥。把它的羽毛放在酒裏，可以毒殺人。

[2]褚彦回：褚淵。字彦回，本書避唐高祖李淵諱以字行，河南陽翟（今河南禹州市）人。宋明帝泰豫元年（472），受帝遺命，與尚書令袁粲同輔蒼梧王（後廢帝）。後參與蕭道成代宋的活動。本書卷二八有附傳，《南齊書》卷二三有傳。

秋七月丁巳，罷散騎奏舉郎。乙丑，江州刺史巴陵王休若賜死。

八月戊子，以皇子躋繼江夏文獻王義恭。庚寅，帝疾間。戊戌，立皇子準爲安成王。

是歲，魏孝文帝延興元年。[1]

[1]延興：北魏孝文帝拓跋宏年號（471—476）。

泰豫元年春正月甲寅朔，[1]上以疾未痊，故改元。丁巳，巨人迹見西池冰上。

[1]泰豫：南朝宋明帝劉彧年號（472）。

夏四月己亥，上疾大漸。加江州刺史桂陽王休範位司空，以劉勔爲尚書右僕射，蔡興宗爲征西將軍、開府儀同三司、荆州刺史，沈攸之進號安西將軍。[1]袁粲、褚彦回、劉勔、蔡興宗、沈攸之入閤被顧命。是日，上崩于景福殿，時年三十四。五月戊寅，葬臨沂縣莫府山高寧陵。[2]

[1]沈攸之進號安西將軍：中華本據《宋書》卷八《明帝紀》於“沈攸之”前補“郢州刺史”四字。據《宋書·明帝紀》，本書於劉勔、蔡興宗前官職亦删節，此處不必單補沈攸之官職。

[2]臨沂縣：僑縣名。治所在今江蘇南京市棲霞山西麓。屬琅邪郡。沂，殿本同，汲古閣本作“圻”。　莫府山：又作幕府山，在今江蘇南京市北郊、長江南岸。東晋時王導建幕府於此。

帝好讀書，愛文義，在藩時撰《江左以來文章志》，[1]又續衛瓘所注《論語》二卷。[2]及即大位，舊臣才學之士多蒙引進。末年好鬼神，多忌諱，言語文書有禍敗凶喪疑似之言應回避者，犯即加戮。改“騧”馬字爲“馬”邊“瓜”，[3]以“騧”字似“禍”故也。嘗以南苑借張永，[4]云：“且給三百年，期盡更請。”宣陽門謂之白門，[5]上以白門不祥，[6]諱之。尚書右丞江謐嘗誤犯，[7]上變色曰：“白汝家門！”路太后停屍漆床移出東宫，上幸宫見之，怒，免中庶子，[8]以之坐死者數十人。内外常慮犯觸，人不自保。移床脩壁，先祭土神，使文士爲祝策，如大祭饗。

[1]《江左以來文章志》：《隋書·經籍志二》史部簿録類著録宋明帝撰《晋江左文章志》三卷。

[2]衛瓘：字伯玉，河東安邑（今山西夏縣）人。《晋書》卷三六有傳。

[3]騧（guā）：黑嘴黄毛的馬。

[4]南苑：皇家園林名。始建年代無考，但最遲應不晚於宋明帝之時。位置在秣陵縣建興里。

[5]宣陽門：民間又稱白門。三國吴築，爲六朝時都城建康

（今江蘇南京市）的南面正門，前臨御道，東晋起稱宣陽門。約當今南京市淮海路一帶。

[6]上以白門不祥：殿本同，汲古閣本作“不祥”二字。

[7]尚書右丞：官名。爲尚書省佐官。與左丞共掌尚書都省庶務。宋六品。　江謐：字令和，濟陽考城（今河南民權縣）人。宋末依附蕭道成。本書卷三六有附傳，《南齊書》卷三一有傳。

[8]中庶子：官名。即太子中庶子。掌東宫管記。宋五品。

阮佃夫、楊運長、王道隆皆擅威權，[1]言爲詔敕，郡守令長一缺十除，内外混然，官以賄命，王、阮家富於公室。中書舍人胡母顥專權，[2]奏無不可。時人語曰：“禾絹閉眼諾，[3]胡母大張橐。”“禾絹”謂上也。及泰始、泰豫之際，左右失旨，往往有刳斮斷截，[4]禁中懔懔若踐刀劍。夜夢豫章太守劉愔反，遣就郡殺之。軍旅不息，府藏空虚，内外百官並斷禄奉。在朝造官者皆市井傭販之子。而又令小黄門於殿内埋錢以爲私藏。以蜜漬鱁鮧，[5]一食數升，噉腊肉常至二百臠。奢費過度，每所造制，必爲正御三十，副御、次副三十。[6]須一物，輒造九十枚。天下騷然，民不堪命。宋氏之業，自此衰矣。

[1]楊運長：宣城懷安（今安徽寧國市）人。善射，初爲宣城郡吏。本書卷七七、《宋書》卷九四有傳。　王道隆：吴興烏程（今浙江湖州市）人。宋明帝時爲中書通事舍人，與阮佃夫、楊運長並執權柄。本書卷七七、《宋書》卷九四有傳。

[2]中書舍人：官名。中書省屬官。南朝諸帝引用寒士等親信，入直禁中。出納詔命，處理機密而權力漸重，架空了中書省長官。

宋八品（參見周一良《魏晋南北朝史札記》，中華書局 1985 年版，第 146 頁）。

[3]閉：殿本同，汲古閣本作“開”。

[4]刳（kū）斮（zhuó）：斬殺。

[5]蜜漬鱁（zhú）鮧（yí）：魚鰾、魚腸用蜜漬成的醬。明李時珍《本草綱目·鱗四·鱁鮧》引陳藏器云:“鱁鮧，乃魚白也。”

[6]三十：汲古閣本、殿本前有“又各”兩字。

後廢帝諱昱，字德融，明帝長子也。大明七年正月辛丑，生於衛尉府。[1]帝母陳氏，李道兒妾，明帝納之，故人呼帝爲李氏子，帝亦自稱李將軍。明帝諸子在孕，皆以《周易》筮之，即以所得卦爲小字，故帝小字慧震。[2]泰始二年，立爲皇太子。六年，出東宫。又制太子元正朝賀，服衮冕九章衣。明帝崩，庚子，太子即皇帝位，大赦。尚書令袁粲、護軍將軍褚彦回共輔朝政，班劍依舊入殿。[3]

[1]衛尉：官名。宋孝武帝復置衛尉，負責宫城門守衛。《通典》卷二一《職官典》:“宋齊俱以衛尉掌宫城屯兵及管鑰之事。”梁、陳稱衛尉卿。宋三品。

[2]故帝小字慧震：卜得該是震卦。

[3]班劍：飾有花紋的木劍。漢制，朝服帶劍。至晋代之以木，謂之班劍。虎賁持之，用作儀仗，是皇帝對王公大臣的一種恩賜。

六月乙巳，尊皇后曰皇太后，立皇后江氏。

秋七月戊辰，拜帝所生陳貴妃爲皇太妃。

八月戊午，中書監、左光禄大夫、開府儀同三司蔡興宗薨。

冬十一月己亥，新除郢州刺史劉彦節爲尚書左僕射。[1]

[1]劉彦節：劉秉。字彦節，本書避唐高祖李淵父李昞諱以字行。宋武帝中弟劉道憐孫，以宗室居顯職。後蕭道成輔政，秉密與袁粲等舉兵誅道成，事敗被殺。本書卷一三、《宋書》卷五一有附傳。

元徽元年春正月戊寅，[1]大赦改元。詔自元年以前徒放者並聽還本土。[2]魏人來聘。

[1]元徽：南朝宋後廢帝劉昱年號（473—477）。

[2]徒：汲古閣本、殿本、百衲本同，中華本作"徙"。

夏六月乙卯，壽陽大水。[1]

[1]壽陽：縣名。東晋孝武帝避鄭太后名諱改壽春縣置。治所在今安徽壽縣。

秋八月，都下旱。庚午，陳留王曹銑薨。[1]

[1]陳留王曹銑：曹魏後裔。

九月丁亥，立衡陽王嶷子伯玉爲南平王。

冬十二月癸卯朔，[1]日有蝕之。乙巳，進桂陽王休範位太尉。癸亥，立前建安王世子伯融爲始安縣王。

[1]癸卯：汲古閣本同，殿本作“癸亥”。《宋書》卷九《後廢帝紀》亦作“癸卯”。

二年夏五月壬午，江州刺史桂陽王休範舉兵反。庚寅，内外戒嚴，中領軍劉勔、右衛將軍蕭道成前鋒南討，出屯新亭；[1]征北將軍張永屯白下；[2]前南兗州刺史沈懷明戍石頭；[3]衛將軍袁粲、中軍將軍褚彦回入衛殿省。壬辰，[4]賊奄至，攻新亭壘，道成拒擊，大破之。越騎校尉張苟兒斬休範，[5]賊黨杜黑蠡、丁文豪分軍向朱雀航，[6]劉勔拒賊，敗績，死之。右將軍王道隆奔走，[7]遇害。張永潰于白下，沈懷明自石頭奔散。甲午，車騎典籤茅恬開東府納賊，[8]賊入屯中堂，羽林監陳顯達擊，[9]大破之。丙申，張苟兒等又破賊，進平東府城，梟禽群賊。丁酉，大赦，解嚴。荆州刺史沈攸之、南徐州刺史建平王景素、郢州刺史晋熙王燮、湘州刺史張興世並舉義兵赴建鄴。[10]

[1]新亭：地名。在今江蘇南京市西南。地近江濱，依山築城壘，爲軍事及交通重地。

[2]白下：城名。在今江蘇南京市北、幕府山南麓。北臨大江，爲建康北郊的軍事要地。

[3]沈懷明：沈慶之從孫。事見《宋書》卷七七《沈慶之傳》。石頭：城名。在今江蘇南京市清涼山。六朝時，江流緊迫山麓，城負山面江，南臨秦淮河口，當交通要衝，爲建康軍事重鎮。

［4］壬辰：殿本同，汲古閣本作“壬申”。

［5］張苟兒：即張敬兒。南陽冠軍（今河南鄧州市）人。後以功高位重，爲齊武帝所疑，被殺。本書卷四五、《南齊書》卷二五有傳。

［6］朱雀航：浮橋名。亦作朱雀桁、朱雀橋，又稱南桁、大航等。建康南城門朱雀門外之浮橋，横跨秦淮河上。航爲連船而成，長九十步，廣六丈。在今江蘇南京市鎮淮橋東南。

［7］右將軍王道隆奔走：馬宗霍《南史校證》云：“按‘右將軍’《宋書·後廢帝紀》作‘右軍將軍’，《通鑑》卷一三三‘右’下亦有‘軍’字，此《南史》誤脱，當據補。”（第69頁）

［8］東府：城名。在今江蘇南京市通濟門附近。南臨秦淮河，爲南朝宰相兼揚州刺史的府第。每建康有事，必置兵鎮守。據《資治通鑑》卷一三三《宋紀十五》，實際是褚彦回弟褚澄開東府門納南軍。

［9］陳顯達：南彭城彭城（今江蘇鎮江市）人。齊國建立，歷任護軍將軍、南兖州、雍州刺史等職，進位司空。轉任江州刺史，懼爲東昏侯所誅，乃舉兵反，至建康，兵敗身死。本書卷四五、《南齊書》卷二六有傳。

［10］晉熙王燮：劉燮。宋明帝第六子，出繼晉熙王劉昶。本書卷一四、《宋書》卷七二有附傳。　湘州刺史張興世：《宋書》卷九《後廢帝紀》作“湘州刺史王僧虔、雍州刺史張興世”，應據《宋書》補。王僧虔，琅邪臨沂（今山東臨沂市）人。入齊，歷丹陽尹、湘州刺史等。尤善書法，有《論書》等。本書卷二二有附傳，《南齊書》卷三三有傳。張興世，字文德，竟陵竟陵（今湖北潛江市）人。出身貧寒，宋明帝時，平定四方叛亂有功，官至雍州刺史。本書卷二五、《宋書》卷五〇有傳。

六月癸卯，晉熙王燮遣軍尅尋陽，江州平。壬戌，改輔師將軍還爲輔國。

秋七月庚辰，立皇弟友爲邵陵王。乙酉，徐州刺史建平王景素進號征北將軍、開府儀同三司。[1]

[1]征北將軍：殿本同，汲古閣本“北”後有“大”字。

九月丁酉，[1]以袁粲爲中書監，領司徒。加護軍將軍褚彦回爲尚書令。

[1]丁酉：殿本同，汲古閣本作“乙酉”。

冬十一月丙戌，帝加元服。[1]

[1]元服：指冠。古稱行冠禮爲加元服。一般在二十歲。

十二月癸亥，立皇弟躋爲江夏王，贊爲武陵王。

三年春三月己巳，都下大水。

夏六月，魏人來聘。

秋七月庚戌，以袁粲爲尚書令。

九月丙辰，征西大將軍河南王吐谷渾拾寅進號車騎征西大將軍。[1]

[1]征西大將軍河南王吐谷渾拾寅進號車騎征西大將軍：中華本據《宋書》卷九《後廢帝紀》删“車騎”下“征西”二字。其校勘記引張森楷《南史校勘記》云：“拾寅本號征西大將軍，車騎在征西上一等，故進之。無征西大將軍仍兼本號之理也。”殿本同，

汲古閣本無“車騎”二字。

四年夏六月乙亥，加蕭道成尚書左僕射。[1]

[1]尚書左僕射：官名。尚書省次官，與尚書令同居宰相之任。左僕射位在右僕射上，輔助尚書令執行政務，參議大政，諫諍得失，監察糾彈百官，可封還詔旨，常受命主管官吏選舉。宋三品。

秋七月戊子，建平王景素據京城反。[1]己丑，内外纂嚴。遣驍騎將軍任農夫、冠軍將軍黄回北討，[2]蕭道成總統衆軍。始安王伯融、都鄉侯伯猷並賜死。[3]乙未，尅京城，斬景素，同逆皆伏誅。

[1]京城：又稱京口。在今江蘇鎮江市。東晋、南朝時，因城憑山臨江，地當江南運河入江之口，通稱京口城。爲長江下游軍事重鎮和通向北方門户，徐州、南徐州先後皆治此。南朝宋時，又稱北京。

[2]驍騎將軍：官名。掌皇宫宿衛，領營兵。宋四品。　任農夫：臨淮（今江蘇盱眙縣）人。性簡率，驍勇有膽力。《宋書》卷八三有附傳。　冠軍將軍：官名。掌領兵征伐。宋三品。　黄回：竟陵郡（今湖北鍾祥市）人。軍户出身。蕭道成以回終不附己，殺之。本書卷四〇、《宋書》卷八三有傳。

[3]始安王伯融、都鄉侯伯猷：劉伯融、劉伯猷。皆建安王劉休仁之子。本書卷一四、《宋書》卷七二有附傳。

八月丁卯，立皇弟翽爲南陽王，[1]嵩爲新興王，[2]禧爲始建王。[3]

［1］翽：劉翽。字仲儀，宋明帝第十子。本書卷一四、《宋書》卷九〇有傳。

［2］嵩：劉嵩。字仲岳，宋明帝第十一子。本書卷一四、《宋書》卷九〇有傳。

［3］禧：劉禧。字仲安，宋明帝第十二子。本書卷一四、《宋書》卷九〇有傳。

九月戊子，驍騎將軍高道慶有罪，[1]賜死。己丑，車騎將軍、揚州刺史安成王準進號驃騎大將軍、開府儀同三司。

［1］高道慶：南郡（今湖北荆州市）人。以武勇顯。宋後廢帝元徽二年（474），從平劉休範，封樂安縣男。不久被賜死。本書卷四〇、《宋書》卷八三有附傳。

冬十月辛酉，以王僧虔爲尚書右僕射。[1]

［1］尚書右僕射：官名。尚書省次官。右僕射位在左僕射下。輔助尚書令執行政務，參議大政，諫諍得失，監察糾彈百官，還可封還詔旨，常受命主管官吏選舉。宋三品。

五年夏四月甲戌，豫州刺史阮佃夫、步兵校尉申伯宗、朱幼謀廢立，[1]皆伏誅。

［1］朱幼：東陽（今浙江金華市）人。後廢帝時爲步兵校尉，與阮佃夫等謀廢帝，事泄被殺。事見本書卷七七《阮佃夫傳》。

五月，地震。

六月甲戌，誅司徒左長史沈勃、散騎常侍杜幼文、游擊將軍孫超之、長水校尉杜叔文。[1]

[1]沈勃：吴興武康（今浙江德清縣）人，沈演之子。本書卷三六、《宋書》卷六三有附傳。　杜幼文：京兆杜陵（今陜西西安市長安區）人，杜驥第五子。本書卷七〇、《宋書》卷六五有附傳。　孫超之：又作孫超，吴郡（今江蘇蘇州市）人。歷官廣州刺史、游擊將軍。　杜叔文：杜幼文之兄。

七月戊子夜，帝遇弑於仁壽殿，時年十五。己丑，皇太后令貶帝爲蒼梧郡王，葬丹楊秣陵縣郊壇西。

初帝之生夕，明帝夢人乘馬，馬無頭及後足，有人曰："太子也。"及在東宫，五六歲能緣漆帳竿，去地丈餘，如此者半食，[1]漸長，喜怒乖節，左右失旨者手加撲打，徒路蹲踞。[2]及嗣位，内畏太后，外憚大臣，猶未得肆志。自加元服，三年，好出入，單將左右，或十里、二十里，或入市里，遇慢駡則悦而受焉。四年，無日不出，與左右解僧智、張五兒恒夜出開承明門，[3]夕去晨反，晨出暮歸，從者並執鋋矛，行人男女及犬馬牛驢逢無免者。人間擾懼，晝日不開門，道無行人。嘗著小袴，不服衣冠。有白棓數十，各有名號，鉗鑿錐鋸，不離左右，爲擊腦、槌陰、剖心之誅，[4]日有數十。常見卧屍流血，然後爲樂。左右人見有嚬眉者，帝令其正立，以矛刺洞之。曜靈殿上養驢數十頭，所自乘馬，養於御牀側。與右衛翼輦營女子私通，每從之遊，持數千錢爲酒肉之費。出逢婚姻葬送，輒與挽車小兒群聚飲酒，以爲歡適。阮佃夫腹心人張羊爲佃夫委信，佃夫敗，叛走，復捕得，自於承明門以車轢殺之。殺杜延載、杜幼文，躬運矛鋋，[5]手自臠割。察孫超有蒜氣，剖腹視之。執楯馳馬，自往刺杜叔文於玄武北湖。孝武帝二十八子，明帝殺其十六，餘皆帝殺之。[6]吴興沈勃多寶貨，往劫之，揮刀獨前，左右未至，勃時居喪在廬，帝望見之，便投鋋，不中；勃知不免，手搏帝耳，唾罵之曰："汝罪踰桀、紂，屠戮無日！"遂見害，帝自臠割。制露車一乘，施篷，乘以出入，從數十人，羽儀追之，恒不相及；又各慮禍，亦不敢追，但整部伍，别在一處瞻望而已。凡諸鄙事，過目則能，鍛銀、裁衣、作帽，莫不精絶。未嘗吹篪，[7]執管便韻。天性好殺，一日無事，輒慘慘不樂。内外憂惶，夕不及旦。領軍將軍蕭道成與直閤將軍王敬則謀之。[8]七月戊子，帝微行出北湖，單馬先走，羽儀不及，左右張五兒馬墜湖，帝怒，自馳騎刺馬，屠割之。與左右作羌胡伎爲樂。又於蠻岡賭跳，[9]因乘露車，無復鹵簿，往青園尼寺。新安寺偷狗，[10]就曇度道人煮之飲酒。楊玉夫常得意，[11]忽然見憎，遇輒切齒，曰："明日當殺小子，取肝肺。"是夜七夕，令玉夫伺織女度，報己，因與内人穿針訖，[12]大醉，卧於仁壽殿東阿氊幄中。帝出入無禁，王敬則先結玉夫、陳奉伯、楊萬年等合二十五人，其夕玉夫候帝眠熟，至乙夜，[13]與萬年同入氊幄内，取千牛刀殺之。[14]

[1]如此者半食：中華本據《宋書》卷九《後廢帝紀》於此後補“久乃下”三字。

[2]徒路蹲踞：汲古閣本同，殿本作“徒跣蹲踞”。疑底本誤。徒跣，赤足步行。蹲踞，踞坐。古人以此爲野蠻無禮的舉動。馬宗霍《南史校證》云：“按《宋書·後廢帝紀》此句下有‘以此爲常’四字，語意方足，《南史》删之，非也。”（第70頁）

[3]承明門：城門名。臺城六門之一。

[4]槌：同“椎”。指捶擊的工具。

[5]矛：殿本同，汲古閣本作“戈”。

[6]孝武帝二十八子，明帝殺其十六，餘皆帝殺之：《資治通鑑》卷一三四《宋紀十六》順帝昇明元年《考異》曰：“按《宋書》，孝武諸子，十人早卒，二人爲景和所殺，餘既太宗殺之，無及蒼梧時者，《南史》誤也。”

[7]篪（chí）：同“箎”。一種用竹管製成的古樂器，似現在的簫。

[8]王敬則：臨淮射陽（今江蘇寶應縣）人，僑居晋陵南沙（今江蘇常熟市）。以屠狗爲業，母爲女巫。齊國建立，歷任重職，官至開府儀同三司。齊明帝嗣位，疑忌舊臣，多殺害，敬則憂懼，遂起兵反，敗死。本書卷四五、《南齊書》卷二六有傳。

[9]賭跳：以跳躍的高低比賽勝負。

[10]新安寺偷狗：中華本據《宋書·後廢帝紀》於前補“晚至”二字。

[11]楊玉夫：宋後廢帝侍從。事見《宋書·後廢帝紀》、《南齊書》卷一《高帝紀上》。

[12]穿針：舊時風俗，農曆七月七日夜婦女穿七孔針向織女星乞求智巧。

[13]乙夜：二更，夜間十時左右。

[14]“三年，好出入”至“取千牛刀殺之”：其中内容多爲《宋書·後廢帝紀》所無。高敏《南北史掇瑣》云：“按：此段所録

都是超出《宋書》卷九《後廢帝紀》末尾所記者，可視爲《南史》增補於《宋書》之文。又《建康實録》卷十四《後廢帝紀》末尾所記，與此大體一致，間亦有超出者，可與《宋書》《南史》相互參閲，可收互相補充之效。”（第29頁）

順皇帝，諱準，字仲謀，小字知觀，明帝第三子也。泰始五年七月癸丑生。七年，封安成王。帝姿貌端華，眉目如畫，見者以爲神人。廢帝即位，加楊州刺史。元徽二年，加都督楊、南豫二州諸軍事。[1]四年，進號驃騎大將軍。[2]及廢帝殞，蕭道成奉太后令迎王入居朝堂。

［1］都督：官名。地方軍政長官。魏晋以後，都督諸州軍事多兼任駐地州刺史，爲該地區的軍政長官。分使持節、持節、假節三種，職權各有不同。

［2］驃騎大將軍：官名。魏晋制度，驃騎將軍爲重號將軍，僅次於大將軍。加“大”字，居諸名號將軍之首。宋一品。

昇明元帝秋七月壬辰，[1]皇帝即位，大赦，改元徽五年爲昇明元年。甲午，蕭道成出鎮東城，[2]輔政。荆州刺史沈攸之進號車騎大將軍，蕭道成司空、録尚書事。[3]以袁粲爲中書監、司徒，以褚彦回爲衛將軍，[4]劉彦節爲尚書令，加中軍將軍。[5]辛丑，以王僧虔爲尚書僕射。癸卯，車駕謁太廟。

［1］昇明：南朝宋順帝劉準年號（477—479）。　元帝：汲古閣本、殿本作“元年”。底本誤，應諸本據改。

［2］東城：即東府城。在今江蘇南京市通濟門附近。

［3］司空：官名。三公之一，爲名譽宰相，多爲重臣加官。宋一品。　録尚書事：官名。録即總領。主管最高行政機構尚書省，無所不統。魏晋南北朝多以公卿權重者居之，又有録尚書六條事、關尚書七條事等名義。

［4］衛將軍：官名。多作爲軍府名號，以加大臣或重要州郡長官，無具體職掌。宋二品。

［5］中軍將軍：官名。南朝置爲重號將軍，宋位比四鎮將軍。宋三品。

八月癸亥，司徒袁粲鎮石頭。戊辰，崇拜帝所生陳昭華爲皇太妃。庚午，以蕭道成爲驃騎大將軍、開府儀同三司，録尚書如故。

九月己酉，廬陵王暠薨。

十二月丁巳，荆州刺史沈攸之舉兵，不從執政。丁卯，蕭道成入守朝堂，侍中蕭嶷鎮東府。[1]戊辰，中外纂嚴。壬申，司徒袁粲據石頭，謀誅道成，不果，旋見覆滅。乙亥，以王僧虔爲左僕射，王延之爲右僕射。[2]吴郡太守劉遐據郡不從執政，[3]令張瓌攻斬之。[4]

［1］侍中：官名。門下省長官。參預機密政務。掌規諫及賓贊威儀。乃至封駁、平省尚書奏事等。宋三品。　蕭嶷：字宣儼，齊高帝第二子。本書卷四二、《南齊書》卷二二有傳。

［2］王延之：字希季，琅邪臨沂（今山東臨沂市）人。本書卷二四有附傳，《南齊書》卷三二有傳。

［3］劉遐：字彦道，劉彦節弟。本書卷一三、《宋書》卷五一有附傳。

[4]張瓌：字祖逸，吴郡吴（今江蘇蘇州市）人，張永之子。本書卷三一有附傳，《南齊書》卷二四有傳。

閏月辛亥，[1]屯騎校尉王宜興貳於執政，[2]見誅。癸巳，沈攸之攻郢城，[3]前軍長史柳世隆固守。[4]己亥，中外戒嚴，假蕭道成黄鉞。[5]乙巳，道成出頓新亭。

[1]辛亥：中華本改作“辛巳”，其校勘記云：“‘辛巳’各本作‘辛亥’，按是月庚辰朔，初二日辛巳，無辛亥，據《宋書》改。”

[2]王宜興：吴興（今浙江湖州市）人。宋明帝時爲將。本書卷四〇有附傳。

[3]郢城：城名。三國吴夏口城，南朝宋置郢州於此。在今湖北武漢市武昌區。

[4]柳世隆：字彦緒，河東解（今山西臨猗縣）人，柳元景之侄。本書卷三八有附傳，《南齊書》卷二四有傳。

[5]假蕭道成黄鉞：黄鉞即飾以黄金的長柄斧子。本爲天子儀仗，賜臣以示專征伐。假，借。此爲授予之意。假黄鉞，表示代表皇帝可以專殺。

是歲，魏太和元年。[1]

[1]太和：北魏孝文帝拓跋宏年號（477—499）。

二年春正月丁卯，沈攸之敗，己巳，華容縣人斬攸之首送之。[1]辛未，雍州刺史張敬兒剋江陵，荆州平。丙子，解嚴。以柳世隆爲尚書右僕射。蕭道成旋鎮東府。

[1]華容：縣名。治所在今湖北監利市北。

二月庚辰，以王僧虔爲尚書令，王延之爲左僕射。癸未，蕭道成加授太尉，以褚彦回爲中書監、司空。丙戌，撫軍將軍、楊州刺史晋熙王燮進號中軍將軍。

三月己酉朔，日有蝕之。[1]

[1]己酉：殿本同，汲古閣本作“己丑”。

夏四月，南兖州刺史黄回貳于執政，賜死。

五月戊午，以倭國王武爲安東大將軍。[1]

[1]倭國：中國7世紀以前對日本列島出現的國家的稱呼。

六月丁酉，以輔國將軍楊文弘爲北秦州刺史，[1]封武都王。

[1]楊文弘：氐族首領。事見本書卷七九《西戎傳》、《宋書》卷九八《氐胡傳》。

秋九月乙巳朔，日有蝕之。丙午，加太尉蕭道成黄鉞、都督中外諸軍事、太傅，[1]領揚州牧，賜殊禮。以揚州刺史晋熙王燮爲司徒。

[1]都督中外諸軍事：官名。魏晋南北朝置。總統禁衛軍、地方軍在内的内外諸軍，爲全國最高軍事統帥，權力極大。不常置。

東晋時亦唯有王導、劉裕等曾受此任。

冬十月壬寅，立皇后謝氏。

十一月，立故武昌太守劉琨息頒爲南豐縣王。癸亥，誅臨澧侯劉晃。甲子，改封南陽王翽爲隨郡王。

十二月丙戌，皇后見于太廟。

三年春正月辛亥，領軍將軍蕭賾加尚書右僕射，[1]進號中軍大將軍、開府儀同三司。

[1]蕭賾（zé）：即齊武帝。齊高帝長子。本書卷四，《南齊書》卷三有紀。

二月丙子，南豫州刺史邵陵王友薨。[1]丙申，地震建陽門。[2]

[1]友：劉友。字仲賢，宋明帝第七子。本書卷一四、《宋書》卷九〇有傳。

[2]建陽門：城門名。建康都城的東門。

三月癸卯朔，日有蝕之。甲辰，加蕭道成相國，總百揆，[1]封十郡爲齊公，備九錫之禮。[2]庚戌，誅臨川王綽。

[1]百揆：指各種政務。

[2]九錫之禮：魏晋南朝掌政大臣奪取政權前，都接受當朝皇帝名義所加九錫。九錫即車馬、衣服、樂則、朱户、納陛、虎賁、

弓矢、鈇鉞、秬鬯。成爲權臣篡位的例行公事。

夏四月壬申，進齊公蕭道成爵爲王。壬午，安西將軍武陵王禁贊薨。辛卯，帝禪位於齊。壬辰，遜于東邸。是日，王敬則以兵陳于殿庭，帝猶居内，聞之，逃于佛蓋下。太后懼，自帥閹豎索，扶幸板輿。黄門或促之，帝怒，抽刀投之，中項而殞。帝既出，宫人行哭，俱還。備羽儀，乘畫輪車，出東掖門。[1]封帝爲汝陰王，居丹徒宫，[2]齊兵衛之。建元元年五月己未，[3]帝聞外有馳馬者，懼亂作；監人殺王而以疾赴，齊人德之，賞之以邑。六月乙酉，葬于遂寧陵，謚曰順帝。宋之王侯無少長皆幽死矣。

[1]東掖門：臺城正南端門，其左、右二門曰東、西掖門。

[2]居丹徒宫：《宋書》卷一〇《順帝紀》“丹徒”作“丹陽”，是。按本書卷四《齊高帝紀》亦云“築宫於丹陽故縣”。

[3]建元：南朝齊高帝蕭道成年號（479—482）。

論曰：文帝負扆南面，[1]實有人君之美，經國之義雖弘，而隆家之道不足。彭城照不窺古，[2]本無卓爾之資，徒見昆弟之義深，未識君臣之禮異。以此家情，行之國道，主忌而猶犯，恩離而未悟。致以陵逼之愆，[3]遂成滅親之禍。開端樹隙，垂之後人。明帝猜忍之情，[4]據已行之典，翦落洪支，[5]歆不待慮。[6]既而本根莫庇，幼主孤立，下無磐石之託，上有累卵之危。方復藏璽懷紱，魚服忘反，[7]危冠短制，匹馬孤征，以至覆亡，[8]理固然矣。神器以勢弱傾移，[9]靈命隨樂推回改。斯蓋履霜有漸，夫豈一夕，何止區區汝陰揖讓而已。

[1]負扆（yǐ）：背靠屏風。指皇帝臨朝聽政。

[2]彭城：指彭城王劉義康。宋武帝第四子。本書卷一三、《宋書》卷六八有傳。

[3]陵：殿本同，汲古閣本作“凌”。

[4]明帝猜忍之情：殿本作“明帝因猜忍之情”，汲古閣本作“明帝因猜忌之情”。

[5]支：殿本同，汲古閣本作“枝”。

[6]歆不待慮：中華本據《宋書》改作“顧不待慮”。《資治通鑑》卷一三三《宋紀十五》明帝泰始七年沈約論曰：“翦落洪枝，不待顧慮。”

[7]魚服：喻帝王微服。此指後廢帝好微行出游。晉潘岳《西征賦》：“彼白龍之魚服，挂豫且之密網。”

[8]至：殿本同，汲古閣本作“致”。

[9]神器：指帝位、政權。